工程项目数字化系列丛书

# 数字公路感知技术

洪顺利　黄欣欣　李　亮　主　编
张建林　陈超颖　陈建忠　沈建林　钱　林　副主编

电子工业出版社
Publishing House of Electronics Industry
北京·BEIJING

## 内 容 简 介

本书旨在全面、深入地探讨数字公路感知技术，为读者提供该领域最新、最全面的知识和技能。本书以典型项目为主体，驱动课堂教学。本书采用项目化的形式，将典型工作任务与行业真实应用结合。本书共有 5 个项目，项目 1 为认识数字公路中的感知技术，项目 2 为感知技术在路面监测系统中的应用，项目 3 为感知技术在桥梁监测系统中的应用，项目 4 为感知技术在隧道监测系统中的应用，项目 5 为感知技术在边坡监测系统中的应用。每个项目都包含大量案例和应用实例，使读者可以深入了解数字公路感知技术的基本原理、特点和功能，掌握相关设备的操作流程和技术特点。本书在介绍必要知识点的同时，注重理论和实操一体化，也可供数字公路行业的工作人员参考。

未经许可，不得以任何方式复制或抄袭本书之部分或全部内容。
版权所有，侵权必究。

图书在版编目（CIP）数据

数字公路感知技术 / 洪顺利，黄欣欣，李亮主编. --北京：电子工业出版社，2024.4
ISBN 978-7-121-47775-1

Ⅰ. ①数… Ⅱ. ①洪… ②黄… ③李… Ⅲ. ①电子公路—高等学校—教材 Ⅳ. ①U412.36

中国国家版本馆 CIP 数据核字（2024）第 090928 号

责任编辑：康　静
印　　刷：涿州市京南印刷厂
装　　订：涿州市京南印刷厂
出版发行：电子工业出版社
　　　　　北京市海淀区万寿路 173 信箱　邮编 100036
开　　本：787×1092　1/16　印张：13.5　字数：345.6 千字
版　　次：2024 年 4 月第 1 版
印　　次：2024 年 4 月第 1 次印刷
定　　价：49.80 元

凡所购买电子工业出版社图书有缺损问题，请向购买书店调换。若书店售缺，请与本社发行部联系，联系及邮购电话：（010）88254888，88258888。
质量投诉请发邮件至 zlts@phei.com.cn，盗版侵权举报请发邮件至 dbqq@phei.com.cn。
本书咨询联系方式：（010）88254178，liujie@phei.com.cn。

# 前　　言

2019年9月14日，中共中央、国务院印发了《交通强国建设纲要》。建设交通强国是以习近平同志为核心的党中央立足国情、着眼全局、面向未来作出的重大战略决策。2020年4月14日，中共浙江省委、浙江省人民政府印发了《关于深入贯彻〈交通强国建设纲要〉建设高水平交通强省的实施意见》。2021年3月29日，浙江省交通运输厅印发了《浙江省交通数字化改革行动方案》，率先推进数字公路场景，打造4个智慧化模块：智慧路网、智慧公路运输、智慧养护、公路运输智慧监管。

"数字公路感知技术"是一门实践性很强的课程，通过学习和实践，可以培养学生的动手能力和创新思维。创新型人才在未来的工作中可以为智慧交通的发展提供新的思路和技术支持，推动交通行业的持续创新和进步。此外，数字公路感知技术也是智能交通系统建设的基础，通过对这门课程的学习，交通行业的从业者可以了解并掌握智能交通系统的基础核心技术。

本书以高等职业学校学生就业为导向，以职业能力为本位，优选智慧交通中的典型应用场景，强化学生的实践能力。本书旨在培育更多符合智慧交通企业岗位要求、理论和实操一体化的技能人才。同时，希望本书能为数字公路的发展和应用提供一定的参考，为推动我国交通事业的进步和发展作出贡献。

敬请广大读者批评指正。

编者<br>2023年12月

# 目 录

**项目1 认识数字公路中的感知技术** ··········································· 1

 【项目目标】 ···················································································· 1
 【引导案例】 ···················································································· 1
 任务1 认识数字公路 ········································································ 7
  【职业能力目标】 ········································································ 7
  【任务描述】 ················································································ 7
  【知识储备】 ················································································ 7
  【任务实施】 ·············································································· 11
  【任务工单】 ·············································································· 13
  【任务小结】 ·············································································· 14
  【任务拓展】 ·············································································· 14
 任务2 调查数字公路中的智能感知技术 ········································ 15
  【职业能力目标】 ······································································ 15
  【任务描述】 ·············································································· 15
  【知识储备】 ·············································································· 15
  【任务实施】 ·············································································· 22
  【任务工单】 ·············································································· 29
  【任务小结】 ·············································································· 30
  【任务拓展】 ·············································································· 30
 任务3 认识数字公路中的感知设备 ··············································· 31
  【职业能力目标】 ······································································ 31
  【任务描述】 ·············································································· 31
  【知识储备】 ·············································································· 31
  【任务实施】 ·············································································· 38
  【任务工单】 ·············································································· 39
  【任务小结】 ·············································································· 40
  【任务拓展】 ·············································································· 41

**项目2 感知技术在路面监测系统中的应用** ······························· 42

 【项目目标】 ·················································································· 42
 【引导案例】 ·················································································· 42
 任务1 路面沉降监测 ····································································· 45

　　　　【职业能力目标】……………………………………………………………………… 45
　　　　【任务描述】………………………………………………………………………… 45
　　　　【设备选型】………………………………………………………………………… 45
　　　　【知识储备】………………………………………………………………………… 49
　　　　【任务实施】………………………………………………………………………… 52
　　　　【任务工单】………………………………………………………………………… 61
　　　　【任务小结】………………………………………………………………………… 61
　　　　【任务拓展】………………………………………………………………………… 62
　　任务2　路面环境监测……………………………………………………………………… 63
　　　　【职业能力目标】……………………………………………………………………… 63
　　　　【任务描述】………………………………………………………………………… 63
　　　　【设备选型】………………………………………………………………………… 63
　　　　【知识储备】………………………………………………………………………… 65
　　　　【任务实施】………………………………………………………………………… 69
　　　　【任务工单】………………………………………………………………………… 73
　　　　【任务小结】………………………………………………………………………… 74
　　　　【任务拓展】………………………………………………………………………… 74
　　任务3　路面视频监测……………………………………………………………………… 76
　　　　【职业能力目标】……………………………………………………………………… 76
　　　　【任务描述】………………………………………………………………………… 76
　　　　【设备选型】………………………………………………………………………… 76
　　　　【知识储备】………………………………………………………………………… 78
　　　　【任务实施】………………………………………………………………………… 84
　　　　【任务工单】………………………………………………………………………… 87
　　　　【任务小结】………………………………………………………………………… 88
　　　　【任务拓展】………………………………………………………………………… 88
　　任务4　测速监测…………………………………………………………………………… 89
　　　　【职业能力目标】……………………………………………………………………… 89
　　　　【任务描述】………………………………………………………………………… 89
　　　　【设备选型】………………………………………………………………………… 90
　　　　【知识储备】………………………………………………………………………… 91
　　　　【任务实施】………………………………………………………………………… 96
　　　　【任务工单】………………………………………………………………………… 100
　　　　【任务小结】………………………………………………………………………… 101
　　　　【任务拓展】………………………………………………………………………… 102

## 项目3　感知技术在桥梁监测系统中的应用………………………………………………… 104
　　【项目目标】…………………………………………………………………………………… 104
　　【引导案例】…………………………………………………………………………………… 104
　　任务1　荷载监测…………………………………………………………………………… 108

　　　　　【职业能力目标】 108
　　　　　【任务描述】 108
　　　　　【设备选型】 109
　　　　　【知识储备】 114
　　　　　【任务实施】 116
　　　　　【任务工单】 116
　　　　　【任务小结】 117
　　　　　【任务拓展】 118
　　任务2　结构监测 118
　　　　　【职业能力目标】 118
　　　　　【任务描述】 119
　　　　　【设备选型】 119
　　　　　【知识储备】 123
　　　　　【任务实施】 125
　　　　　【任务工单】 129
　　　　　【任务小结】 130
　　　　　【任务拓展】 130
　　任务3　环境监测 131
　　　　　【职业能力目标】 131
　　　　　【任务描述】 131
　　　　　【设备选型】 132
　　　　　【知识储备】 133
　　　　　【任务实施】 134
　　　　　【任务工单】 135
　　　　　【任务小结】 136
　　　　　【任务拓展】 136

**项目4　感知技术在隧道监测系统中的应用** 138
　【项目目标】 138
　【引导案例】 138
　任务1　沉降和收敛监测 139
　　　　　【职业能力目标】 139
　　　　　【任务描述】 139
　　　　　【设备选型】 140
　　　　　【知识储备】 140
　　　　　【任务实施】 145
　　　　　【任务工单】 148
　　　　　【任务小结】 149
　　　　　【任务拓展】 149
　任务2　锚杆轴力监测 150

|  |  |  |
|---|---|---|
|  | 【职业能力目标】 | 150 |
|  | 【任务描述】 | 150 |
|  | 【设备选型】 | 150 |
|  | 【知识储备】 | 150 |
|  | 【任务实施】 | 152 |
|  | 【任务工单】 | 153 |
|  | 【任务小结】 | 154 |
|  | 【任务拓展】 | 154 |
| 任务 3 | 压力/应变监测 | 155 |
|  | 【职业能力目标】 | 155 |
|  | 【任务描述】 | 155 |
|  | 【设备选型】 | 156 |
|  | 【知识储备】 | 156 |
|  | 【任务实施】 | 159 |
|  | 【任务工单】 | 161 |
|  | 【任务小结】 | 162 |
|  | 【任务拓展】 | 162 |
| 任务 4 | 位移监测 | 163 |
|  | 【职业能力目标】 | 163 |
|  | 【任务描述】 | 163 |
|  | 【设备选型】 | 164 |
|  | 【知识储备】 | 164 |
|  | 【任务实施】 | 167 |
|  | 【任务工单】 | 168 |
|  | 【任务小结】 | 169 |
|  | 【任务拓展】 | 170 |

## 项目 5　感知技术在边坡监测系统中的应用 171

【项目目标】 171
【引导案例】 171

| 任务 1 | 边坡环境监测 | 172 |
|---|---|---|
|  | 【职业能力目标】 | 172 |
|  | 【任务描述】 | 173 |
|  | 【设备选型】 | 173 |
|  | 【知识储备】 | 173 |
|  | 【任务实施】 | 179 |
|  | 【任务工单】 | 182 |
|  | 【任务小结】 | 183 |
|  | 【任务拓展】 | 183 |
| 任务 2 | 边坡变形监测 | 183 |

【职业能力目标】 ...... 183
　　　【任务描述】 ...... 184
　　　【设备选型】 ...... 184
　　　【知识储备】 ...... 184
　　　【任务实施】 ...... 192
　　　【任务工单】 ...... 196
　　　【任务小结】 ...... 196
　　　【任务拓展】 ...... 197
　　任务3　边坡应变及受力监测 ...... 197
　　　【职业能力目标】 ...... 197
　　　【任务描述】 ...... 198
　　　【设备选型】 ...... 198
　　　【知识储备】 ...... 199
　　　【任务实施】 ...... 202
　　　【任务工单】 ...... 204
　　　【任务小结】 ...... 205
　　　【任务拓展】 ...... 205

**参考文献** ...... 206

# 项目1　认识数字公路中的感知技术

## 项目目标

**知识目标：**
理解数字公路的发展历程，掌握其基本组成。
熟悉数字公路中的数字化应用，包括路面、桥梁、隧道和边坡等方面的应用。
**能力目标：**
能通过实地调查数字公路中的路面、桥梁、隧道和边坡等方面的数字化应用，掌握感知技术的实际应用情况。
具备调查、整理、分析数字公路感知技术的能力，能独立完成调查任务并进行数据整理和汇总。
**素养目标：**
培养对数字公路的兴趣，提高对数字化科技应用的理解与认识。
培养勇于探索和实践的精神，培养创新思维和实践能力。
提高学生的团队合作能力，通过合作完成任务，培养沟通、协调等能力。

## 引导案例

### 一、数字公路的发展

2012年，浙江省提出并实施建设数字公路。同年，浙江省出版了整套标准规范，包括《"智慧高速"建设总体设计框架》《浙江智慧高速公路建设技术要求》等文件，也出版了数字公路的成果书籍，即《智慧高速公路建设探索与实践》。

2014年，《国家智能交通体系建设纲要》发布，这是中国政府首次提出智能交通的整体发展规划，其中包括数字公路的建设。

2015年，中国首个数字公路试点项目启动。在浙江省杭州市至宁波市的G92杭绍甬高速公路上，开始了中国首个数字公路试点项目。该项目利用先进的信息技术和通信技术，实现了智能交通管理、路况监测和驾驶员辅助等功能。

2016年，《智能高速公路建设与发展行动计划（2016—2020年）》发布。该计划提出了数字公路的发展目标和重点任务，包括推进智能交通设施建设、加强数据共享和利用、培育数字交通产业等。同年，《交通运输信息化"十三五"发展规划》发布，首次提出推进数字公路示范应用。

2017年，中国首个5G数字公路项目启动。在北京至张家口的G7京张高速公路上，开始了中国首个5G数字公路项目。该项目利用5G通信技术，实现了车辆自动驾驶、交通信号优化和智能安全监测等功能。

2018年，全国数字公路示范项目建设启动。中华人民共和国交通运输部启动了全国数字公路示范项目建设，这些项目以智能交通管理、智能安全监测和智能服务为重点，推动了数字公路的发展。

2019年，中共中央、国务院印发了《交通强国建设纲要》，中华人民共和国交通运输部印发了《数字交通发展规划纲要》，都指出要大力发展智慧交通。

2020年，《智能高速公路发展规划（2020—2025年）》发布。这是中国政府发布的数字公路发展的中长期规划，提出了进一步推进数字公路建设的目标和任务，包括推动数字交通设施升级、加强智能安全监测和提升智能服务能力等。

### 二、数字公路的发展重点

（1）政策方面

数字公路建设的主要目标是安全、便捷、高效、绿色、经济，如图1-1所示。通过基础设施网、运输服务网、信息网、能源网融合等，实现精准感知、精确分析、精细管理和精心服务能力全面提升，实际上就是要"知道"路上的情况，以及明确解决措施，实现快速反应、快速处置。数字公路建设运用的手段是数字化、网络化与智能化。

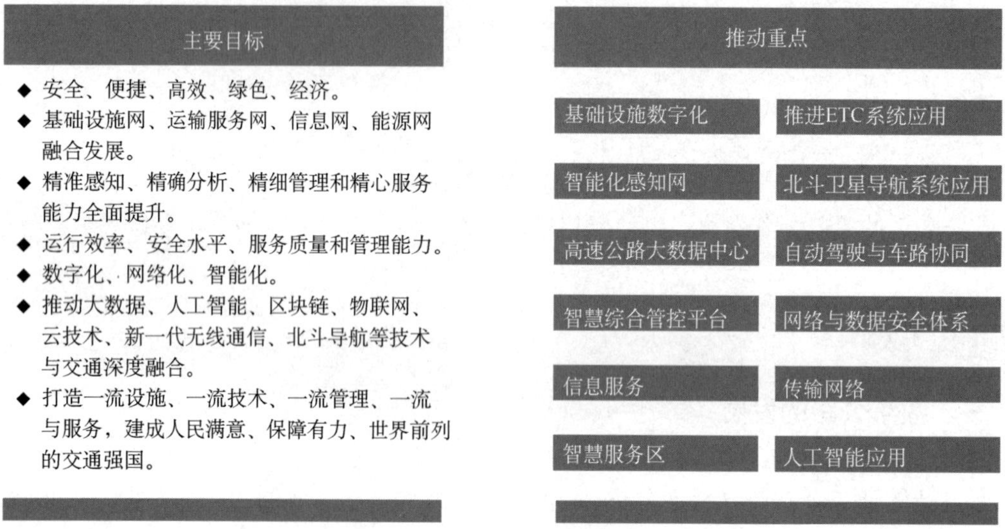

| 主要目标 | 推动重点 |
|---|---|
| ◆ 安全、便捷、高效、绿色、经济。<br>◆ 基础设施网、运输服务网、信息网、能源网融合发展。<br>◆ 精准感知、精确分析、精细管理和精心服务能力全面提升。<br>◆ 运行效率、安全水平、服务质量和管理能力。<br>◆ 数字化、网络化、智能化。<br>◆ 推动大数据、人工智能、区块链、物联网、云技术、新一代无线通信、北斗导航等技术与交通深度融合。<br>◆ 打造一流设施、一流技术、一流管理、一流与服务，建成人民满意、保障有力、世界前列的交通强国。 | 基础设施数字化　推进ETC系统应用<br>智能化感知网　北斗卫星导航系统应用<br>高速公路大数据中心　自动驾驶与车路协同<br>智慧综合管控平台　网络与数据安全体系<br>信息服务　传输网络<br>智慧服务区　人工智能应用 |

**图1-1　数字公路的发展重点**

（2）推进公路数字化方面

公路数字化发展贯穿公路的建、管、养、运等环节，主要有六方面内容。一是公路建设数字化，包括前期的数字地勘、数字设计、智能建造、智慧工地、数字化监管等；二是在役公路的数字化；三是运营管理与服务数字化；四是公路市场管理数字化；五是标准规范的数字化；六是公路数字化基础，包括数据中心、数据应用等。

（3）"十四五"数字公路发展重点建议

数字公路建设的初心是提升通行效率、安全保障、服务能力、管理水平等。数字公路的发展是一个不断迭代、持续提升的过程。

数字公路建设围绕的核心是掌握道路情况，了解情况后进行高效处置，为人们提供精准化服务，另外还有智能收费、路网管理等功能。路段、路网、交通强国示范等方面的发展重点建议如图 1-2 所示。

省城智慧高速公路重点（路网）：
1、一中心：大数据中心（监控中心/路网中心）
2、一平台：智能综合运营平台（智慧大脑）
3、一基座：电子地图、传输网、安全网等
4、围绕：路网信息服务、诱导与管控
5、制定相关规划和技术标准

高速公路路段：
1、智能综合管理平台
2、数据中心及数据智能分析
3、运行监测水平提升（基础设施数字化）
4、路段智能管控技术、智慧隧道管控技术
5、公众服务水平能力提升
6、应急处置调度能力提升
7、智慧服务区建设
8、智慧运维管理技术
9、能源系统（供电系统、充电）

智能收费：
1、现有收费系统完善升级
2、收费站效率提升技术
3、ETC门架扩展应用
4、ETC扩展应用
5、稽核系统建设与完善
6、信用系统建设与完善
7、收费数据分析和应用
8、自由流收费技术研究及示范

交通强国、智慧高速公路示范：
智能管控（车道级精准管控等）、车路协同、自动驾驶、全天候通行、BIM+GIS、数字孪生等新技术应用

图 1-2　路段、路网、交通强国示范等方面的发展重点建议

### 三、数字公路建设的关键技术

1. 高速公路智慧综合管控（AI云控"大脑"）技术

经过多年发展，高速公路管理平台经历了三个阶段，第一个阶段是浙江数字公路建设的道路监控系统，当时的监控系统较为简单，大部分仅是一个展示系统。第二个阶段是在"十二五"期间，浙江、云南、湖南等智慧高速公路吸收了国外的成功做法，改进了软件性能，加强了数据分析、决策支持、状态显示等功能。

"十三五"期间，高速公路管理平台开始进入第三阶段。云计算、大数据、物联网等新技术出现，再加上数字公路示范项目推进，基于云计算、人工智能、数字孪生等技术，构建了集监测、调度、管控、应急、服务于一体的智慧综合管控平台。智慧综合管控平台能提供精准监测、多源数据融合的自动预测与报警、车道级智能管控、伴随式信息服务、全媒体融合的流程化应急处置、数字化资产管理等应用服务。同时，管控平台的页面内容更丰富，但在大数据分析、决策支持、管控智能化等方面仍然需要大幅提高，与"一屏观全域、一脑智全程"的美好愿望还存在较大差距，如图 1-3 所示。

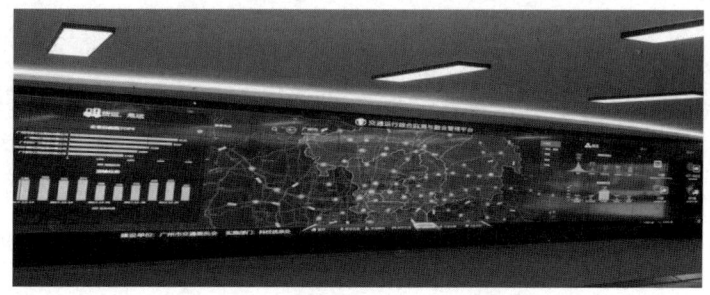

图 1-3　"一屏观全域、一脑智全程"

2. 基于边缘计算的智慧隧道数字孪生管控技术

基于边云协同、数字孪生等技术，构建隧道运行监测、管控、调度、应急和服务于一体

的智慧隧道管控平台，可以让隧道管理更直观且有效，但隧道控制策略仍需要加强。人工智能数字孪生技术架构如图 1-4 所示。

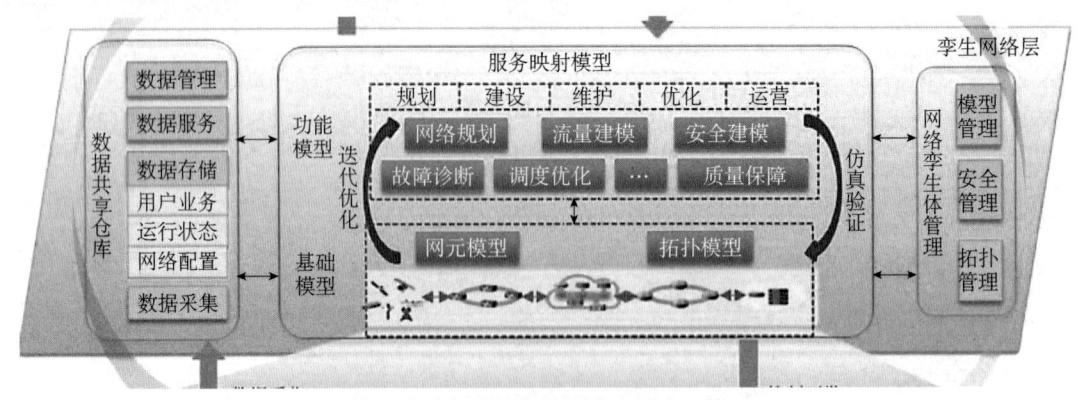

图 1-4　人工智能数字孪生技术架构

3. 路网运行精准感知技术（全向毫米波雷达/雷视等）

公路运行精准感知及可视化管理关键技术研究及应用如图 1-5 所示。路网运行精准感知技术以全向毫米波雷达/雷视融合等为感知数据源，结合 ETC 门架数据、互联网数据等，为路网运行状态精准感知提供解决方案。

目前，路网运行精准感知技术较为成熟，但在工程实际中应用的准确性、及时性有待提高，需要将技术与工程相结合。路网的精准感知十分关键，其感知精度会影响数据采集的精度、数据分析的准确性，进而影响后续的公路管理时效。

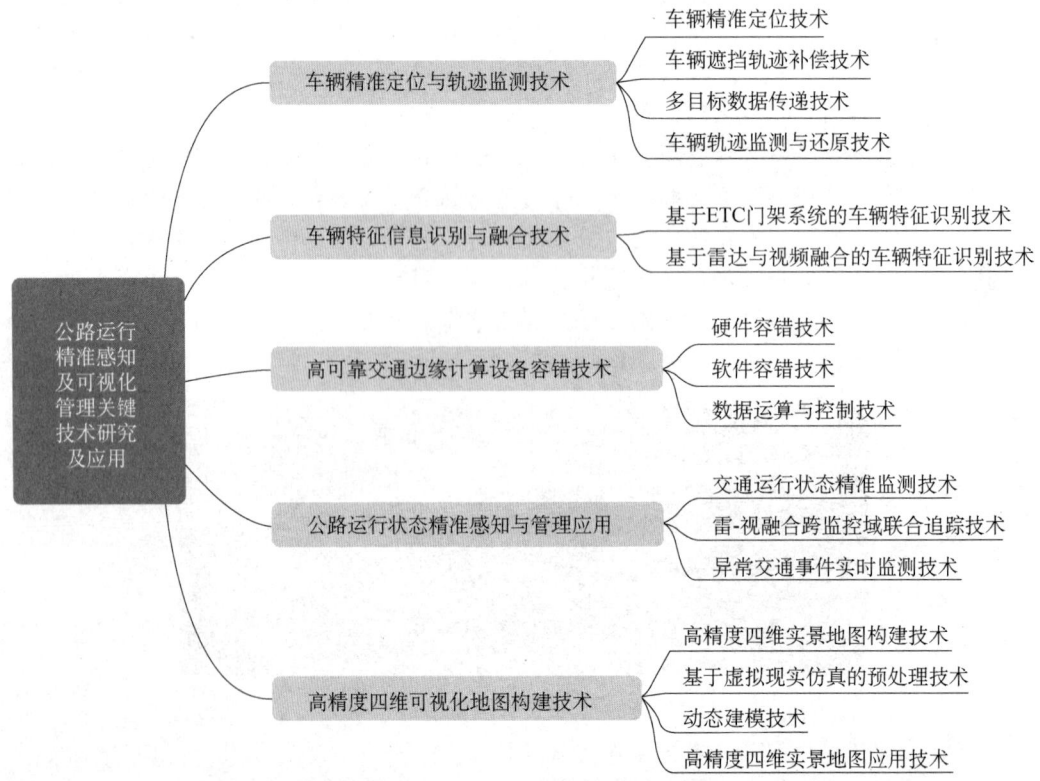

图 1-5　公路运行精准感知及可视化管理关键技术研究及应用

### 4. 基于高速公路 ETC 门架系统的智慧应用技术

一种 ETC 门架系统车辆信息的综合识别方法如图 1-6 所示，利用高速公路收费系统的 ETC 门架系统数据优势资源，应用于路网运行监测、驾驶行为分析、收费稽查、车辆信用评价、车路协同等，大幅提高 ETC 门架资源利用率，推进高速公路数字化、智慧化发展。

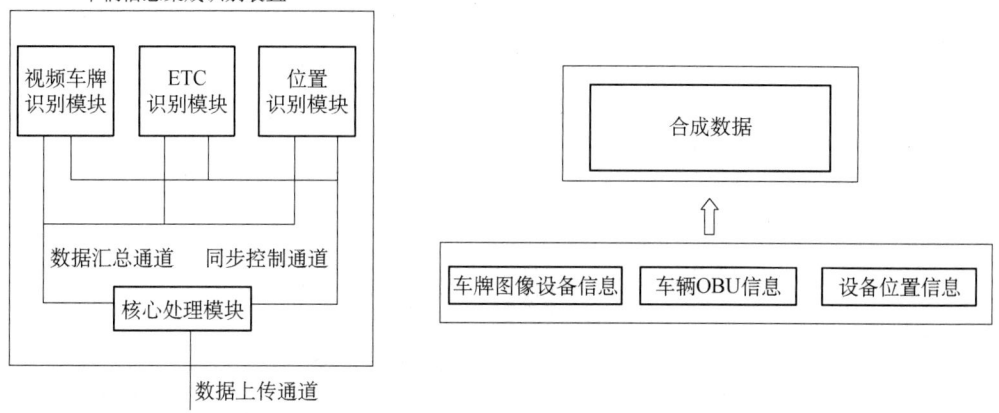

图 1-6 一种 ETC 门架系统车辆信息的综合识别方法

### 5. 收费站通行效率智能化提升技术

目前，很多数字公路建设项目围绕收费站流量大、收费车道拥堵、征地资源有限、难扩充收费车道数量、车道特情处理影响通行效率等行业难题开展了试点研究，提出收费车道系统"云"化、ETC/MTC 预交易、车道设施智慧化、特情后置处置、收费岛集约化等成套关键技术，大幅提高了收费站通行效率和智能化水平。

收费站的通行效率提升技术围绕 4 个方面展开，即收费系统"云"化部署及收费车道设施智慧化；提高收费站 CPC 卡、ETC 车辆通行效率；提高特情业务处理效率和收费车道通行效率；实现收费站无亭化、窄岛化、少人化。

### 6. 高速公路收费稽核技术

高速公路收费稽核问题是行业内十分关注的热点问题，大家都在积极探索，高速公路收费稽核的影响因素如图 1-7 所示。

### 7. 高速公路沿线远距离供电技术

随着高速公路沿线外场设施的增加，沿线设备的供电技术越来越重要，高速公路沿线远距离供电流程如图 1-8 所示。目前行业已有交流远距离供电、直流远距离供电、智慧供电系统、中压供电等解决方案。

### 8. 基于物联网的数字化电信级运维保障技术

设备增多之后，运营保障就变得很关键，运维管理系统的数字化、在线化、实时化以及可预测化是实现运维数字化的关键。

主要包括三方面内容，一是状态监控，以物理拓扑展示整体系统关系，同时可以实时监控网络和设备的状态；二是工单管理，支持自定义流程与表单，关联各类配置信息库，根据业务实际场景的灵活调整；三是报警管理，可以根据不同的设备类型，同时监控各设备的报警，方便机电人员能及时进行相关处置工单的处理。

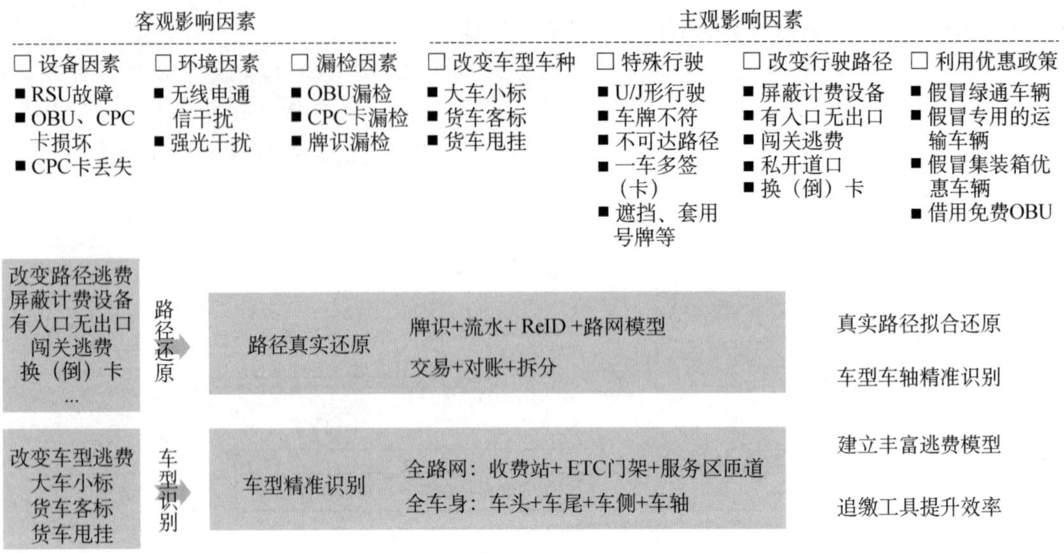

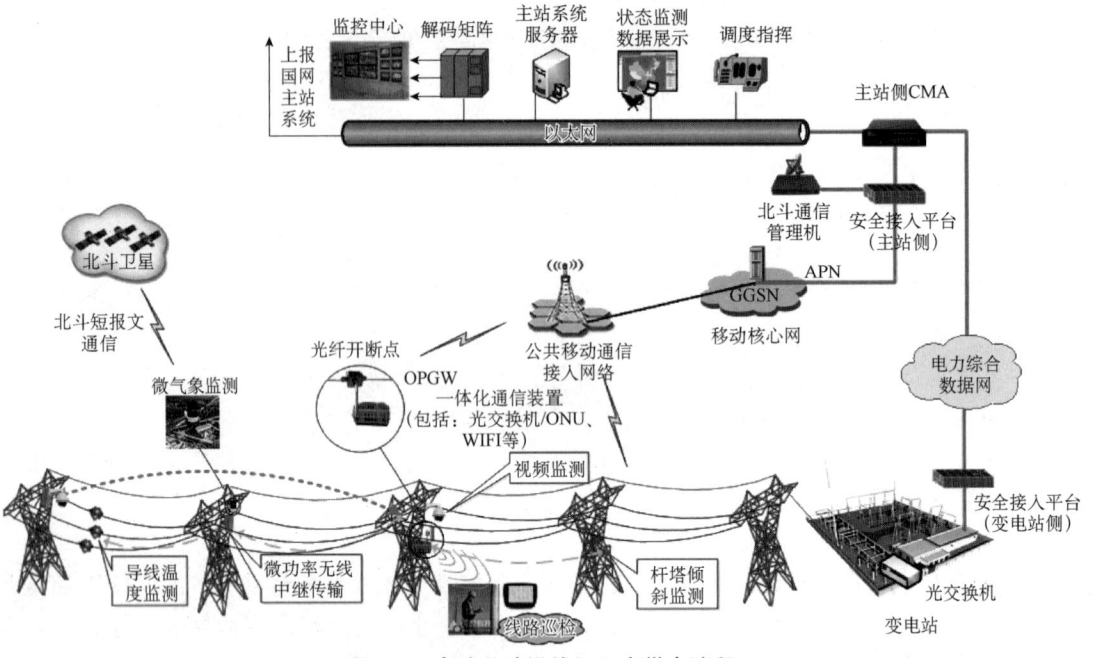

图 1-7 高速公路收费稽核的影响因素

图 1-8 高速公路沿线远距离供电流程

9. 高速公路软件安全可控技术

软件安全可控即软件国产化，覆盖规划、勘察、设计、施工、运营、养护等过程，包括操作系统、数据库、应用软件等。

10. 高速公路车路协同（自动驾驶）技术

高速公路的车路协同（自动驾驶）技术是未来的一个重要技术问题，如图 1-9 所示。如今高速公路上新能源汽车增多，新能源汽车的发展速度已经超过预期，推动了产业技术的快速发展。

1、多源交通/环境信息感知融合关键技术
　　2、基于多模式车车/车路通信关键技术
　　3、高精度精准定位关键技术
　　4、高精度地图关键技术
　　5、智能路侧设施关键技术
　　6、面向车路协同的智能车载终端关键技术
　　7、大数据处理和分析关键技术
　　8、基于云控平台的决策与管控关键技术（大脑）
　　9、信息交互与安全关键技术

图 1-9　高速公路的车路协同（自动驾驶）技术

# 任务 1　认识数字公路

## 【职业能力目标】

　　理解数字公路的定义、特点和发展历程，了解数字公路在交通运输领域的作用和影响。

　　理解数字公路各部分（如路面、桥梁、隧道等）的结构和特性。

　　识别和理解数字公路中的数字技术及其应用，包括智能交通管理、车辆通信技术、智慧路灯等。

　　熟悉数字公路技术实施的基本流程、方法和设备（感知设备、数据传输网络、智能监测设备等）。

　　具备在数字公路实际场景中进行调研、分析和评估的能力，了解数字公路应用的实际情况和潜在问题。

## 【任务描述】

　　本任务旨在让学生深入了解数字公路的基本概念、原理、实际应用场景以及发展趋势。学生将通过学习，理解数字公路与传统公路的区别、数字技术在公路系统中的应用，以及数字公路对交通运输和社会发展的影响。

　　通过完成这些任务，学生将对数字公路有全面、深入的认识，为未来深入学习相关领域的知识奠定基础。

## 【知识储备】

### 1. 数字公路的发展

　　20 世纪 90 年代末，美国提出了"数字地球"概念，之后又出现了"数字政府""数字城市"等概念。"数字公路"起源于"数字地球"，是"数字城市"等概念的延伸，是指将公路信息数字化，实现网络信息的传输和处理，最大限度地为公路运营与发展服务。数字公路的核心思想是利用数字化的手段处理公路各个方面的问题，最大限度地利用资源，并让使用者方便地获得他们需要了解的有关公路的信息。

　　我国数字公路发展迅速，数字技术的大规模建设和应用推动了公路交通的智慧化发展。数字公路的应用包括交通流量监测、智能交通信号灯、智能收费系统、电子警察等，并通过数据采集、传输和分析,实现交通拥堵监测、智能导航、事故预警等功能。我国数字公路建设涉及的技术有物联网、云计算、人工智能等。大数据分析和智能算法的应用提高了交通管理的效率和准确性。

欧洲是数字公路领域的领先者之一。欧洲各国推动数字公路建设,采用智能交通系统和智能交通管理平台,提高了交通效率。一些国家还实施了交通数据共享和跨境协作项目。美国也在数字公路领域取得了重要进展,推动了智能交通系统的发展,并投资于车辆通信技术和智能交通基础设施的发展。数字公路技术在美国的应用范围包括交通管理、智能车辆、智能交通信号灯等。亚洲一些国家也在数字公路建设方面进行了积极探索,日本、韩国、新加坡等国家在智能交通技术和数字公路基础设施方面具有先进经验,致力于提高交通效率和减少交通拥堵。

总体而言,数字公路在国内外都得到了广泛关注和应用。随着科技的不断创新和发展,数字公路将进一步推动公路交通的现代化和智能化,提高交通安全性和便捷性。

"数字公路"的具体技术体现在公路建设、管理中,就是充分利用数字化信息处理技术(交通数据自动采集技术、数据融合与挖掘技术、地理信息系统、全球定位技术、遥感技术等)、网络通信技术(光纤通信、计算机网络等)和车联网技术等对公路设施数据、运行状态进行采集、存储、传输、融合、挖掘、发布,实现公路交通运输的动态监控和科学辅助决策,以缓解交通压力、提高通行能力、减少交通事故、提高紧急事件救援效率。

数字公路通过数字技术和智能化系统来实现公路交通的管理、运营和服务,并利用传感器、通信设备、数据分析等技术手段将公路与车辆、交通管理中心等进行连接和交互,实现更高效、安全、智能的公路交通系统。

以下是数字公路发展的关键方面。

(1) 传感器和监测技术

数字公路利用各种传感器技术(包括交通流量监测器、车辆识别传感器、智能摄像机等)实时获取交通数据和路况信息。这些数据可以用于交通管理、拥堵预测、事故监测等,帮助交通运营者作出准确的决策。

(2)无线通信和互联网技术

数字公路通过无线通信和互联网技术,将公路上的传感器、交通管理中心和车辆进行连接。这种实时的通信和数据交换,使交通管理者可以远程监控和控制交通情况,及时响应交通事件、调整交通流量。

(3)智能交通管理系统

智能交通管理系统通过集成和分析来自传感器和车辆的数据,实现交通流量优化、信号控制、路况预测等功能。智能交通管理系统可以根据实时路况和需求自动调整交通信号灯配时,提高交通效率,减少拥堵。

(4)无人驾驶技术

数字公路为无人驾驶技术的发展提供了基础。通过数字化的交通管理和车辆通信系统,无人驾驶车辆可以获取准确的路况信息,并与交通管理中心和其他车辆进行实时通信,使无人驾驶车辆可以安全、高效地行驶,并与其他车辆进行智能协同。

(5)电子支付和智能服务

数字公路推动了电子支付和智能服务的发展,数字化的收费系统和车辆识别技术实现了无感支付和快速通行。同时,数字公路还可以提供实时导航、停车场指引、紧急救援等智能服务，提升用户体验和便捷性。

数字公路的发展对于提升公路交通的效率、安全性和环境友好性具有重要意义，它将继续推动传感器技术、通信技术和智能化系统的创新，为未来交通系统的发展奠定基础。同时，数字公路还需要充分应对数据隐私、网络安全和智能交通标准等方面的挑战，以确保数字公路的可持续发展和安全运营。

**2. 数字公路的组成**

（1）传感器和监测设备

数字公路依赖于各种传感器和监测设备来获取实时的交通数据和路况信息。例如，交通流量传感器、车辆识别传感器、智能摄像机等可以用于监测交通流量、车辆行驶状态和路面条件。

（2）通信和数据传输系统

数字公路需要建立强大的通信和数据传输系统，使各个组成部分可以实时交换信息。无线通信技术、互联网、移动通信网络等扮演着重要的角色，能确保数据在公路、车辆、交通管理中心之间快速传输。

（3）数据中心和云平台

数字公路的数据需要进行存储、管理和分析。数据中心和云平台提供了强大的计算和存储能力，用于处理和分析从传感器和监测设备中收集到的大量数据。这些数据可以用于交通管理决策、拥堵预测、路况评估等。

（4）智能交通管理系统

数字公路的核心是智能交通管理系统，它集成了交通流量监测、路况分析、决策支持等功能。智能交通管理系统可以根据实时数据和需求，进行交通信号灯控制、拥堵管理、事故监测、应急响应等操作，提高交通效率和安全性。

（5）车辆和用户终端

车辆可以通过与数字公路系统的通信，实时获取路况信息、导航指引、服务提醒等。用户终端（如智能手机、车载终端等）可以与数字公路系统进行交互，获取个性化的出行信息和服务。

（6）应用和服务

数字公路可以为交通参与者提供各种应用和服务。例如，智能导航系统可以根据实时路况和交通事件，为驾驶员提供最佳行驶路线；电子收费系统实现了无感支付和快速通行；智能停车服务可以指引驾驶员找到可用停车位等。

（7）车辆-基础设施互联互通

数字公路致力于实现车辆和基础设施之间的互联互通。车辆通过车载设备与数字公路系统进行通信，共享车辆信息和交通管理指令。同时，数字公路系统可以与交通信号灯、路侧设备、路段控制系统等基础设施进行互动，实现车路协同和智能交通。

（8）数据分析和智能决策

数字公路依赖于数据分析和智能决策来提供精确的交通管理和服务。通过大数据分析，数字公路系统可以实时监测和预测交通流量、拥堵情况、事故风险，从而进行智能交通信号灯控制、路径规划、优化调度。

（9）人工智能和机器学习

数字公路的发展越来越依赖于人工智能和机器学习技术。这些技术可以应用于交通数据分析、图像识别、行为预测、智能决策等方面，为数字公路系统提供更高级的功能和性能。

（10）安全与隐私保护

数字公路系统需要采取适当的安全措施，以防止黑客攻击和数据泄露，同时必须确保用户的个人隐私得到充分的保护，符合相关法律法规的要求。

（11）持续创新和发展

数字公路的组成是一个不断创新和发展的领域。随着科技的进步和应用的推陈出新，数字公路将迎来更多新技术和解决方案的应用，如车联网、自动驾驶、无人机等，进一步提升公路交通的效率和安全性。

总体来说，数字公路的组成是一个综合性的系统，涵盖传感器、通信、数据处理、智能决策和应用等多个方面。通过这些组成部分的协同作用，数字公路可以提供更智能、高效、安全的交通管理和服务，为城市和公路交通的发展作出重要贡献。

### 3. 数字公路中的数字化应用

数字交通是数字经济发展的重要领域，是以数据为关键要素和核心驱动，促进物理和虚拟空间的交通运输活动不断融合、交互作用的现代交通运输体系。但是，在很多情况下，数字交通只停留在数据采集层面，甚至将数据、信息、知识、智慧等概念混淆起来使用，导致数据泛应用灾害。

从信息学的角度来看，数据是最原始、最根本的信息表达方式，需要转化为信息、升级为知识、升华为智慧。以数据和信息为例，当我们采集到车速数据时，从某种意义上讲这个数据可能是无用的，但是将其与公路运行状态相关联时，就会转化为有用的潜在信息。以往我们更多关注数据的获取，在路侧布设了很多设备，解决了采集的问题，但是没有很好地解决应用问题。

因此，"感而不知"不是数字交通，数字交通应该是贯穿始终的，也就是我们常说的全过程、全链条、全生命周期。另外，数字化是基础，智慧是高级形态，这在一定程度上解释了数字交通与智慧交通的内在关系。

数字公路中的数字化应用涵盖交通管理、出行服务、安全监测等多个方面，以下是一些数字化应用的例子。

（1）实时交通信息和导航

数字公路通过实时收集和分析交通数据，提供准确的交通状况信息和导航服务。驾驶员可以通过导航系统获取交通拥堵情况、最佳路线推荐、实时交通事件提醒等，更高效地规划行程。

（2）智能交通信号灯控制

数字公路利用实时交通数据和智能算法，优化交通信号灯控制，根据实时交通流量和拥堵情况进行智能调整，以提高交通效率，减少拥堵。

（3）电子收费系统

数字公路通过使用电子收费系统，取代传统的人工收费方式，车辆通过车载设备或电子标签实现无感支付，提高收费效率，减少交通堵塞。

（4）智能停车服务

数字公路提供智能停车服务，通过车位检测和导航系统指导驾驶员找到可用的停车位。此外，还可以提供预订停车位、电子支付等便利功能，提升停车体验。

（5）交通事故监测与应急响应

数字公路利用视频监控和智能分析技术，实时监测交通事故和异常情况。一旦发生事故，系统可以及时报警并提供应急响应。

（6）路况评估和预测

数字公路通过数据分析和机器学习技术，评估和预测道路的状况和拥堵情况。这些信息可以用于规划交通管控策略、提供实时路况报告和预警等。

（7）车辆远程监控和管理

数字公路可以通过与车辆的连接，实现远程监控和管理功能。车辆的位置、状态和行驶数据可以实时传输和监测，用于车辆运营管理、安全监控和故障诊断等。

（8）出行服务平台

数字公路可以作为出行服务平台，整合多种交通方式和服务。用户可以通过应用程序获取多种交通工具的信息和预订服务，如公共交通、共享汽车、出租汽车等，实现出行的多模式互联互通。

这些数字化应用使数字公路更智能化、高效化、便捷化，为交通管理和出行提供了全新的体验和解决方案。同时，数字化应用也促进了城市交通的可持续发展和智慧城市建设。

交通规划工作者要主动拥抱数字时代，追赶数字中国、数字交通发展的步伐。大数据、人工智能等数字技术的蓬勃发展，为创新交通规划理论方法、推动技术手段升级提供了有利条件。多角度、多层次、多测度的大样本和海量数据为交通规划数字化开发应用奠定了基础。例如，公路交通规划和项目可行性研究要有公路交通起止点数据。过去，一般用路边访问法采集一天的数据，采集到的是小样本，总体误差很大，时空特征分析有限，成本高。现在，多源数据丰富，有各类交通工具、出行者、货物的移动轨迹数据，为精准化的分析、预测、评估提供了可能。

## 【任务实施】

### 1. 调查数字公路中的路面数字化应用

在数字公路中，路面数字化应用是指在公路路面上应用数字技术和传感器设备，实现对路况、交通流量、车辆信息等数据的采集、监测和分析。以下是一些常见的路面数字化应用。

① 路况监测：通过在路面上设置传感器和监测设备，实时监测路面的状态，包括道路平整度、路面湿度、结冰情况等。这些数据可以用于及时预警和处理道路安全隐患，给驾驶员和交通管理部门提供参考。

② 交通流量监测：利用传感器、摄像机等设备，对公路上的车辆数量、速度、密度进行监测和统计。这些数据可以用于交通拥堵分析、交通信号灯优化和交通管理决策，提高交通效率，减少拥堵。

③ 智能交通信号灯：通过路面传感器和车辆识别技术，实现智能交通信号灯控制。系统可以根据实时交通流量和车辆需求，自动调整交通信号灯的时序，优化交通流畅度和通行

效率。

④ 车辆识别和定位：利用视频监控和车载设备，对经过的车辆进行识别和定位。这些数据可以用于交通违法监测、电子收费、车辆追踪等，提高交通管理和安全性能。

⑤ 智能停车系统：通过路面传感器和智能车位指示系统，实现公路停车场的智能化管理。驾驶员可以通过手机应用或导航系统查找可用车位，减少停车时间。

⑥ 能量收集：路面数字化应用还可以探索能量收集技术，如利用车辆行驶时产生的振动能量或将太阳能电池嵌入路面，收集的能量可用于路灯、监控设备等，提高公路设施的自给自足能力。

## 2. 调查数字公路中的桥梁数字化应用

① 结构健康监测：通过在桥梁上安装传感器，实时监测桥梁的健康状况。这些传感器可以检测桥梁的振动、变形、裂缝等情况，并将数据传输给中央监测系统。通过对数据的分析和处理，可以及时发现结构问题和隐患，进行预警和维修，确保桥梁的安全性能。

② 车辆荷载监测：利用桥梁上的传感器设备，监测通过桥梁的车辆荷载情况。这些传感器可以测量车辆通过时的荷载大小、分布和频率等信息。通过对荷载数据的分析，可以评估桥梁的承载能力和健康状况，为桥梁维护和管理提供依据。

③ 温度和湿度监测：桥梁的温度和湿度变化对其结构稳定性有一定影响。在桥梁上设置温/湿度传感器，可以实时监测桥梁周围环境的温度和湿度变化。这些数据可以用于预测桥梁的膨胀和收缩情况，指导维护和修复工作。

④ 风速监测：风是影响桥梁结构安全的重要因素之一。通过在桥梁上设置风速传感器，可以实时监测风速和风向。这些数据可以用于评估风荷载对桥梁的影响，及时采取措施保证桥梁的稳定性和安全性。

⑤ 远程监控和管理：通过数字技术，将桥梁的监测数据传输给中央监测系统，并实现远程监控和管理，实现多座桥梁的集中监测和管理，提高管理效率和响应速度。

## 3. 调查数字公路中的隧道数字化应用

隧道数字化应用指的是在隧道中应用数字技术和信息通信技术，以实现监控、管理和优化隧道运行的目的。通过安装传感器、摄像机、通信设备等数字化设备，结合数据采集、处理和分析技术，对隧道内部的交通状况、安全状况、环境条件等进行实时监测、控制和管理。数字公路中的隧道数字化应用包括以下方面。

① 智能监控系统：在隧道内部安装摄像机、传感器等设备，通过图像识别和数据采集技术，实时监测隧道内的交通状况、气象条件、照明设施等，并将数据传输至控制中心进行分析和处理。这有助于提高隧道的安全性和管理效率，及时发现和处理交通事故、火灾等紧急情况。

② 智能照明系统：隧道内的照明系统可以通过数字技术实现智能控制，根据交通流量、天气条件、时间等因素，自动调整照明亮度和颜色，提供适宜的照明效果，减少能源消耗。此外，智能照明系统还可以通过远程监控和故障诊断，及时发现和修复照明设备的故障，确保隧道内部有良好的照明环境。

③ 火灾监测和报警系统：数字化隧道可以配备先进的火灾监测和报警系统。通过烟雾传感器、温度传感器、气体传感器等设备，实时监测隧道内的火灾风险，并在火灾发生时自

动触发报警系统。同时，数字化系统可以将报警信息及时传输到相关部门，以便迅速采取应急措施，避免火灾蔓延，减少人员伤亡。

④ 通信与应急救援系统：数字公路隧道可以配置高效的通信设备，包括无线通信网络、应急电话、紧急广播系统等。这些设备可以确保隧道内外的紧急通信，方便人员及时报警和求救。此外，通信与应急救援系统还可以与应急救援指挥中心进行实时数据交流，提供准确的隧道状况信息，协助应急救援工作的展开。

⑤ 数据采集与分析：隧道数字化应用还包括数据采集和分析。通过各种传感器和监测设备，收集隧道内部的交通流量、车速、空气质量等数据，并进行实时监测和分析。这些数据可以为交通管理部门提供参考，优化交通组织和调度，提高道路通行效率。

### 4. 调查数字公路中的边坡数字化应用

边坡数字化应用是指在公路或道路工程中，利用数字技术和信息通信技术来监测、管理和优化边坡的设计、施工和运维过程。通过数字化手段，可以对边坡进行实时监测、数据采集、分析和预测，提高边坡的安全性、稳定性、可持续性。数字公路中的边坡数字化应用包括以下几方面。

① 边坡监测系统：通过在边坡上安装倾斜仪、位移传感器、应变计等监测设备，实时监测边坡的位移、变形、应力等参数。这些监测设备可以将采集的数据传输给控制中心或云平台，进行实时监测和分析。监测系统可以提前发现边坡的变形和不稳定情况，及时采取预警措施，减少边坡灾害。

② 数据采集与分析：通过数字技术，对边坡的地质信息、水文信息、气象信息等进行数据采集和分析。通过传感器、遥感技术、地理信息系统等手段，获取边坡的地质结构、土壤含水量、降雨情况等数据，并进行实时分析和预测。这有助于了解边坡的稳定性，识别潜在风险因素，并采取相应的管理和维护措施。

③ 智能预警系统：通过人工智能算法和模型，对边坡的稳定性和风险进行评估，在出现异常情况时发出预警信号。智能预警系统可以及时通知相关部门和人员，采取必要的行动，保障公路交通的安全运行。

④ 远程监控与维护：通过数字技术，可以实现对边坡的远程监控和维护。监测的数据可以通过互联网传输给远程控制中心，使运维人员可以实时监测边坡的状态，并进行远程维护和管理。这有助于提高维护效率，减少人员的工作强度，降低安全风险。

⑤ 智能化施工与加固：通过建模和仿真技术，对边坡的结构和性能进行分析和优化设计。同时，数字技术也可以应用于施工过程的监测和控制，提高施工效率和质量，确保边坡的稳定性。

## 【任务工单】

| 项目1：认识数字公路中的感知技术 | 任务1：认识数字公路 |
|---|---|
| （一）关键知识引导<br>1. 了解数字公路的发展<br>2. 掌握数字公路的组成<br>3. 了解数字公路中的数字化应用 ||

续表

## （二）任务实施情况

| 实施步骤 | 具体操作 | 完成情况 |
| --- | --- | --- |
| 步骤1：调查数字公路中的路面数字化应用 | | |
| 步骤2：调查数字公路中的桥梁数字化应用 | | |
| 步骤3：调查数字公路中的隧道数字化应用 | | |
| 步骤4：调查数字公路中的边坡数字化应用 | | |

## （三）任务检查与评价

| 项目名称 | 认识数字公路中的感知技术 | |
| --- | --- | --- |
| 任务名称 | 认识数字公路 | |
| 评价方式 | 可采用自评、互评、教师评价等方式 | |
| 说　明 | | |

| 序号 | 评价内容 | 分值 | 得分 |
| --- | --- | --- | --- |
| 1 | 知识运用（20%） | 20分 | |
| 2 | 专业技能（40%） | 40分 | |
| 3 | 核心素养（20%） | 20分 | |
| 4 | 课堂纪律（20%） | 20分 | |
| | 总得分 | | |

## （四）任务总结

| 过程中的问题 | 解决方式 |
| --- | --- |
| | |
| | |
| | |

## 【任务小结】

　　本任务旨在使学生对数字公路的发展、组成、结构以及数字化应用有全面的了解。通过对数字公路的学习，学生能认识到数字技术在交通运输领域的重要性和应用价值。在任务实施过程中，我们调查了数字公路中不同方面的应用，包括路面、桥梁、隧道、边坡等；以及感知技术的应用，如视觉、环境、定位、雷达感知技术等。我们也了解了数字公路中智能监测设备的种类和作用，这些知识为进一步深入学习数字公路奠定了基础。

## 【任务拓展】

　　为进一步拓展学生对数字公路的理解，可以组织学生参与数字公路建设模拟项目。可以分成几个小组，每个小组扮演数字公路建设团队中的不同角色，包括设计师、工程师、技术员等。要求学生基于所学知识，设计数字公路中的特定区域，考虑路面、桥梁、隧道、边坡等不同部分的数字化应用及感知技术。在设计过程中，要求学生思考如何充分利用数字技术提升交通安全、优化交通流量等。

此外，可以邀请相关领域的专业人士或数字公路建设实践者来举办讲座或参与讨论，让学生直接了解行业现状、发展趋势和实践经验，激发学生对数字公路领域的兴趣，促进学术交流和思想碰撞。通过这样的任务拓展，能让学生更全面地理解数字公路的实践应用和未来发展，培养学生的创新能力和团队协作精神。

# 任务2　调查数字公路中的智能感知技术

## 【职业能力目标】

理解和掌握物联网技术。
理解和掌握数据分析技术。
理解和掌握云计算技术。
理解和掌握人工智能技术。
理解和掌握网络安全技术。
培养团队合作和沟通能力。

## 【任务描述】

本任务旨在让学生深入了解数字公路中的智能感知技术的定义和分类。通过学习，学生将理解智能感知技术与人工智能的关系，智能感知技术在各个领域中的应用，以及智能感知技术在数字公路中的应用实景。

通过完成本任务，学生将对数字公路中的智能感知技术有更深入的认识和理解，为未来在相关领域的学习和实践打下坚实的基础。

## 【知识储备】

### 1. 智能感知技术的定义和分类

（1）智能感知技术的定义

智能感知技术是指将物理世界的信号通过摄像机、麦克风或其他传感器的硬件设备，借助语音识别、图像识别等前沿技术，映射到数字世界中，再将数字信息进一步提升至可被认知的层次，如图1-10所示。

智能感知技术中的"智能"指的是事物在网络、大数据、物联网和人工智能等技术的支持下，所具有的智慧，能满足人类的多种需求。比如无人驾驶汽

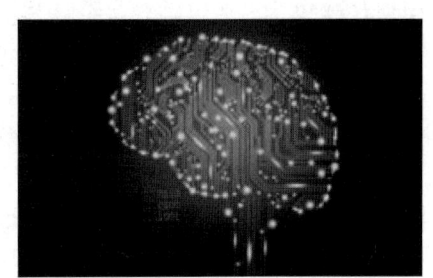

图1-10　智能感知技术

车，它将物联网、移动互联网、大数据分析等技术融为一体，满足人们的出行需求。而在媒体行业中，相对于传统媒体，智能化建立在数据化的基础上，是对媒体功能的全面升华，它意味着新媒体能通过智能技术，逐步具备类似于人类的感知能力、记忆能力、思维能力、学习能力、自适应能力、行为决策能力，在各种场景中以人类的需求为中心，能动地感知外界事物，按照与人类思维模式相近的方式和给定的知识与规则，通过数据的处理和反馈，对随机性的外部环境作出决策并付诸行动。

智能感知技术的框架由应用层、感知层、信息层组成，如图 1-11 所示。

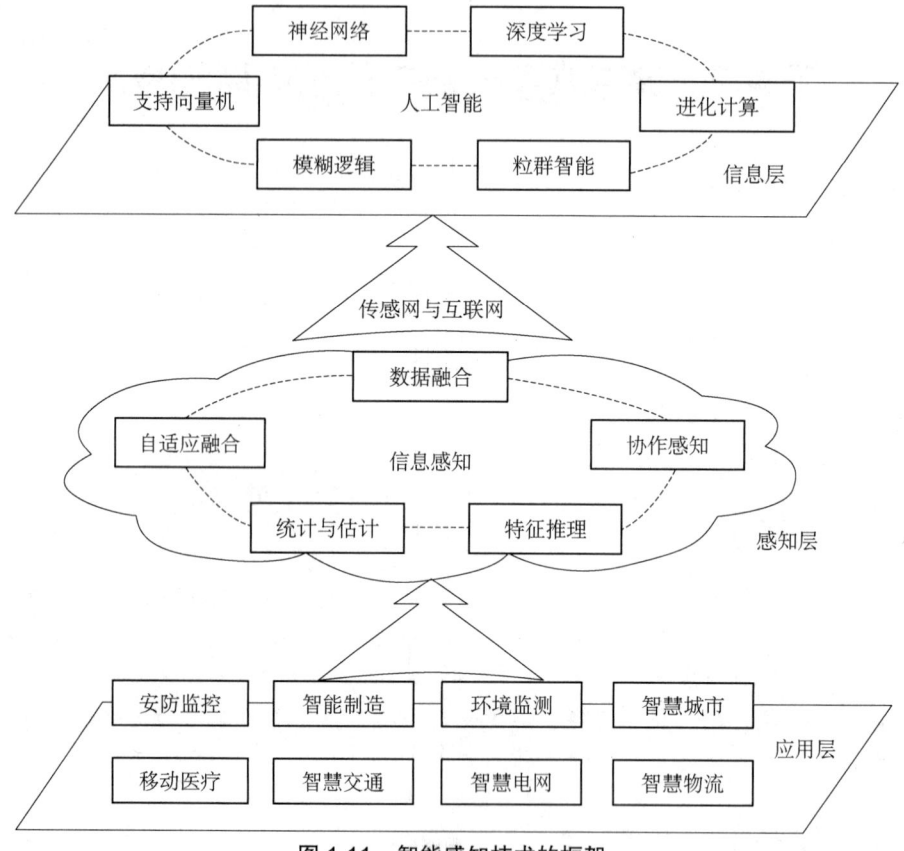

图 1-11　智能感知技术的框架

应用层面向实际应用对象，涵盖安防监控、智能制造、环境监测、智慧城市等；感知层基于传感网与互联网对应用层的物理环境对象进行信息感知，涵盖数据融合的基础理论，采用协作感知、自适应融合、统计与估计、特征推理等理论和方法；信息层基于信息感知的数据，采用神经网络、深度学习、进化计算、粒群智能、模糊逻辑、支持向量机等人工智能理论和方法，实现了智能感知。

（2）智能感知与人工智能的关系

人工智能主要分为三个阶段，第一阶段为运算智能，即计算机能快速运算和存储；第二阶段为智能感知，即计算机具有通过各种传感器获取物理世界的信息的能力；第三阶段为认知智能，即计算机具有了像人一样理解、分析、推理的能力。当前社会正处于智能感知技术快速发展的阶段，并正朝着认知智能的终极目标进军。

智能感知是人工智能与现实世界交互的基础和关键，是人工智能服务于工业社会的重要桥梁，它能对信息进行智能化的感知及测量，有助于人工智能对信息进行识别、判断、预测和决策，对不确定信息进行整理、挖掘，实现高效的信息感知，使物理系统更智能。智能感知涉及诸多工程领域，如海洋船舶、航空航天、土木建筑等，这些领域都离不开对信息的智能感知和处理。

人工智能包括信息感知和计算智能两个部分。信息感知是实现人工智能的基础，计算智能是实现人工智能的关键。信息感知利用传感器系统对被测对象进行测量，是信息处理的首要环节，智能感知技术具有"感、知、联"一体化的特点，涉及数据采集、数据传输、信息处理等过程，涵盖信息采集、过滤、压缩、融合等环节。其中，信息采集是指获取事物的测量信息，必须确保信息的准确性；信息过滤是指对所采集的信息进行有效的特征提取；信息压缩是指去除冗余数据；信息融合是指对传感器感知的信息进行融合处理、识别、判别。

（3）智能感知技术的特点

① 能准确地获得被测对象或环境的信息，而且比任何单一传感器所获得的信息有更高的精度与准确性。

② 能通过各个传感器的性能互补，获得单一传感器不能获得的独立特征信息。

③ 和传统的单一传感器相比，能以更少的时间、更小的代价获得同样的信息。

④ 能根据系统的先验知识，通过对传感器信息的融合处理，完成分类、判决、决策等。

（4）智能感知技术的关键技术

① 感知传感器技术。根据所完成任务的不同，感知传感器一般可分为内部感知器和外部感知器，在应用中具有以下要求。

- 测量范围。传感器应能对所测信息的输入信号的最大值、最小值都有显像。
- 灵敏度。一般来说，传感器应该具有足够的灵敏度，这样才可以有正确的信息输出。灵敏度就是输入信号和输出信号之间的关系，它表示输出信号相对于非测量参数输入信号（比如环境参数的变化）所发生的变化。当环境参数变化时，理想的情况是传感器的灵敏度变化为零或很小。如果环境参数的影响比较大，是不能忽略不计的，需要进一步改进。
- 精确度。精确度用来衡量传感器的实际输出信号与理想输出信号的接近程度，它说明了测量结果的错误程度。任何可能的错误都会发生，这也取决于调校的方法。精确度可以用绝对值或百分比表示。
- 稳定性。通常情况下，应用于实际领域的传感器需要使用较长时，因此传感器要有足够的稳定性，即传感器能在一定时间内，在相同的输入信号下有稳定的输出信号。对于稳定性而言，通常用术语"漂移"来描述输出信号是随时间变化的。
- 重复性。重复性对于传感器而言非常重要，它是指传感器在重复应用中有相同输入信号的情况下，有相同数量的输出信号，也被称为"可重复性"。
- 静态和动态特性。当为某个应用领域选择传感器时，要考虑传感器的静态和动态特性，如上升时间、时间参数、响应建立时间等。例如，在利用压力传感器测量动态气流速度变化的风洞应用中，传感器的输出信号必须随风速变化，此时需要快速响应，否则达不到监测要求。但是，响应时间也不是越短越好，过快的传感器响应会引入未过滤和不需要的系统噪声等，对系统监测造成干扰。
- 能量收集。传感器广泛应用于无线传感网络中，为了保证网络传感器能量的持续供应，可采用能量收集技术实现网络传感器部件的长效供电。目前，能量收集可利用机械振动、光能、温度变化、电磁场、风能、热能、化学能等，其中以机械振动和光能的应用最广泛。

● 温度变化以及其他环境参数变化的补偿。由于环境温度、湿度和其他环境参数的变化，传感器的响应也会受到影响。为了减少外部因素造成的影响，传感器的信号调整部分必须有合适的补偿机制。

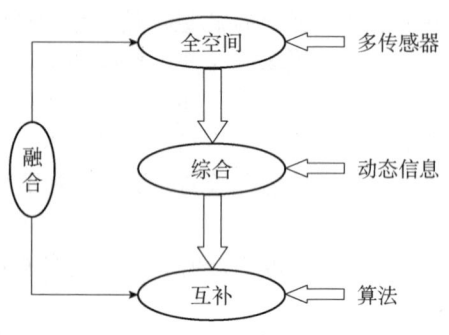

图 1-12　数据融合的过程

② 多传感器数据融合技术。数据融合主要解决多传感器信息处理问题，多传感器数据融合主要研究如何充分发挥各传感器的特点，把分布在不同位置的多个同类或不同类型的传感器所提供的局部、不完整的观察信息加以综合，利用其互补性、冗余性，克服单个传感器的不确定性和局限性，提高整个传感器系统的性能。数据融合的过程如图 1-12 所示。

（5）智能感知技术的应用

① 在军事领域的应用。在军事领域，要求智能感知及导航系统具有更强的自主性和可靠性。例如，卫星导航系统凭借其全球性、连续性、高精度，成为目前应用最广泛的导航系统。卫星导航系统使用无线电导航技术，太空中的卫星对地面发射无线电信号，载体接收信号并对自身进行定位，这种导航技术易受到外界干扰。在现代战争中，卫星导航系统的这种弱点容易被利用，造成严重后果。随着战争对抗性的增强，要求智能导航系统具有更强的自主性与可靠性。

② 在民用领域的应用。在民用领域，随着现代社会的发展，各行业对智能感知提出了许多方面的需求。环境感知方面的应用较为广泛，可进一步分为室外环境感知和室内环境感知。

室外环境感知应用最多的两方面是无人驾驶汽车和无人驾驶飞机。

在智能制造领域，室内环境感知技术在特种工作机器人上得到了充分体现。机器人环境感知技术伴随机器人的出现而产生。机器人通过对环境的认知来定位、避障和导航。随着机器人技术的进步，机器人环境的概念也在拓宽，除了它的运动空间环境，还包括其他自然环境因素，例如气体环境、气候参数等。在煤矿、化工厂等场所，人类已经在利用机器人动态感知危险气体的浓度，或通过气源探测机器人搜索危险源，如图 1-13 所示。

图 1-13　气源探测机器人

## 2. 感知技术在数字公路中的应用场景

（1）交通流量监测

部署在公路沿线的传感器和摄像机可以实时监测交通流量情况，包括车流量、车速、车型等信息。这些信息可以用于道路网的优化调度，提高道路使用效率，减少拥堵现象。此外，交通流量监测也可以用于评估道路网容量和性能，为交通管理和运营提供更全面的数据支持。

交通流量监测的方法包括视频监测、激光雷达监测、微波监测、线圈监测等。其中，视频监测和激光雷达监测可以通过图像识别和测量技术获取车流量、车速、车型等信息。微波监测可以通过雷达信号处理技术获取车辆速度、位置、角度等信息。线圈监测则可以通过感应线圈的电感变化来检测是否有车辆通过，可用于交通流量的统计。

（2）交通信号灯控制

交通信号灯控制是数字公路中另一个重要的应用场景。通过感知技术获取交通流量信息，可以实时调整交通信号灯的灯光时序，优化交通信号灯配时方案，提高道路交通流畅度和安全性。

交通信号灯控制的方法包括自适应信号灯控制和智能信号灯控制。自适应信号灯控制通过实时感知交通流量、车速、方向等信息，根据预设的控制算法自动调整信号灯时序，以满足不同交通流量的需求。智能信号灯控制则基于物联网技术和云计算平台，实现区域协调控制和智能调度，进一步提高交通流畅度和安全性。

（3）智能路侧设施

智能路侧设施是数字公路中一项重要的基础设施，可以通过部署在路侧的智能感知设备实时感知车辆和行人的位置、速度等信息，为交通管理和运营提供更精准的数据支持。智能路侧设施包括毫米波雷达、激光雷达、视频监控、交通量观测站等。

（4）数字孪生技术

在数字公路中应用数字孪生技术，可以通过高精度建模和仿真技术，对公路基础设施进行数字化改造和智能化升级，提高公路的运营效率、安全性和可持续性。

数字孪生技术包括高精度地图、仿真技术、物联网技术等。其中，高精度地图可以用于获取路面的地形、地貌等信息，为公路基础设施的数字化改造和智能化升级提供基础数据支持。仿真技术可以用于构建数字孪生模型，对公路基础设施的状态进行预测和管理，提高公路基础设施的运营效率和管理水平。物联网技术则可以用于获取真实世界的基础数据信息，将这些信息与数字孪生模型进行交互和融合，实现真实世界与虚拟世界的映射和交互。

（5）车路协同系统

车路协同系统是将车辆与道路基础设施进行互联互通的一种智能交通系统，在这种系统中，感知技术发挥着重要作用。例如，通过激光雷达、摄像机等感知设备获取道路信息，然后通过高精度地图、通信技术等实现车辆与道路基础设施的信息共享和协同控制。

车路协同系统包括车车通信、车路通信、车内感知等。其中，车车通信和车路通信可以实现车辆与车辆、车辆与道路基础设施之间的信息交互和共享，获取道路信息、车辆信息和其他交通参与者的信息。车内感知则可以通过感知设备获取车辆的位置、速度、加速度、角度等信息，为车辆的自主导航和协同控制提供数据支持。

### 3. 数字孪生的应用场景举例

（1）智慧隧道

目前，广东广明高速祈福隧道、广西信梧高速爽冲隧道等多个项目均开展了相关建设，证明了智慧隧道的可行性和业务价值。

① 传统隧道管理中存在的主要问题。

隧道具有空间狭长、结构封闭、无应急车道、黑/白洞效应等特点，发生事故后容易诱发二次事故，是高速公路运行管理的关键风险点位。在隧道管理中存在的主要问题如下。

- 隧道中现有的视频检测设备及照明补光设备采集信息的手段单一，事件检测采集精度低、判别效率低，严重依赖人工的反复确认，对车辆位置、状态、人员数量缺乏精准感知。
- 隧道内消防、通风、照明、信息发布等各类设施的信息孤岛严重，处置时需要由人工独立操作，协同性、智能化水平不足，发生突发事件时管理难度大。
- 隧道照明、通风设备能耗高，能源运营成本高。
- 现有的互联网导航设备在隧道内无定位信息，无法向公众提供有效服务。
- 隧道内外存在限速差，车辆在隧道内存在变道驾驶、超速、车距过近等不安全驾驶行为。
- 对行驶在隧道内的隐患较大的"两客一危"车辆无法进行有效的监测和识别。
- 缺乏充足的数据分析和挖掘资源，精细化管理受制约。

② 智慧隧道的主要功能。

- 实现隧道内的全域全息交通感知。采用雷达与视频结合的方式，结合高精度地图，形成隧道内部交通行为、设备状态的数字孪生和全知可控，实现车辆全要素数据高精度、毫秒级实时采集和全域连续轨迹跟踪。通过轨迹和驾驶行为的实时监测，可以检测隧道内的超速、变道、停车、逆行等事件，形成"发现即上报"的快速精准检测能力，对隧道内的车辆类型、数量、位置实现精准掌握。
- 实现高效的事故处置。隧道内设有监控、消防、通风、交通信号灯、照明等机电系统，通过边缘计算和路侧物联智能中台，可以实现不同设备的统一纳管、接入配置、操作策略控制，从而实现应急处置预案的联动执行，减少人工操作频次，提高执行质量和效率，提高隧道安全防控水平。
- 实现隧道照明智能控制。除了建设隧道棚洞、优选节能灯具、改善隧道侧壁反光等措施，还可以利用隧道照明控制技术，开展多模式动态调光。结合具体时段、交通流量、洞外亮度、平均车速、洞内能见度（通风情况）、天气条件、隧道内照明区段等进行划分，制定并配置实时分级调光、按交通流动态调光等多种照明控制模式，实现按需照明，达到理想的节能效果。
- 实现隧道内伴随式出行服务。基于对隧道内交通环境的精准感知和车辆位置，根据隧道内的交通状态，向个体车辆发出不良驾驶行为警示、突发事件报警等提示，以规范车辆驾驶行为。
- 拓展隧道运营风险决策分析。根据积累的感知信息，分析隧道内车辆急加速、急减速、变道、大车占用左侧车道等不良驾驶行为的常发时空分布，寻找相关原因，有针对性地改进隧道交通安全设施和管理策略。

（2）智慧收费站

① 传统收费站存在的问题。

- 收费站外场设备较多，缺乏集约化部署，设备故障老化，易造成交易失败，从而影响收费效率。
- ETC车辆交易失败的情况时有发生，影响ETC车道的通行效率，易造成收费站拥堵。
- 收费广场交通秩序管理难度大，特情较多，处置时间长，人工干预效率低。
- 部分收费站的土地面积制约影响大，车道数量较难扩展，大型货车、超宽车的通行效率有待进一步提高。

② 智慧收费站的主要功能。
- 收费设备集约化，收费岛简洁化。取消 ETC 车道收费亭，应用集约化设备，实现费显、栏杆机、车道信号灯集约化。
- ETC 匝道预交易。减少车辆在收费车道前约 0.5s 的交易时间，判断 ETC 车辆交易是否成功，标记特情车辆，采集车牌、车身颜色等车辆特征信息。
- 收费广场数字孪生。可视化动态标定与全程跟踪，用于全程跟踪特情车辆，实现人工主动管控、特情快速处置。
- 多级伴随式诱导。用于收费广场前对特情车辆的诱导，将特情车辆与正常车辆区分开，重塑收费广场通行新秩序。
- 探索自由流收费。在匝道预收费位置至出口广场处实现雷达、视频连续覆盖，提升实时数字孪生能力。持续跟踪预收费成功的 ETC 车辆轨迹，在进入车道前的适当位置采用"提前抬杆、自由通行"方式放行。对 CPC 卡和 ETC 缴费特情车辆，以个性化诱导的方式，引入人工和 ETC 混合车道。

（3）车路协同和全路段态势感知

2022 年 8 月，中央电视台《焦点访谈》栏目报道了四川成宜高速车路协同和全路段态势感知的建设效果。成宜高速构建了"数字平行世界"，实现了全量设施设备静态信息和全量人车路环境动态信息的实时还原、历史回放，以及未来预演，大幅提高了交通感知的精度和事件处置效率。

① 存在的问题。为营造安全、畅通的高速公路通行环境，需要加强交通事件感知能力、事故预防与快速处置能力。现阶段，已实现高清视频的全路段覆盖，但仍存在以下突出问题。
- 视频技术易受光线、天气等环境因素的影响。在夜间、团雾等不良气象条件下，可用性明显下降，不能满足全天候感知要求。
- 基于视频的道路交通事件误报率高、监测精度低、人工确认强度大，难以摆脱"看监控、盯画面、人找事"的工作模式，难以实现主动交通管控和高效处置。
- 现有机电工程的视频监控系统与信息发布设施、诱导设施协同控制水平不高，需要人工操作控制，没有实现联动控制，集成协同性较差，影响了应急处置管理能力的提升。

② 车路协同和全路段态势感知的主要功能。
- 实现关键路段的全域全息交通感知。实现团雾易发路段、事故易发路段、拥堵常发路段的雷达连续覆盖，结合高精度地图，借助边缘计算设备和多源感知融合技术，实现该路段交通行为的数字孪生和全知可控。
- 实现互联网车道级导航。通过丰富的信息内容和定位精度，向互联网提供超视距、含周边交通信息的车道级导航，形成车路协同服务，提高驾驶员出行过程中的体验感。

在上述场景中，借助数字孪生技术，实现了对高速公路上人、车、环境全量、全天候、全程的精准感知；在精准时间同步的前提下，利用高精度地图，实现了精准时空系统的构建；结合场景的业务需求特点，利用融合计算、仿真预测、辅助决策等能力，为交通管理和运营服务提供了业务能力支撑。

## 【任务实施】

### 1. 调查数字公路中的视觉感知技术

（1）车辆实时监控和调度

通过物联网技术，可以在公路上部署各种传感器和摄像机，实时监控车辆的运行状态和位置（包括车辆的车速、行驶轨迹、驾驶员的行为等），实现车辆的实时调度和优化，提高交通运输效率，减少拥堵现象。

（2）交通信号灯智能化管控

交通信号灯智能化管控是智能交通系统的重要组成部分，旨在通过人工智能和新一代信息技术对交通信号灯进行优化控制，以提升道路通行效率、保障交通安全、改善交通环境、节约能源。智能交通信号灯的原理是根据交通流数据，采用控制理论的方法对道路交通流状态进行实时研判，配合灵活的灯组时序控制策略，实现对交通信号灯的优化控制。

（3）智能停车服务

通过物联网技术，智能停车服务可以在停车场部署各种传感器和摄像机，实时监测停车位的使用情况。驾驶员可以通过手机 App 实时查询附近的可用停车位，快捷地找到合适的停车位。

（4）智能路况监测和预警

通过物联网技术，可以在公路上部署各种传感器和摄像机，实时监测路况信息，包括路面情况、交通流量、车辆速度等。通过对这些数据的分析，可以实现路况的实时预警和预测，为驾驶员和交通管理人员提供及时、准确的交通信息，避免交通事故的发生。

### 2. 调查数字公路中的环境感知技术

（1）数据采集设备

在选择数据采集设备时，要考虑多个因素，包括测量范围、精度、稳定性、可靠性。此外，还需要根据实际的监测需求选择合适的设备。

例如，在温度监测中，可以选择热电偶、热敏电阻、集成温度传感器等。这些传感器都有自己的优点和适用范围，因此需要根据具体需求来选择合适的设备。

在湿度监测中，常见的传感器类型有电容式传感器和电阻式传感器，这些传感器具有不同的测量范围和精度等级，需要根据实际需求进行选择。

对于风速风向监测，可选用风杯式传感器或超声波式传感器，这些传感器具有较快的响应速度和较大的测量范围，能满足大多数风速风向监测的需求。

在结构健康监测中，可以使用非接触式位移传感器、红外线温度传感器、裂缝传感器等设备，这些设备可以有效地监测结构的位移、温度、裂缝等关键参数，及时发现安全隐患。

（2）数据传输设备

在选择数据传输设备时，需要考虑多个因素，包括传输距离、稳定性、实时性、功耗、维护成本等。此外，还需要根据现场环境和传输距离来选择合适的传输设备。

对于无线传输设备，可以选择 ZigBee、LoRa、NB-IoT 等传输模块，这些传输模块具有不同的传输距离、稳定性、功耗，因此需要根据实际需求进行选择。

对于有线传输设备，可以选择 Ethernet 或 RS485 等，这些传输设备具有较高的稳定性和传输速度，但需要考虑现场环境和传输距离等因素。

在选择数据传输设备时，还需要考虑设备的实时性和可靠性。实时性要求设备能快速地传输数据，可靠性则要求设备能稳定地传输数据。

（3）数据处理和分析设备

在选择数据处理和分析设备时，需要考虑设备的性能、稳定性、扩展性等因素。此外，还需要选择合适的数据分析软件，以便更好地处理和分析数据。

对于服务器，可以选择通用服务器或工业级服务器。通用服务器具有较高的性能和稳定性，适用于大多数数据处理任务；而工业级服务器则具有更好的扩展性和耐用性，适用于需要处理大量数据或需要长时间稳定运行的应用场景。

在选择分析软件时，可以考虑常见的统计分析软件或专业数据分析软件，如 SPSS、SAS、MATLAB 等。这些软件具有不同的特点和功能，适用于不同的数据处理需求和分析任务。例如，SPSS 和 SAS 适用于统计分析，而 MATLAB 则适用于数学建模和算法开发。

（4）管理措施实施设备

在管理措施实施设备时，要考虑设备的实际应用场景和实施效果。例如，针对交通管理，可以选择交通信号灯、摄像机等设备；针对排放控制，则可以选择空气净化器、污水处理装置等设备。

同时，还需要根据实际需求进行设备配置和选型，以确保管理措施有效实施。例如，在交通管理中，需要根据道路情况、车流量等因素选择合适的交通信号灯和摄像机型号，并合理配置它们的位置和数量，以确保交通流畅且安全。

在排放控制方面，需要根据污染源的实际情况来选择合适的空气净化器和污水处理装置型号，并确保它们能有效地净化污染物和减少环境污染。

（5）决策支持设备

在选择决策支持设备时，需要考虑设备的实际应用场景和展示效果。可视化大屏是一种有效的展示工具，可以集中展示监测数据和决策结果，使信息更直观、清晰，便于团队成员之间进行讨论和交流。

移动终端应用则具有便捷性和实时性，可以随时随地查看监测数据和决策结果，掌握最新信息，以便及时作出决策。这种设备可以适应不同的应用场景，如办公室、会议室、户外环境，为决策者提供灵活、高效的支持方式。

（6）科学研究设备

在选择科学研究设备时，需要根据实际科研项目需求进行选型。例如，针对化学分析可以选择化学分析仪器，针对物理测试可以选择物理测试设备等。同时，需要综合考虑设备的精度和使用成本等因素，以便更好地完成科研项目。

下面介绍环境感知技术设备。

① 扬尘监测站。

扬尘监测站是一种专为在建工程项目设计的监测设备，如图 1-14 所示。该设备具备 1 路百叶盒采集功能，可同时采集温度、湿度、大气压力等数据。此外，它还具有 1 路风速采集功能和 1 路风向采集功能，可将数据上传至监控平台。同时，该设备还配备了 1 个继电器输出接口，可连接现场二级继电器以控制雾炮等设备。另外，扬尘监测站还支持外接 1 路 LED 显示屏（54cm×102cm），可实时显示当前各项指标的数值。

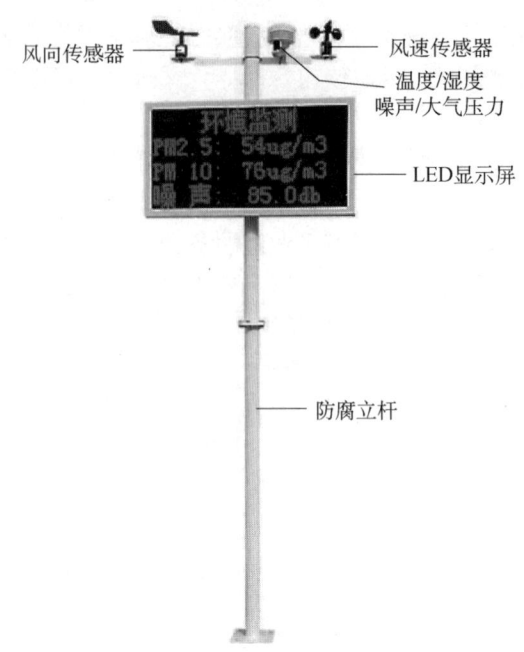

**图 1-14 扬尘监测站**

扬尘监测站主要用于监测 PM2.5、PM10、噪声、温度、湿度、风速、风向、风力、总悬浮微粒、大气压力等 10 项空气环境指标。通过该设备，可以及时了解施工现场的空气质量，确保施工过程中的安全与健康。同时，该设备还可通过 4G 网络实时传输数据，方便管理人员随时随地掌握现场情况，并采取相应的措施来改善空气质量。扬尘监测站的技术参数如表 1-1 所示。

**表 1-1 扬尘监测站的技术参数**

| 电源 | AC220V |
| --- | --- |
| 通信接口 | 4G 无线传输 |
| 空气温度传感器 | 量程：0～70℃；分辨率：0.1℃ |
| | 精度：±0.2℃（25℃） |
| 空气湿度传感器 | 量程：0～100%RH；分辨率：0.1% |
| | 精度：±3%（60%RH，25℃） |
| 风速传感器 | 量程：0～60m/s；分辨率：0.1m/s |
| | 精度：±0.3m/s |
| 风向传感器 | 量程：8 个方位 |
| 大气压力传感器 | 量程：0～120kPa；分辨率：0.1kPa |
| | 精度：±0.15kPa（25℃，75kPa） |
| 噪声传感器 | 量程：30～130dB；分辨率：0.1dB |
| | 精度：±0.5% |
| PM2.5、PM10 | 量程：0～1000μg/m$^3$；分辨率：1μg/m$^3$ |
| | 精度：±10% |

续表

| LED 显示屏 | 尺寸 54cm×102cm |
|---|---|
| 继电器输出 | 1 路，连接二级继电器 |
| | 负载能力：5A，250VAC/30VDC |
| 设备支架 | 防腐立杆（可选） |
| 采样方式 | 扩散式 |

② 风速风向传感器。

风速风向传感器能测量风速和风向，并将测量的数据存储起来。这种设备的体积小，安装方便，用金属制造，性价比高，抗干扰能力强。对于自动测试布线困难，需要长期监测的应用场合，风速风向传感器是一种理想选择。

● 风速传感器的工作原理。

风杯式风速传感器是一种常见的风速传感器，感应部分由 3~4 个圆锥形或半球形的空杯组成。空杯固定在互成 120°的三叉星形支架或互成 90°的十字形支架上，空杯的凹面顺着一个方向排列，整个横臂架则固定在一根垂直的旋转轴上。

以三个风杯的风速传感器为例，当风从左侧吹来时，风杯 1 与风向并行，因此风对其产生的压力在风杯轴向上的分力几乎为零，风杯 2 和风杯 3 与风向的角度为 60°。风杯 2 的凹面正对风，所以承受的风压是最大的；而风杯 3 的凸面迎风，由于风的绕流效应，其承受的风压较小。风杯 2 和风杯 3 在垂直于风杯轴向上的压力差会导致风杯开始顺时针旋转。风速越大，这种起始压力差越大，产生的加速度也越大，风杯转得越快。一旦风杯开始旋转，由于风杯 2 顺风转动，其所受的风压相对减小，而风杯 3 逆风以相同的速度转动，其所受的风压相对增大。随着风杯的转动，风压差逐渐减小，直到三个风杯上的分压差达到零，此时风杯将匀速旋转。根据风杯的旋转速度，可以确定风速的大小。风杯的转动会带动一个同轴的多齿截光盘或磁棒旋转，通过电路产生与风杯转速成正比的脉冲信号。这个脉冲信号被计数器记录，并经过转换计算出风速。

● 风向传感器的工作原理。

风向传感器通过风向标的转动探测风向信息，并将其传递给同轴码盘，同时输出风向数值。

风向传感器通常采用风向标的机械结构，当风吹向风向标的尾翼时，风向标的箭头会指向风吹来的方向。风向传感器主要有以下三类。

电磁式风向传感器：这种风向传感器利用电磁原理设计，但由于种类较多，所以结构有所不同。目前，部分此类传感器已经开始利用陀螺仪芯片或电子罗盘作为基本元件，其测量精度得到了进一步的提高。

光电式风向传感器：这种风向传感器采用绝对式格雷码盘作为基本元件，并使用特殊定制的编码，通过光电信号转换原理准确输出对应的风向信息。

电阻式风向传感器：这种风向传感器采用类似于滑动变阻器的结构，将最小值与最大值分别标为 0°与 360°。当风向标转动时，滑动变阻器的滑杆会随着顶部的风向标一起转动，从而计算出风向信息。

● 风速风向传感器的操作步骤。

单通道风速风向模块采用高精度和高稳定性的时钟电路，具备定时自动开启测量数据并存储的功能。该模块引出4芯线，其中红、黄线为电源线，蓝、绿线为485通信线。操作步骤如下。

第1，从包装箱中取出风速传感器和风向传感器，使用包装里提供的附件进行固定安装（注意要保持水平）。安装风向传感器时，将正北方向的标识对准正北方向，即将白色标记点对准正北方向。安装完成后，将带线的航空插头接上。

第2，将采集模块的塑料盖螺丝拧出，打开盖子，将风速传感器和风向传感器的输出线从防水接头处连接到盒体内的接线柱上（线的颜色与接线柱的标识对应）。连接完成后，拧紧接线柱和防水接头。

第3，连接好电源线和485通信线（注意区分电源线的正、负），在计算机端连接转换线，安装采集软件和转换线驱动。

第4，给采集模块通电，红灯亮则表示电路启动。打开计算机采集软件，对采集模块的各项功能进行测试。

第5，关掉电源，将塑料盖盖上并拧紧螺丝，根据现场情况将采集模块固定在合适的位置。

③雨量传感器。

雨量传感器适用于气象台（站）、水文站、农林、国防等有关部门，用来遥测液体降水量、降水强度、降水起止时间，可用于以防洪、供水调度、电站水库水情管理等为目的的水文自动测报系统、自动野外测报站。

● 雨量传感器的工作原理。

翻斗式雨量传感器是由感应器及信号记录器组成的遥测雨量仪器，感应器由翻斗、干簧管、接线端子等构成。其工作原理为：雨水通过最上端的过滤器和集雨器落入接水漏斗中，再经漏斗口流入翻斗中，当积水量达到一定高度时，翻斗会失去平衡翻倒。翻斗每次倾倒，都会使开关接通电路，向信号记录器输送一个脉冲信号。信号记录器将雨量记录下来，并传输到采集模块，如此往复，即可将降雨过程记录下来。

翻斗式雨量传感器的自动化程度高，及时性强，资料易于保存和传输，因此应用广泛。

● 雨量传感器的操作步骤。

第1，选择雨量传感器的安装位置，可按实际要求选择地面或屋顶。

第2，调整底盘上的三个调平螺丝，使水准泡指示为水平（气泡停留在圆圈中心），再缓慢将3个M8×80的膨胀螺栓拧紧。如果水准泡改变，则需要重新调整。

第3，将传感器连接至DTU（数据传输单元）通信模块，并将传感器固定。

第4，固定完毕后，打开雨量桶，剪掉漏斗上的尼龙扎带，将清水缓慢注入雨量传感器中，观察翻斗翻动的过程，检查采集模块上是否接收到数据。最后注入定量水（60～70mm），若采集模块上显示的数据与注水量符合，说明仪器正常，否则须检修调节。

● 雨量传感器的注意事项。

第1，传感器线长会影响输出信号，使用时不要随意改动出厂时已焊接好的元器件或导线，若有更改需求，请与厂商联系。

第2，应定期检查传感器，清除尘土、泥沙、树叶、昆虫，以免堵塞漏斗的水流通道。

第3，如果翻斗内壁有脏物，可用水、酒精、洗涤剂水溶液冲洗，严禁用手指或其他物体擦拭。

第4，冬季结冰期间，应停止使用仪器，可将其取回室内。

### 3. 调查数字公路中的定位感知技术

① 全球导航卫星系统（Global Navigation Satellite System，GNSS）。GNSS通过卫星信号提供全球范围内的定位和导航服务。在数字公路中，车辆可以通过接收卫星信号，利用GNSS实现准确的位置定位和导航。

② 基于地面设施的定位。数字公路中的道路基础设施（如固定的车辆探测器、道路标志、交通信号灯等）可以用于车辆的定位感知。通过识别并与这些设施进行通信，车辆可以获取所处位置和道路信息。

③ 惯性导航系统。惯性导航系统利用加速度计和陀螺仪等传感器，测量车辆的加速度和角速度，从而推断出车辆的位置和运动状态。这种技术可以在无法接收卫星信号的地下道路或密集城市区域中提供定位服务。

④ 车载传感器网络。数字公路中的车辆可以搭载各种传感器，如摄像机、激光雷达、毫米波雷达等，感知周围环境中的物体和地理特征，实现车辆的定位和导航。这些传感器可以提供精确的距离、速度、方向信息。

⑤ 通信基础设施。数字公路中的通信基础设施（如蜂窝网络、车联网等）可以提供车辆的定位感知服务。通过与基站进行通信，车辆可以获取相关的位置信息和导航指引。

这些定位感知技术可以单独使用或结合使用，以提供精确的车辆定位和导航服务。它们为数字公路中的交通管理、智能交通系统和车辆安全提供了基础数据和信息支持。同时，随着技术的发展，新的定位感知技术和方法不断涌现，为数字公路的发展和创新提供了更多可能性。

### 4. 调查数字公路中的雷达感知技术

在介绍数字公路中的雷达感知技术前，先来了解选择车辆测速设备时需要考虑的几个方面因素。

① 设备性能。设备的测速范围、精度、稳定性、抗干扰能力是选择设备的重要因素，这些性能指标将直接影响测速的准确性和可靠性。

② 使用环境。不同的道路类型和环境条件需要不同类型的设备。例如，高速公路需要高精度的雷达测速仪，而城市道路则需要使用摄像机测速或移动式交通检测器。

③ 安装和运维。设备的安装位置、安装方式以及运维难度也是需要考虑的因素。例如，固定式交通检测器需要安装在道路上，而移动式交通检测器可以在不同的路段之间移动。

④ 数据处理和分析。还需要考虑设备的输出数据格式、数据处理复杂程度、可视化程度等因素。例如，雷达测速仪能输出速度、车速、车辆信息等数据，而摄像机测速可以通过图像处理技术提取车辆的车牌、颜色等信息。

⑤ 成本和维护费用。在选择设备时，需要综合考虑设备的采购成本、安装费用、运维费用等，选择最合适、最经济的设备。

此外，选择车辆测速设备时，需要遵守相关法规和标准，同时要确保设备的安全性和隐私保护。

雷达检测技术利用车辆经过检测区域时引起的电磁波返回时间或频率变化进行车辆检测，安装维护方便，使用寿命长，几乎不受光照度、灰尘、天气影响。因此，相比于视频检测技术，雷达检测技术更具应用与发展前景。雷达检测技术在道路安全预警中的应用与选型推荐如表 1-2 所示。

表 1-2  雷达检测技术在道路安全预警中的应用与选型推荐

| 应用领域 | 选型推荐 | 推荐理由 |
| --- | --- | --- |
| 卡口测速雷达 | TBR-100 | 可对 0～400km/h 速度范围内的行驶车辆速度进行准确检测；<br>触发精准，触发位置精度小于 1m；<br>抓拍车辆位置的一致性高，抓拍率高达 99%；<br>具备抓拍跨线行驶及逆向行驶车辆的功能；<br>具有较好的环境适应性与稳定性，能适应温度和湿度变化较大的室外工作环境 |
| 移动测速雷达 | TBR-310 | 抓拍率高达 99%；<br>具有触头、触尾、双触、持续等多种触发方式；<br>测速精度高，调试简单，稳定性高；<br>可探测 1～4 个车道上的多个车辆目标，具备车道划分、抗多车并行干扰等功能；<br>环境适应性强，检测性能不受光照、灰尘、雨雪等外界环境干扰 |
| 车速反馈屏雷达 | TBR-300<br>TBR-510<br>TBR-511 | 可适应多种环境，不受天气、光照强度影响；<br>可分别准确检测 200m、150m、80m 内的来车速度，并可直接与 LED 显示屏连接，将检测结果输出至显示屏，连接方式简单，安装维护方便；<br>可广泛应用于高速公路、城市道路、国省道路、县乡道路等，也可用于产业园区、住宅区、学校、医院周边，以及弯道、隧道等需要进行速度提醒控制的区域 |
| 交通信息检测雷达 | WTR-470<br>WTR-422 | 可准确检测车速、平均速度、车流量、车型、车道占有率、交通拥堵情况、车辆逆行状况等信息；<br>可检测双向 6 车道与 8 车道上的 128 个目标车辆的信息，并进行实时跟踪；<br>不受光、热、雾、烟、灰尘等外界环境因素的影响，抗干扰能力强，环境适应性好，可以全天候不间断工作 |

"雷达"是英文"Rader"的音译，源于 Radio Detection And Ranging，意思是"无线电探测和测距"，即用无线电发现目标并测定它们的空间位置。因此，雷达也被称为"无线电定位"。

微波雷达是利用工作频率为 0.3～300GHz，波长为 1mm～10cm 的电磁波探测目标的电子设备。微波雷达发射电磁波对目标进行照射并接收回波，由此获得目标至电磁波发射点的距离、径向速度、方位、高度等信息。微波雷达系统如图 1-15 所示。

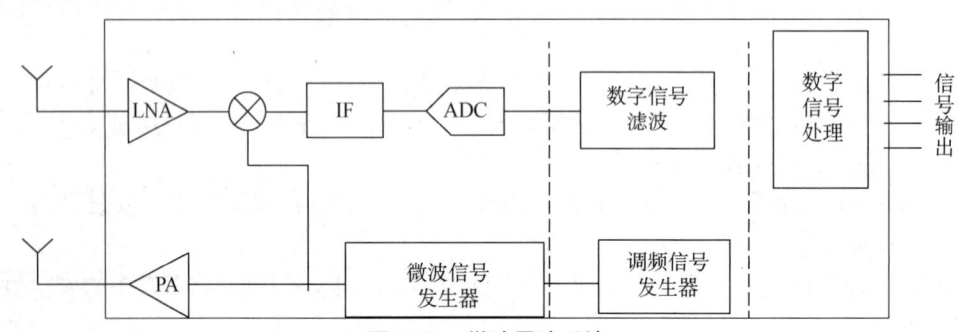

图 1-15  微波雷达系统

微波雷达早期应用于军事领域，随着雷达技术的发展与进步，开始应用于智能交通管理、道路安全预警等民用领域，以及物位与物流检测等工业领域。在智能交通管理与道路安全预警应用中，微波雷达具有以下优势。

① 高精度、高距离分辨率。距离分辨率代表雷达区分相邻物体的能力，分辨率越高，能识别的最小距离就越小。距离分辨率随带宽的增加而提高。24GHz 下的 ISM 频段有 200MHz 带宽，77GHz 下的 SRR 频段可提供高达 4GHz 的扫描带宽。因此与 24GHz 雷达相比，77GHz 雷达有更高的测距精度，能更好地应用于高精度场景中。

② 多车道、多目标。采用阵列雷达天线可以对多个目标进行实时检测和跟踪，同时检测车辆的位置、速度、运动方向；结合先进的雷达目标跟踪算法，可同时对多个目标进行测速、测距、测角，并对其运动轨迹进行实时记录和跟踪。

③ 抗干扰、低误报。雷达通过天线发射和接收目标信号，受干扰的可能性大大降低。此外，有多种措施能尽量减少干扰信号，如提高天线增益、控制天线波束的覆盖与扫描区域、采用窄波束天线、采用阵列接收天线等。

④ 全天候、全天时。微波雷达能"看穿"墙壁等其他固体物体，这是激光雷达、红外线探测器、视频监控所不具备的能力。

## 【任务工单】

| 项目1：认识数字公路中的感知技术 | 任务2：调查数字公路中的智能感知技术 |
|---|---|
| （一）关键知识引导<br>1．掌握数字公路中的视觉感知技术<br>2．掌握数字公路中的环境感知技术<br>3．掌握数字公路中的定位感知技术<br>4．掌握数字公路中的雷达感知技术 ||

（二）任务实施情况

| 实施步骤 | 具体操作 | 完成情况 |
|---|---|---|
| 步骤1：调查数字公路中的视觉感知技术 | | |
| 步骤2：调查数字公路中的环境感知技术 | | |
| 步骤3：调查数字公路中的定位感知技术 | | |
| 步骤4：调查数字公路中的雷达感知技术 | | |

（三）任务检查与评价

| 项目名称 | 认识数字公路中的感知技术 |||
|---|---|---|---|
| 任务名称 | 调查数字公路中的智能感知技术 |||
| 评价方式 | 可采用自评、互评、教师评价等方式 |||
| 说明 | |||
| 序号 | 评价内容 | 分值 | 得分 |
| 1 | 知识运用（20%） | 20分 | |
| 2 | 专业技能（40%） | 40分 | |
| 3 | 核心素养（20%） | 20分 | |
| 4 | 课堂纪律（20%） | 20分 | |
| 总得分 ||||

*续表*

| （四）任务总结 | |
|---|---|
| 过程中的问题 | 解决方式 |
|  |  |
|  |  |
|  |  |
|  |  |

## 【任务小结】

数字公路技术的作用如下。

① 提高交通效率。数字公路技术可以实时监测和分析交通流量，帮助交通管理部门更好地调整信号灯时间、优化道路布局等，从而提高交通效率，减少拥堵和延误。

② 提升交通安全。数字公路技术可以实时监测和分析交通事故发生率、交通违法行为等，帮助交通管理部门及时采取措施，提升交通安全水平，减少交通事故的发生和伤亡。

③ 提供个性化交通服务。数字公路技术可以收集和分析个体出行数据，为用户提供个性化的交通服务，如实时交通信息、最佳路线推荐、停车位导航等，提高出行效率和便利性。

④ 促进智慧城市发展。数字公路技术是智慧城市建设的重要组成部分，通过数字化、智能化的交通管理和服务，可以提升城市的整体运行效率和居民生活质量，推动城市可持续发展。

⑤ 促进交通创新和发展。数字公路技术是交通领域的创新驱动力，通过学习相关知识，可以了解最新的技术发展和趋势，为交通行业的创新和发展作出贡献。

总体来说，学习数字公路的相关知识可以使我们更好地理解和应用数字公路技术，从而提高交通效率、安全性和便利性，促进智慧城市发展，推动交通创新和发展。同时，数字公路技术的发展也为我们提供了更多就业机会和发展空间。

## 【任务拓展】

### 1. 数据处理和分析技术

数据处理和分析技术可以对感知数据进行处理、分析和挖掘，提取有价值的信息。这些信息包括车流量、平均车速、交通拥堵情况等。通过对这些数据进行分析，可以优化交通管理和运营策略，提高道路的通行效率和安全性。例如，通过对历史车流量数据的分析，可以预测未来的车流量，为交通管理提供决策支持；通过对道路拥堵信息的及时发布，可以使驾驶员提前规划绕行路线，避免交通拥堵。

### 2. 车路协同技术

车路协同技术通过车辆和道路基础设施之间的信息交互，实现车辆和道路的协同运行。这种技术可以实现车辆与车辆、车辆与道路基础设施之间的信息共享和协同控制。例如，车辆可以通过接收交通信号灯的状态信息，自动调整车速，避免闯红灯；道路基础设施可以通过接收车辆的行驶信息，判断道路的拥堵程度，及时调整交通信号灯的配时方案。

**3. 数字孪生技术**

数字孪生技术通过建立道路和车辆的数字模型，实现真实世界和虚拟世界的双向映射。这种技术可以利用三维建模、虚拟现实等技术构建数字孪生公路和车辆模型，并通过传感器实时采集数据，将真实世界的交通运行状态映射到虚拟世界中。

数字孪生技术可以帮助管理和运营者更全面地了解交通运行状态，通过预测和仿真实现更科学的管理和决策。例如，利用数字孪生技术可以对未来的交通情况进行预测和分析，为交通规划和建设提供决策支持；同时，也可以利用该技术进行模拟仿真实验，测试新技术的可行性。

# 任务3　认识数字公路中的感知设备

## 【职业能力目标】

掌握感知设备的原理和特点，能根据不同的应用场景选择合适的设备型号和参数配置。

掌握感知设备的安装、调试和维护方法，能独立完成设备的部署、调试和故障排除。

具备一定的编程和数据处理能力，能利用编程语言和数据处理工具对感知设备采集的数据进行处理和分析，为交通管理和运营提供决策支持。

掌握感知设备的数据传输和处理技术，能实现数据的实时传输、处理、存储和分析，为交通管理和运营提供及时、准确的数据支持。

掌握感知设备的安全和隐私保护技术，保证设备的安全运行和数据的隐私保护，为交通管理和运营提供安全保障。

了解数字公路感知设备的相关政策和法规，能遵守相关规定和标准，为交通管理和运营提供合理的解决方案。

## 【任务描述】

本任务旨在让学生深入了解数字公路中的感知设备。学生通过学习，将理解数字公路中的智能检测技术，认识在智能检测中所使用的感知设备，并认识智能检测实训系统，为未来在相关领域的学习和实践打下坚实的基础。

## 【知识储备】

**1. 设备简介**

① 超声波传感器可以用于车辆检测、距离和速度测量等，还可以作为安全系统中的报警器。

② 雷达传感器能测量车辆的位置、速度和加速度，可以应用于车辆检测、碰撞预警、自动驾驶等领域。

③ 磁性传感器可以用于检测车辆和行人，常用于交通信号灯控制和车辆检测。

④ 图像传感器能获取周围环境的图像信息，常用于自动驾驶和安全监控系统中。

⑤ 惯性传感器可以检测车辆的速度、加速度、方向等运动状态，还可以用于姿态控制和导航系统中。

⑥ 无线传感器网络可以用于监测车辆和道路状态，传输和处理传感器数据，为交通控制和预测提供支持。

⑦ RFID 传感器可以用于车辆识别、交通管理、数据采集等。

### 2. 数字公路中的智能监测

数字公路中的智能监测包括对高速公路的视频监测、交通气象监测、路面状况监测、车辆运行状况监测等。

① 高速公路的视频监测可以通过 AI 视频分析技术实现，监测交通拥堵、事故、速度、流量、气象等信息，同时可以快速识别出特殊事件（如行人闯入、违规停车等）。

② 交通气象监测可以实时监测风速、风向、温度、湿度、降水等气象要素，提供气象预警和路况预测依据。

③ 路面状况监测可以实时监测路面的平整度、损坏程度、积水等状况，为及时维修和养护提供支持。

④ 车辆运行状况监测可以通过对车辆的行驶轨迹、速度、加速度等数据的监测和分析，为交通管理和运营提供决策依据，提高交通安全和通行效率。

数字公路中的智能监测还包括利用 AI 技术对高速公路上的车辆车载信息进行实时采集和分析，实现车辆运行状况的实时监测和预警。同时，可以通过数字技术实现道路养护的数字化管理和监测，提高道路养护的精细化和智能化水平。

### 3. 智能监测中的感知设备

在数字公路的智能监测中，感知设备起着非常重要的作用，主要的感知设备介绍如下。

① 视频监控设备：部署在公路沿线和桥梁等重要部位，可实时监控交通情况，监控中心可以通过视频监控系统对交通情况进行远程实时监测，并对异常情况进行报警和记录。

② 车辆检测器：包括环形线圈车辆检测器、微波车辆检测器、视频车辆检测器等，可以检测车辆的流量、速度、占有率等信息，对车辆进行识别和监控。

③ 气象监测设备：包括风速风向传感器、温度湿度传感器、降水传感器等。

④ 路面状态监测设备：包括红外线温度传感器、超声波车速仪等，可实时监测路面的温度、破损程度等信息，为及时维修和养护提供支持。

### 4. 数字公路智能监测实训中心介绍

（1）概述

浙江交通职业技术学院结合自己的专业特色，旨在针对智慧公路建设与养护的实际需要，建设数字公路智能监测实训中心，将科技创新与人才培养相结合，形成一套水平高、可复制、可推广的职业教育人才培养标准与体系，打造全国一流的智慧交通人才培养高地。

数字公路智能监测实训中心的功能架构如图 1-16 所示，旨在通过实景互动展厅与教学实训工位的结合，打造展、训、研、教学一体的实训中心。实景互动展厅包括道路在线监控系统和车辆智能驾驶系统，两个系统能实现场景联动。教学实训工位包括行业应用教学系统和工业控制教学系统。

此外，道路在线监控系统和行业应用教学系统主要包括桥梁、边坡、隧道、路面场景的子系统，所有子系统共用一个云平台（工程脉搏智慧监控平台）。数字公路智能监测实训中心的平面图如图1-17所示，实训室与展厅融为一体，共有12个工位，能满足48名学生同时实训教学的需求。

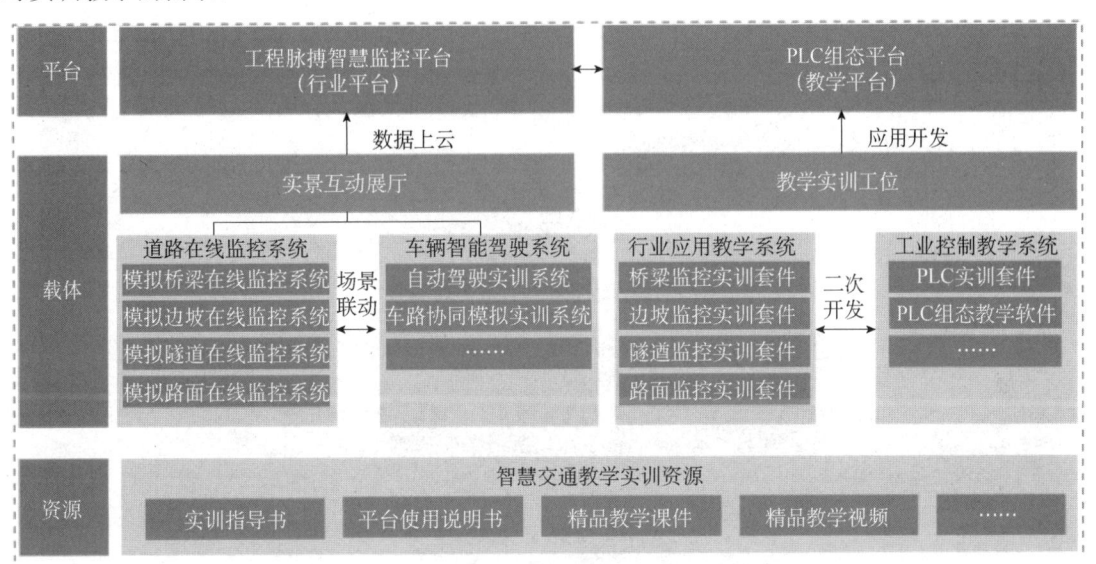

图1-16 数字公路智能监测实训中心的功能架构

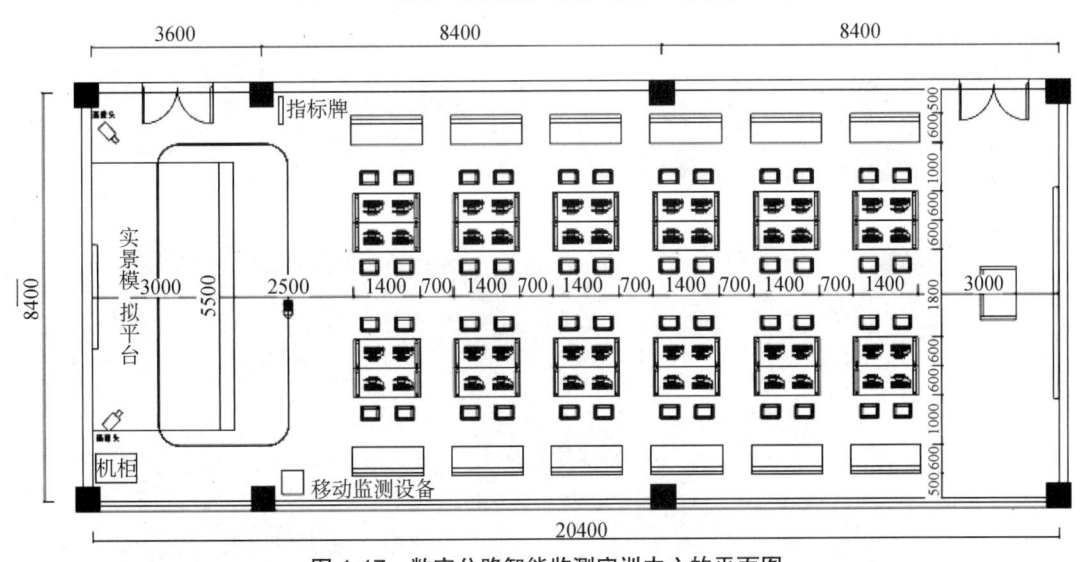

图1-17 数字公路智能监测实训中心的平面图

实训中心的正面效果图如图1-18所示，教学实训工位与实景互动展厅融合。

实训中心的背面效果图如图1-19所示，车辆智能驾驶系统与实景互动展厅融合。

（2）数字公路智能监测实训中心展厅

① 实景互动展厅：采用"桥、边、隧、路一体化"实景模型，最大程度上还原工程实

际场景和安装工艺，如图 1-20、图 1-21 所示。

图 1-18 实训中心的正面效果图

图 1-19 实训中心的背面效果图

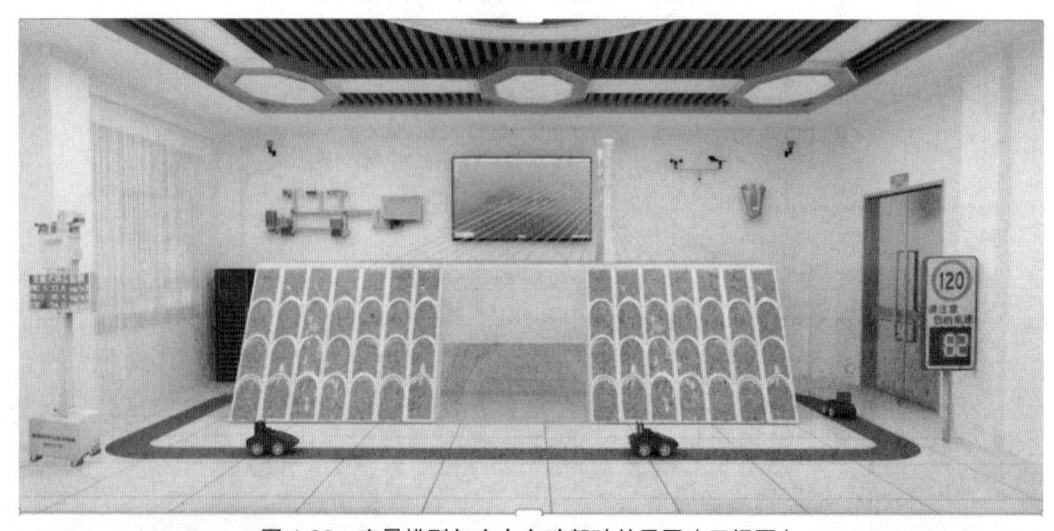

图 1-20 实景模型与小车自动驾驶效果图（正视图）

图 1-21 实景模型效果图（侧视图）

（3）教学实训工位

教学实训工位采用行业内的真实设备，支撑设备认知、安装、实施、部署等实训内容，如图 1-22 所示。

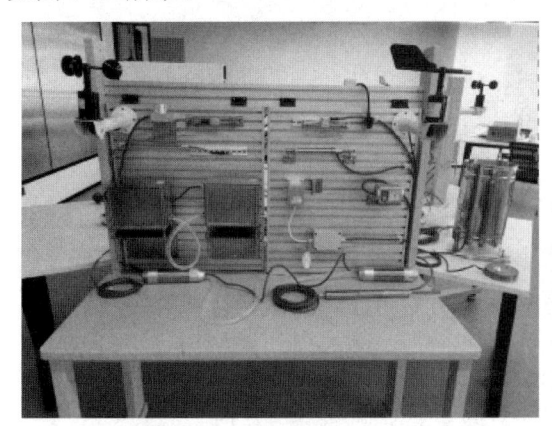

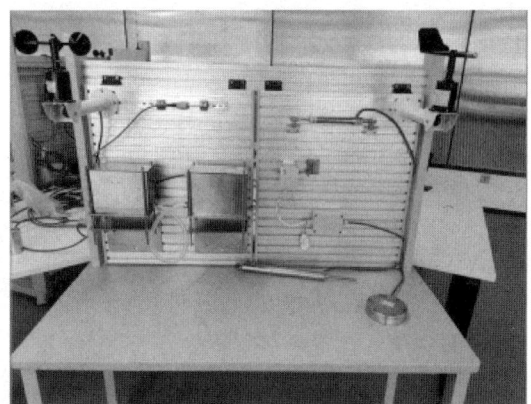

图 1-22 教学实训工位

（4）实训中心软件平台

① 工程脉搏智慧监控平台（行业平台）。

工程脉搏智慧监控平台基于物联网、大数据、云计算技术，对土木工程结构的安全进行全方位监测，同时为客户提供整套解决方案。工程脉搏智慧监控平台兼容并可接入不同厂商、不同型号的硬件设备，采用多种安全协议及传输方式传输数据，可对采集的数据进行快速存储、实时过滤、高效分析、复杂统计、友好展示。工程脉搏智慧监控平台的结构如图 1-23 所示。

实训主要围绕路面、桥梁、隧道、边坡四大场景设备的安装与调试，并通过工程脉搏智慧监控平台进行设备管理和采集数据分析。每个场景在工程脉搏智慧监控平台中都对应一个具体的项目。四大场景如图 1-24～图 1-27 所示。

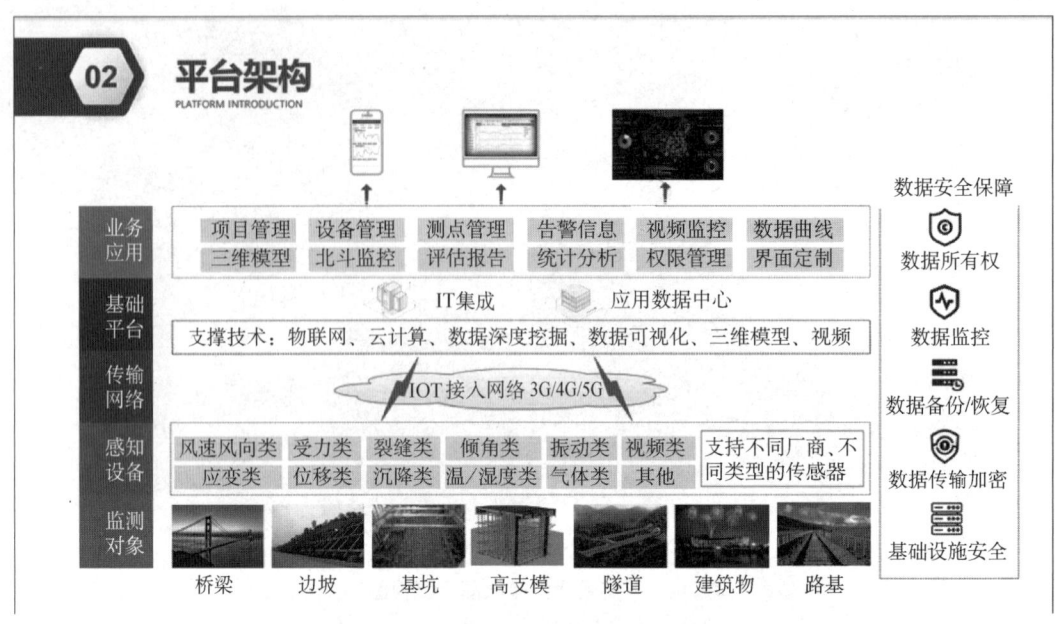

图 1-23 工程脉搏智慧监控平台的结构

图 1-24 路面场景

图 1-25 桥梁场景

图 1-26 隧道场景

图 1-27 边坡场景

工程脉搏智慧监控平台具备项目概览、监控、采集、报警、数据分析、数据管理等功能，可以对某一行业的工程项目进行控制和管理，功能截图如图 1-28 所示。

图 1-28 功能截图

② PLC 组态平台（教学平台）。

可编程逻辑控制器（Programmable Logic Controller，PLC）是以计算机技术为核心的新型自动控制装置，以功能性强、可靠性高、编程简单、使用方便、体积小巧等特点，在工业生产中得到越来越广泛的应用，已成为工业自动化的主要支柱之一。

通过 PLC 组态课程的学习，学生可以了解 PLC 的工作原理，初步掌握 PLC 的编程方法和使用方法，具备一定的设计、调试、维护 PLC 控制系统的能力，满足现代工业对学生的基本要求。PLC 组态平台的主界面如图 1-29 所示。

图 1-29　PLC 组态平台的主界面

PLC 组态平台支持学生通过"拖拉拽"的组态方式快速搭建智能监控行业应用以及自主进行 PLC 程序设计，设计桥、边、隧、路等场景的监控和执行器响应策略。PLC 组态平台中的路面场景、桥梁场景、隧道场景、边坡场景如图 1-30～图 1-33 所示，项目设计界面如图 1-34 所示，编程界面如图 1-35 所示。

图 1-30　PLC 组态平台-路面场景

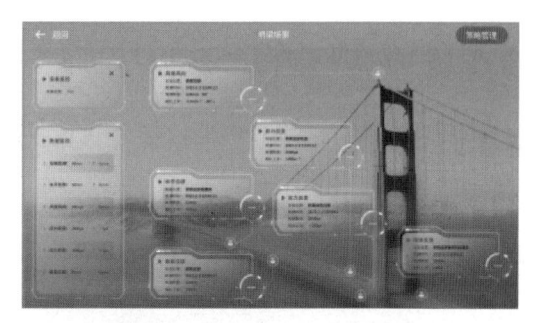

图 1-31　PLC 组态平台-桥梁场景

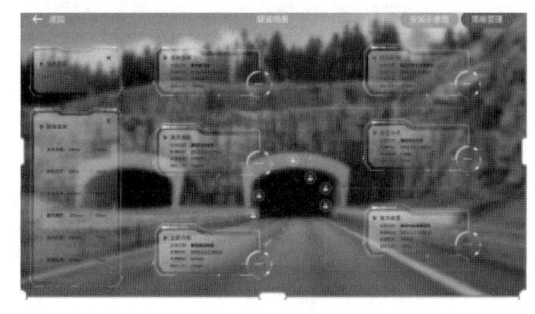

图 1-32　PLC 组态平台-隧道场景

图 1-33　PLC 组态平台-边坡场景

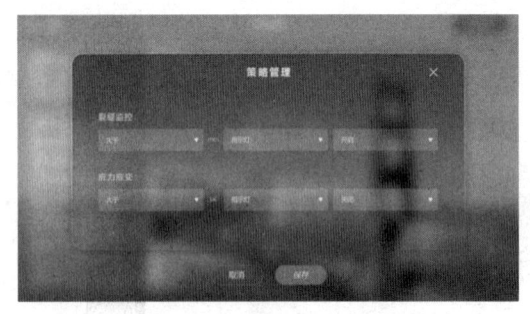

图 1-34　项目设计界面　　　　　　　图 1-35　编程界面

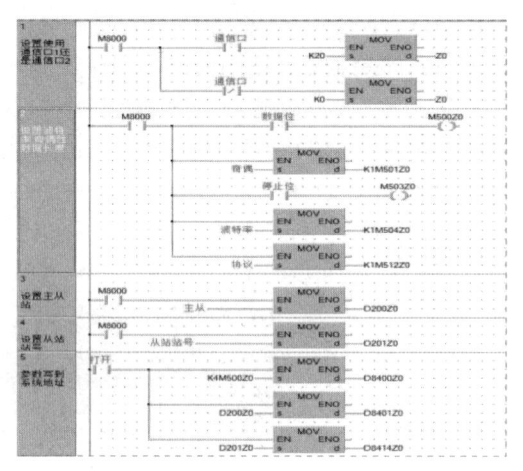

## 【任务实施】

### 1. 验收数字公路智能监测设备

验收数字公路智能监测设备时要考虑以下几点。

- 设备质量：监测设备的外观应该无明显瑕疵，结构紧凑，接口牢固，无明显的松动或变形等现象。
- 设备性能。验收时需要检测设备的性能参数是否达到技术协议的要求，如监测精度、响应时间、稳定性等是否满足要求。
- 设备兼容性。验收时需要测试设备的兼容性，如是否可以与指定的软件平台进行无缝连接，是否支持各种通信协议和数据格式等。
- 设备可维护性。验收时需要考虑设备的可维护性，如设备的可访问性、可配置性、可扩展性等是否满足要求。
- 设备可靠性。验收时需要测试设备的可靠性，如设备的故障率、平均无故障时间等指标是否达到要求。
- 设备安全性。验收时需要检查设备的安全性，如设备的加密性能、数据安全性、防雷性能等是否满足要求。
- 设备可扩展性。验收时需要考虑设备的可扩展性，如设备是否支持多种传感器接口和通信协议等。
- 设备使用方便性。验收时需要考虑设备的使用方便性，如设备的操作界面是否友好、操作是否简单等。

在验收过程中，还需要注意以下几点。

- 测试数据应该全面、充分，包括各种典型场景（如晴天、雨天、白天、夜晚等）下的数据。
- 测试过程中需要进行详细记录，包括设备的运行情况、数据采集情况、报警情况等。
- 测试过程中需要进行实时监控和管理，及时发现和解决问题。
- 测试完成后需要进行总结和分析，对设备的质量、性能、兼容性、可维护性、可靠性、安全性、可扩展性、使用方便性等进行全面评估。

**2. 认识数字公路智能监测实训设备**

数字公路智能监测实训设备是用于培训和实践,以帮助学生和专业人员学习和熟悉数字公路智能监测技术的设备。这些设备可以模拟真实场景,提供实际操作和实时数据采集功能。以下是一些常见的数字公路智能监测实训设备。

(1)智能交通监测设备。包括车辆探测器、交通流量监测设备、车速测量仪等。这些设备可以模拟真实交通场景,通过感知车辆的数量、速度、流量等信息,进行交通状态的监测和分析。

(2)环境感知设备。包括气象监测仪、空气质量监测设备等。这些设备可以模拟不同环境条件下的数据采集,以便学习和实践环境感知技术。

(3)数据采集与通信设备。包括传感器节点、数据采集器、通信模块等。这些设备可以用于采集不同类型的传感器数据,并通过无线或有线通信的方式传输到数据处理单元或云平台中。

(4)数据处理与分析设备。包括计算机、服务器、数据分析软件等。这些设备用于接收、存储、处理采集到的数据,并进行数据分析、模型建立、预测等操作。

(5)软件仿真平台。软件仿真平台为学生和专业人员提供数字公路智能监测算法和技术的虚拟仿真环境。学生和专业人员可以在软件仿真平台上进行实验和练习,模拟不同场景下的智能监测任务,并学习相关算法和技术的应用。

## 【任务工单】

| 项目1:认识数字公路中的感知技术 | 任务3:认识数字公路中的感知设备 |
|---|---|
| (一)关键知识引导<br>1. 风速风向传感器、雨量传感器等的使用方法<br>2. DTU 与传感器连接的方法<br>3. 使用计算机处理数据的方法<br>4. 软件仿真平台的使用方法 ||
| (二)任务实施情况 ||

| 实施步骤 | 具体操作 | 完成情况 |
|---|---|---|
| 步骤1:验收数字公路智能监测设备 | | |
| 步骤2:认识数字公路智能监测实训设备 | | |

(三)任务检查与评价

| 项目名称 | 认识数字公路中的感知技术 |
|---|---|
| 任务名称 | 认识数字公路中的感知设备 |
| 评价方式 | 可采用自评、互评、教师评价等方式 |
| 说 明 | |

续表

| 序号 | 评价内容 | 分值 | 得分 |
|---|---|---|---|
| 1 | 知识运用（20%） | 20分 | |
| 2 | 专业技能（40%） | 40分 | |
| 3 | 核心素养（20%） | 20分 | |
| 4 | 课堂纪律（20%） | 20分 | |
| | | 总得分 | |

（四）任务总结

| 过程中的问题 | 解决方式 |
|---|---|
| | |
| | |
| | |
| | |

## 【任务小结】

数字公路感知设备具有以下优点。

① 实时性。数字公路感知设备可以实时获取交通信息，包括车辆位置、速度、交通流量等，从而及时地响应交通事件和变化。

② 精准性。数字公路感知设备采用先进的传感器、定位和地图技术，可以提供高精度的交通信息，包括车辆的精确位置、速度和行驶轨迹等，从而提高交通管理和运营的精准性和可靠性。

③ 智能化。数字公路感知设备采用人工智能、机器学习等技术，可以实现智能化交通管理和运营，包括智能交通控制、智能驾驶等，提高了交通管理和运营的效率和安全性。

④ 全面性。数字公路感知设备可以获取全面的交通信息，包括路面状况、车辆行驶轨迹、交通流量等，从而全面地评估交通状况和运营效果，为交通管理和运营提供全面支持。

然而，数字公路感知设备也存在以下缺点。

① 成本高。数字公路感知设备的建设和维护需要较高的成本，包括传感器、通信设备、数据处理和分析系统等。对于一些经济不发达地区，可能难以承受。

② 技术难度高。数字公路感知技术需要应用多种先进技术，包括传感器技术、通信技术、数据处理和分析技术等，技术难度较高，需要专业的技术人员和维护人员。

③ 数据隐私和安全问题。数字公路感知设备需要采集和处理大量个人和企业数据，包括车辆位置、速度、行驶轨迹等，这些数据可能涉及个人隐私和商业机密等，因此需要采取数据隐私和安全保护措施。

④ 设备和网络的依赖性。数字公路感知设备需要依靠高性能设备和高速网络进行数据传输和处理，如果设备和网络出现问题，可能会对交通管理和运营造成影响。

# 【任务拓展】

数字公路感知设备的拓展可以从以下几方面进行。

① 增强数据源获取能力。除了传统的 GPS、视频监控、激光雷达等数据源，可以探索新的数据源，如互联网众包数据、物联网数据、自动驾驶车辆感知数据等。这些数据源可以提供更全面、更丰富的交通信息，提升交通管理和运营的效率和安全性。

② 引入新的传感器和物联网技术。可以利用传感视频与图像解析、大气监测传感器、智慧路灯、蓝牙、基础设施网联等物联网技术，获取更多维度的交通信息，如车辆速度、车辆类型、车辆行驶轨迹、路况信息、天气信息等。这些信息可以丰富交通管理和运营的数据基础，提高决策的科学性和精准性。

③ 提升数据分析能力。运用大数据技术、边缘计算技术、区块链技术等先进的数据分析技术，可以对海量交通数据进行高效、精准的处理和分析，提取有价值的信息，优化交通管理和运营策略。

④ 深度融合全场景应用。结合全应用场景的智慧高速解决方案，实现高速公路的全路网感知、全过程管控、全环节决策、全天候通行等。

综上，数字公路感知设备的拓展需要不断跟进新技术的发展，积极引入新数据源、新传感器和物联网技术，提升数据分析能力，并将数智技术与全应用场景深度融合，以实现更高效、更安全、更智能的交通管理和运营。

# 项目 2　感知技术在路面监测系统中的应用

## 项目目标

**知识目标：**
熟悉沉降监测技术，了解各种沉降监测技术的原理、方法和设备，熟悉沉降监测数据处理和分析的基本流程。

**能力目标：**
熟练使用沉降监测设备，熟悉各种沉降监测设备的操作和维护，能保证测量精度和稳定性。
掌握沉降监测结果的应用和评估，能对沉降监测结果进行解释和应用，能对监测结果的可信度和精度进行评估。
能对项目现场进行实地勘察，了解现场的环境、地质、水文等情况。

**素养目标：**
具有良好的团队协作能力和沟通能力，能与其他技术人员合作完成沉降监测工作，并能有效地与客户进行沟通和交流。
具有较强的学习能力和创新意识，不断学习新技术和新方法，推陈出新，提高自身的职业素养和综合能力。

## 引导案例

中国科学院西安光学精密机械研究所开发了具有自主知识产权的公路网路面状况监测系统，如图 2-1 所示。此设备通过消光系数测定技术和多光谱遥感非接触测量技术，实时收集 8 个实时气象环境参数以及道路表面积水、结冰、积雪等状态信息，通过各种传感器对气象环境数据进行采集、处理，利用无线模块传输给上位机进行处理与发布，适用于交通公路路面、桥面、隧道、事故多发地区、雨雪多发地区、坡道转弯区域等关键路段的气象环境监测，性能达到并超过了国内外同类产品的水平。

图 2-1　公路网路面状况监测系统

公路网路面状况监测系统具有高精度、高稳定性的特点。安装设备时不需要封闭道路，也不需要切割路面，既安全又方便，安装情况如图 2-2 所示。

图 2-2 公路网路面状况监测系统的安装情况

公路网路面状况监测系统解决了外场应用中高稳定性光源研制、高精度光电弱信号探测等技术难题，为保证车辆安全行驶提供了重大支持。

非侵入式路面状况传感器是交通自动气象站组成部分之一，用于及时发现各路段及关键点的各种异常交通环境因素变化和气象状况，为气象服务和交管部门提供实时的决策依据。

遥感式路面状况传感器用于测量路面结冰引起的道路湿滑程度，基于光谱对道路表面进行遥感测量，如图 2-3 所示。遥感式路面状况传感器有一个红外线发射器，对准道路表面上的选定位置后，光从被测地点反射，进入接收器。遥感式路面状况传感器能区分道路表面的水或冰引起的特定波长的反射光，也可以探测到雪或霜。通常，冰层达到约 30μm 时路面开始变滑。传感器的高灵敏度使之可以轻易检测到此量级的冰。然而，道面的湿滑程度不仅与冰的量相关，研究表明，硬冰（低含水量）路面比软冰（含有大量水或盐）路面更滑。路面传感器能分别检测水和冰，因而可以建立一个实用的"湿滑程度"指数，代表路面和轮胎的摩擦能力。在干燥路面上，此指数为 0.8，而在硬冰路面或有大量积雪的路面上，此指数降低至 0.1。

图 2-3 遥感式路面状况传感器

路面状况传感器可以安装在路边，使之面对路面，与路面的夹角大于或等于 30°。也可以安装在道路上方，如桥梁或信号灯上。

路面状况在线监测系统由前端数据采集单元、监测主机、后台软件，监控中心（上位机服务器）等组成。其中前端数据采集单元包含高速公路的温度、湿度、能见度等参数，变送器的数据通过有线方式汇集到监测主机上，监测主机将接收到的信息通过无线网络或有线网络上传到监控中心，由后台软件进行数据存储、分析、显示、处理。如果上传的数据超过限位值，监控中心会进行报警提示。传感器拓扑结构如图2-4所示。

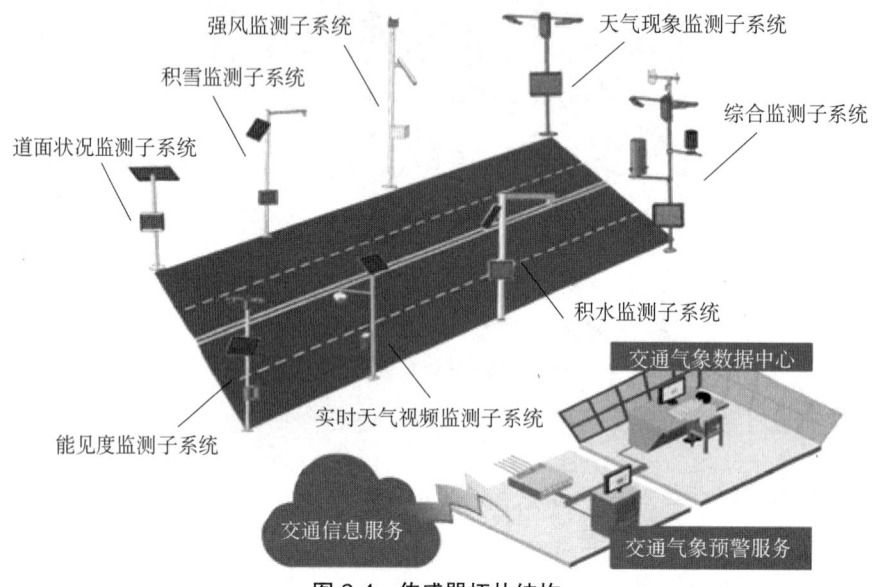

图2-4　传感器拓扑结构

路面状况在线监测系统配置灵活，可根据需求灵活配置传感器，如图2-5所示。所监测并采集的高速公路沿线能见度、温度、湿度、雨量、路面状况（表面温度、干湿状况、结冰）等数据能实时通过网络传输给监控中心，并在恶劣或极端气象条件下及时发出警示信息，以提高安全行车水平，做到智能预警和管理。

图2-5　配置传感器

路面状况监测传感器应用后，实现了道路、高速公路、机场24h自动化监测，通过对路面状况的监测，为车辆行驶，飞机起飞降落提供了辅助工具，为安全文明驾驶保驾护航，为科学管理道路监督提供决策依据。并且它能同时检测能见度、路面积水、雪厚、雨雪量、车流量、风速、风向、噪声等路面状况的实时数据变化情况,并可联动摄像机,对监测数据超标画面进行视频抓拍。能为交通规划、交通监管合理布局提供依据,同时还可以辅助相关部门对灾害天气如台风、暴雨、雾霾、暴雪、霜冻等作出及时预警,提前调度安排,尽量避免因灾害天气造成的交通事故。

# 任务1 路面沉降监测

## 【职业能力目标】

熟悉沉降监测技术,了解各种沉降监测技术的原理、方法和设备,根据实际情况选择合适的监测方法。

熟练使用沉降监测设备,熟悉各种沉降监测设备的操作和维护,能保证测量精度和稳定性。

熟悉沉降监测数据处理和分析的基本流程和方法。熟练使用各种计算机软件进行数据处理和分析。同时需要了解各种数据处理和分析方法的应用范围和局限性。

掌握沉降监测结果的应用和评估,能对沉降监测结果进行解释和应用,能对监测结果的可信度和精度进行评估。

具有良好的团队协作能力和沟通能力,能与其他技术人员合作完成沉降监测工作,并能有效地与客户进行沟通和交流。

具有较强的学习能力和创新意识,能不断学习和掌握新技术和新方法,推陈出新,提高自身的职业素养和综合能力。

能对项目现场进行实地勘察,了解现场的环境、地质和水文等情况。

具有较强的安全意识,遵守工程安全操作规范。负责沉降监测设备安装、数据采集、处理和报告编制过程中的安全工作,确保工作过程中不发生安全事故。

对工作持有高度的诚信和责任感,严格遵守职业道德和规范,确保数据的真实性和准确性。

## 【任务描述】

本任务旨在让学生深入了解路面沉降监测技术。学生将通过学习,了解各种沉降监测技术的原理、方法和设备,熟悉各种沉降监测设备的操作和维护,能对监测结果的可信度和精度进行评估。

## 【设备选型】

### 1. 常用的检测器

常用的检测器有环形线圈检测器、超声波检测器、红外线检测器、微波检测器、视频检测、浮动车检测器等。其工作原理大致可分为以下两类。

① 检测能使某种开关触点闭合的机械应力。
② 检测车辆的运动或存在引起的能量变化。

其中，压力检测器就是利用机械应力检测的例子，而利用能量变化进行检测的是环形线圈检测器等。

按照能否检测静止车辆，可将检测器分为两类。有些检测器（如环形线圈检测器等）能检测静止或运动的车辆，这类检测器称为存在型检测器；而另一些检测器只能检测运动通过检测区域的车辆，这类检测器称为通过型检测器。

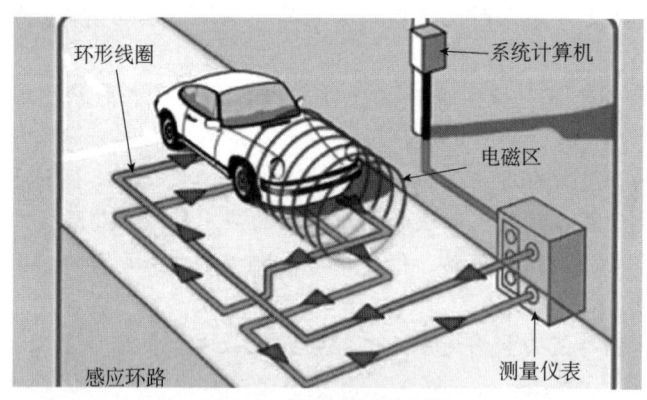

（1）环形线圈检测器

环形线圈检测器是一种基于电磁感应原理的车辆检测器，它的传感器是一个埋在路面下方的、通过一定工作电流的环形线圈。当车辆通过线圈或停在线圈上方时，会引起线圈回路电感的变化，如图 2-6 所示。

图 2-6 环形线圈检测器

（2）红外线检测器

红外线检测器如图 2-7 所示，一般采用反射式或阻断式检测技术。

图 2-7 红外线检测器

红外线检测器的工作原理是由调制脉冲发生器产生调制脉冲，经红外线摄像机向道路辐射。当有车辆通过时，红外线脉冲从车体上反射回来，被摄像机的接收管接收，如图 2-8 所示。经过红外线调解器的调节，再通过选通、放大、整流和滤波后触发驱动器输出一个检测信号。

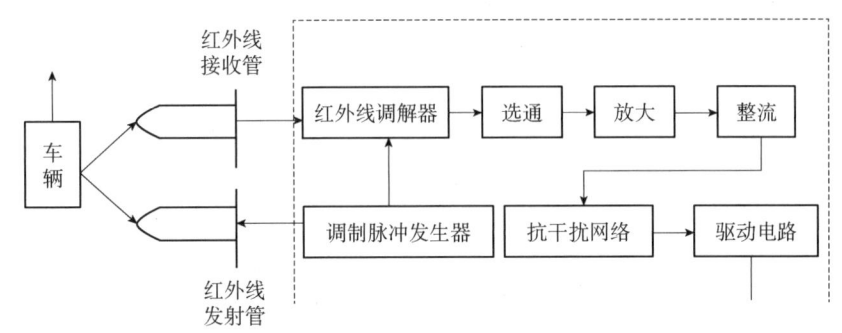

图 2-8　红外线检测器的工作原理

然而，这类检测器比较依赖光学环境，检测现场的灰尘、冰雾等会影响系统的正常工作。

（3）超声波检测器

超声波检测器是一种在高速公路上应用比较多的检测器，它利用车辆形状对超声波的影响来实现检测，如图 2-9 所示。超声波检测的摄像机具有发射和接收的双重功能，设置于道路正上方或斜上方，向路面发射超声波，并接收来自车辆的反射波。

图 2-9　超声波检测器

超声波检测器的工作原理可分为两种：多普勒法和传播时间差法。

① 多普勒法。超声波摄像机在向空间发射超声波的同时接收信号。如果有移动的物体，那么接收到的反射波信号就会呈现多普勒效应。利用此方法可检测出正在靠近或远离的车辆，而不能检测出静止车辆。

② 传播时间差法。传播时间差法是一种将超声波分割成脉冲射向路面并接收其反射波的方法。有车辆时，超声波经车辆反射后提前返回，检测出超前于路面的反射波，表明有车辆存在或通过。这种方法可以同时检测运动和静止的车辆。

（4）雷达检测器

雷达检测器如图 2-10 所示，可分为组合式雷达检测器和分离式雷达检测器。其中，传感器和电子检测装置合为一体的叫作组合式雷达检测器，这种检测器的结构相对紧凑，制造和安装也相对方便，但是维修比较麻烦；而分离式雷达检测器将传感器和电子检测装置分开安装，将传感器悬挂在道路上方，而将电子检测装置安装在路边的检测箱内，以便于维修。

图 2-10　雷达检测器

相比于环形检测器和红外线检测器,雷达检测器只使用在一些比较特殊的场合,其要求检测车辆的车速至少为 5km/h。

（5）视频图像检测系统

视频图像检测系统通常由摄像机、图像处理设备、显示器等组成。摄像机对道路的一定区域进行连续摄像,图像经传输线送入图像处理设备,图像处理设备对信号进行模/数转换、格式转换等,再由微处理器处理图像,实时识别车辆,并判断车辆类型,如图 2-11 所示。

图 2-11　视频图像检测系统

## 2. 数据采集设备

在自动监测设备中,数据采集设备是核心部分,它通过多种传感器采集现场数据。这些传感器主要包括以下几类。

① 位移传感器:用于监测建筑物的沉降位移量。
② 压力传感器:用于监测土壤或地下水位的变化情况。
③ 加速度传感器:用于监测建筑物的沉降速度。
④ 温度传感器:用于监测环境温度,以辅助判断沉降行为。
⑤ 湿度传感器:用于监测土壤湿度,判断土壤含水量对建筑物沉降的影响。
⑥ 风速传感器:用于监测风速,以判断风力对建筑物沉降的影响。

数据采集模块如图 2-12 所示。

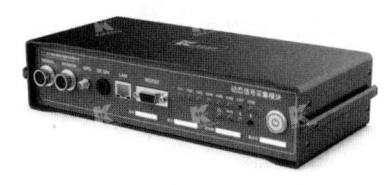

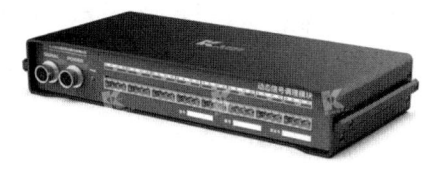

图 2-12　数据采集模块

### 3. 数据传输设备

智能仪器通常会配备数据传输设备，如 GPRS 模块、蓝牙模块等，用于将数据实时传输到云端服务器或远程监控中心中。这些模块支持多种通信协议，如 TCP/IP 协议、UDP 协议等，可以实现高效、可靠的数据传输。

### 4. 数据处理和分析设备

数据处理和分析设备通过特定的算法和分析程序，可以处理大量数据，提取有关沉降行为的关键信息，并通过图表或图形展示出来，以直观的形式提供决策依据。例如，可以通过分析位移传感器的数据，计算建筑物的沉降位移量等参数，并将这些参数绘制成图表进行可视化展示。

### 5. 预警和预测设备

预警和预测设备通常包含多种传感器，如压力传感器、位移传感器等，用于实时监测和预测可能出现的异常情况。这些传感器将实时数据与预设的安全阈值进行比较，超出阈值会立即发出预警信号，并通过手机 App、短信等通知相关人员，以便及时采取应对措施。

### 6. 系统集成设备

系统集成设备通常包含多种类型的传感器接口，可以与多种类型的传感器进行连接和集成，以实现数据共享和互通。例如，可以通过网关设备将智能仪器与远程监控中心连接起来，实现数据的实时传输和处理。同时，也可以将其他监测系统的数据集成到该系统中。

### 7. 可视化展示设备

可视化展示设备主要用于实时展示数据，可以将各种传感器数据进行综合展示。可视化展示设备借助各种图表、图形使数据更直观、易懂。例如，可以通过大屏显示器展示沉降数据的实时曲线图、柱状图等，使人们能清晰地看到建筑物沉降的情况及其变化趋势。

## 【知识储备】

### 1. 路面监测系统的组成

（1）传感器系统

传感器系统是路面监测系统的核心部分之一。通过多个传感器数据融合，路面监测系统能提供全面的道路状况信息。在路面沉降监测中，位移传感器可用于监测路面的沉降位移量，加速度传感器可用于监测路面的沉降速度。

（2）通信系统

通信系统负责将传感器收集到的数据传输给数据中心或云端服务器。在路面沉降监测中，常用的通信方式有无线通信和有线通信。无线通信可以满足远距离、高效率的数据传输需求。有线通信适用于距离较短、稳定性要求较高的场合。

（3）数据处理和分析系统

数据处理和分析系统主要负责从传感器和监测设备中收集数据，并进行必要的处理和分析。在路面沉降监测中，系统要执行一系列操作来确保传感器获取的数据准确、可靠。例如，要进行数据清洗，移除异常值，确保采集到的数据质量；也要进行滤波处理，对传感器数据应用滤波算法，提高数据稳定性。

（4）数据存储和管理系统

数据存储和管理系统负责将处理后的数据存储在云端或本地数据库中。在路面沉降监测中，常用的数据存储方式有云存储和本地存储。云存储可以提供高效、安全的数据存储和备份服务，但有一定的网络带宽和稳定性要求；本地存储适用于数据量较小、实时性要求较高的场合。

（5）数据展示系统

数据展示系统负责将处理后的数据以图表等形式展示出来，方便用户查看和分析。在路面沉降监测中，数据展示系统可以根据使用场景和用户需求采用不同的展示形式，常用的数据展示方式包括大屏显示、PC端显示、实时监控界面等。

（6）报警和通知系统

报警和通知系统通过监测路面状况在发现异常或紧急情况时发出警报和通知。

路面监测系统的组成是根据其监测目的和实际需求而定的，如图2-13所示，各部分协同工作，可以高效、准确地实时监测和分析数据，为公路的养护和管理提供重要依据。

图 2-13　路面监测系统

## 2. 路面沉降监测的应用场景

（1）公路养护和管理

在日常使用过程中，由于行车荷载、自然环境影响、路面材料老化等因素，公路会出现各种损坏和变形。通过路面沉降监测，可以对路面的形变进行实时监测，及时发现并修复损坏区域，提高公路养护和管理水平。

（2）道路安全和防灾减灾

不同高度和坡度的沉降可能导致道路表面不平整，增加驾驶员在行驶过程中的不适感，甚至出现交通事故。此外，严重的路面沉降可能导致坑洼和裂缝的形成，损坏车辆，造成行人摔倒。这些都会降低路面的承载能力，增加交通事故风险。通过监测路面沉降，交通管理部门可以及时发现并修复这些问题，以提高道路的性能和耐久性。

（3）公路规划和设计

在公路规划和设计阶段，路面沉降监测可以帮助工程师了解和评估路面的性能和承载能力，为公路的规划和设计提供重要依据。例如，在规划新的公路项目时，对地面沉降进行监测可以提供有关土壤特性和地下水位变化的信息，这有助于制订合理的工程设计方案。

（4）交通状态评估和预测

路面沉降监测也可以为交通状态评估和预测提供重要数据支持。例如，通过分析路面沉降的时空变化，能有效辨识拥堵的发生时间、持续时间以及影响因素，为交通管理部门提供决策依据。

### 3. 路面沉降监测感知设备

（1）位移传感器

位移传感器是用于测量物体相对于参考点的位移或位置变化的传感器，如图 2-14(a)所示。在路面沉降监测中，位移传感器通常用于监测路面的沉降位移量，它可以通过测量路面或结构的微小位移来感知路面的沉降情况。常见的位移传感器有电位器、差动变压器、光栅等。位移传感器具有测量精度高、稳定性好等优点，但也存在价格较高、维护成本高等缺点。

（2）压力传感器

压力传感器一种用于测量介质（通常是气体或液体）压力的传感器。它们在各种应用中都有广泛的用途，包括工业自动化、汽车工程、医疗设备、消费类电子产品等。在路面沉降监测中，压力传感器可用于监测土壤或地下水位的变化情况，从而获取路面沉降情况。常见的压力传感器有电阻式压力传感器、电容式压力传感器、电感式压力传感器等。应变式压力传感器如图 2-14(b)所示，它具有测量范围广、稳定性好等优点，但也存在被土壤或地下水腐蚀等缺点。

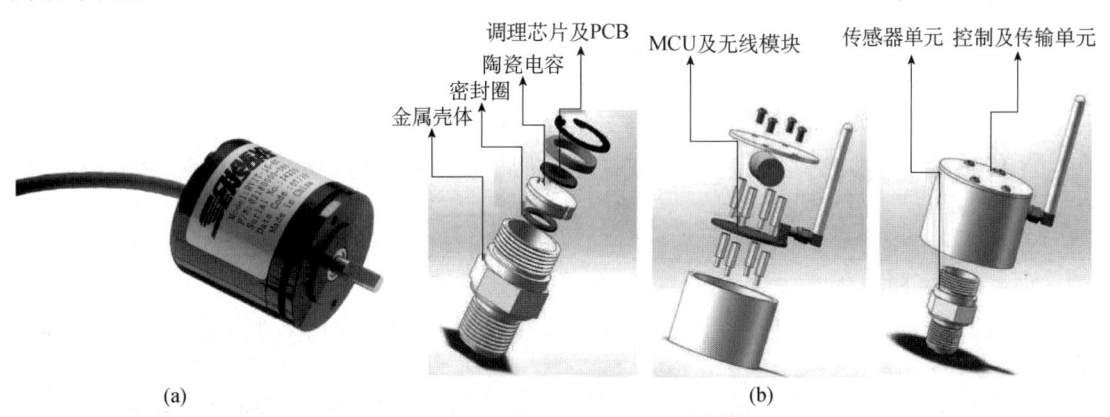

图 2-14 (a)位移传感器，(b)应变式压力传感器

（3）加速度传感器

加速度传感器是一种用于测量物体在三维空间中的加速度的传感器，如图 2-15(a)所示。它可以检测物体的线性加速度，也可以在某些情况下检测重力加速度，在路面沉降监测中常用于监测路面的沉降速度。该传感器通过测量路面振动或加速度变化来感知路面的沉降情况。加速度传感器具有响应速度快、灵敏度高等优点，但同时也存在稳定性较差等缺点。

（4）温度传感器

温度传感器常用于监测环境温度，以辅助判断沉降行为。它可以通过测量土壤或地下水的温度变化来感知路面的沉降情况，如图 2-15(b)所示。常见的温度传感器有热电阻温度传感器、热电偶温度传感器等。温度传感器具有测量精度高、稳定性好等优点，但同时也存在受环境影响较大等缺点。

(5) 湿度传感器

湿度传感器常用于监测土壤湿度，如图 2-15(c)所示，以判断土壤含水量对路面沉降的影响。它可以通过测量土壤中的含水量来感知路面的沉降情况。常见的湿度传感器有电阻式湿度传感器、电容式湿度传感器等。湿度传感器具有测量精度高、稳定性好等优点，但同时也存在受土壤类型、气候条件等影响等缺点。

(6) GNSS 监测系统

GNSS 监测系统是一种利用卫星导航技术进行实时位置监测和导航的系统，可以用于监测公路、桥梁等基础设施的地表位移及沉降。它通过接收卫星信号来感知路面的沉降情况，具有测量精度高、稳定性好等优点，但同时也存在受环境影响较大等缺点。

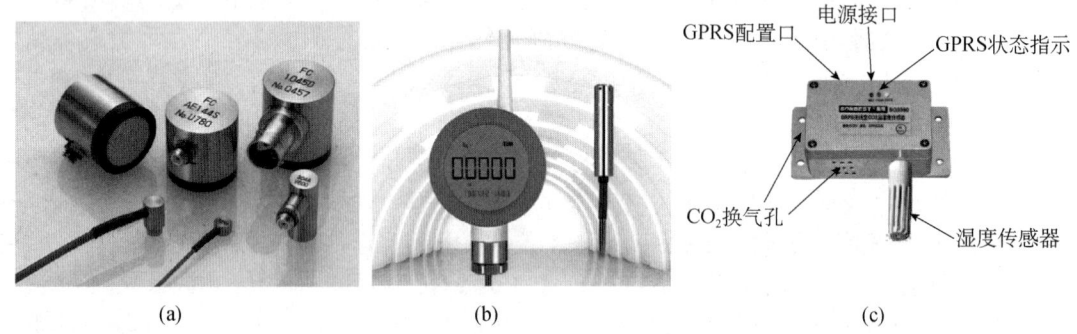

图 2-15 (a)加速度传感器，(b)温度传感器，(c)湿度传感器

### 4. 数据采集模块

数据采集模块通常包括以下功能。

① 数据采集功能：通过连接各种传感器采集路面的沉降信息。

② 数据预处理功能：对采集到的数据进行初步处理和分析，如数据清洗、滤波等，以去除无效数据或干扰数据。

③ 数据传输功能：将采集到的数据通过无线或有线方式传输给数据中心或云端服务器，以进一步处理和分析。

④ 数据存储功能：将采集到的数据存储在本地或云端数据库中，以便后续查询和使用。

⑤ 数据安全保障功能：确保采集到的数据安全、可靠，避免数据的丢失或损坏。

⑥ 参数设置功能：允许用户根据实际情况设置数据采集参数和阈值，如采集频率、报警阈值等。

⑦ 故障检测和自诊断功能：能对采集模块本身进行故障检测和自诊断，及时发现并排除故障，保证系统的稳定性和可靠性。

## 【任务实施】

### 1. 在路面安装智能单点沉降计

(1) 介绍

智能单点沉降计是一种埋入式电感调频类智能位移计，如图 2-16 所示，可用于测量路基原位沉降变形、路坎隆起变形、深基坑坑底凸起变形、地下工程隧道底部凸起变形等。它由沉降板、电测位移传感器、测杆及金属软管、传感器锚头、加长杆、底层锚头等组成。电测位移传感器上接沉降板，下接测杆并套有金属软管、传感器锚头；加长杆（可根据需要的埋设深度用直通接头加长）上连传感器锚头，下连底层锚头。

（2）工作原理

智能单点沉降计利用电磁感应原理，与测杆连接的导磁体活塞杆插入螺管线圈中并可来回移动，线圈的电感与导磁体活塞杆插入线圈的长度有关。发生位移时，会引起线圈电感的变化，电感调频电路将线圈电感的变化转换成频率信号，通过读数仪即可显示位移值。

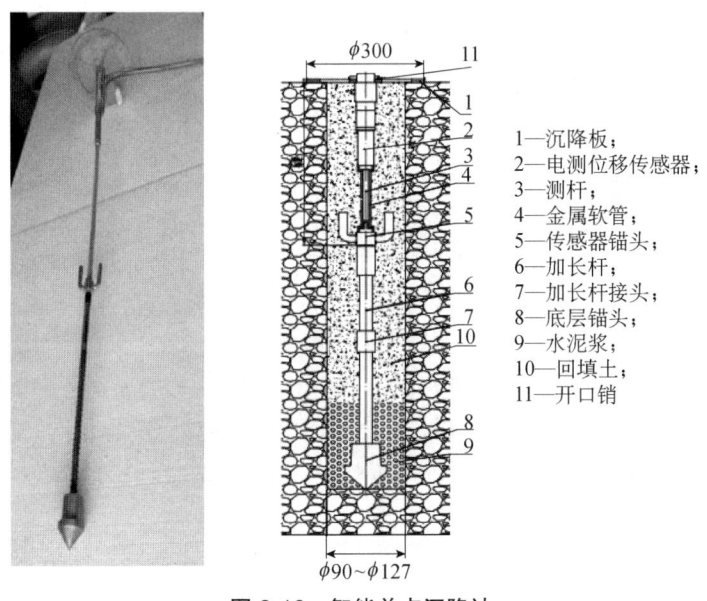

1—沉降板；
2—电测位移传感器；
3—测杆；
4—金属软管；
5—传感器锚头；
6—加长杆；
7—加长杆接头；
8—底层锚头；
9—水泥浆；
10—回填土；
11—开口销

图 2-16 智能单点沉降计

（3）智能单点沉降计的埋设安装

① 确定安装时间。待平整地基、清理好场地后，选择良好天气，进行钻孔预埋安装。如有下雨则要求在天晴两天后才能进行安装。

② 布点。根据实验设计方案进行测量，确定测试点。

③ 安装前应进行全面检查，一是对每支电测位移传感器进行检查，确定完好；二是对安装附件的检查，包括安装压杆（2根）、定位销（2个）、底层锚头（1个）、$\phi16/\phi22$ 加长杆（2m、1m、0.5m、0.25m）、加长杆接头若干、$\phi5$ 开口销（1个）；三是对安装工具的检查，包括扳手、虎钳、扎丝、混凝土浆、灌浆工具、PVC 钢丝软管、尼龙绳等。

④ 钻孔。在预定部位按要求钻孔，如图 2-17 所示，孔径应为 90～127mm，孔深应达基岩并记录孔深，孔口应平整。

⑤ 安装。

- 根据孔深计算所需加长杆的长度，并配备加长杆接头。
- 插好安装压杆、定位销。
- 将底层锚固组件（包括底层锚头、PVC 管、拉杆等）与一节加长杆相连，然后向 PVC 管内注入混凝土浆，注浆时用工具敲击 PVC 管外侧，确保 PVC 管内注满混凝土浆。
- 将尼龙绳（长度至少比孔深长 3m）一端与 PVC 管上的麻绳相连，打好死结。

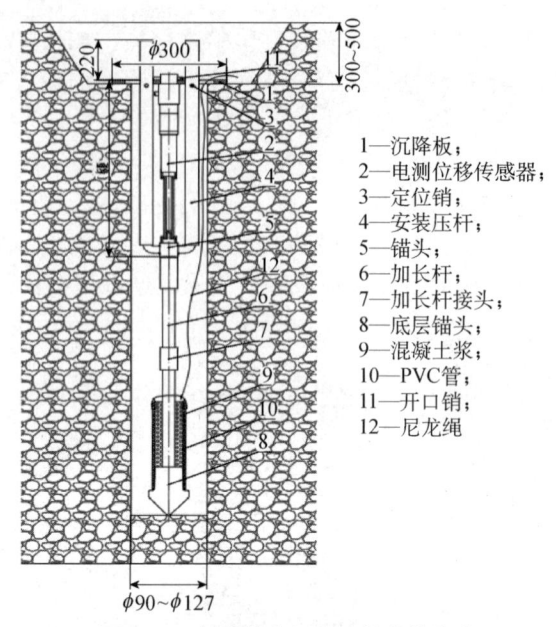

图 2-17 智能单点沉降计的安装方案

1—沉降板；
2—电测位移传感器；
3—定位销；
4—安装压杆；
5—锚头；
6—加长杆；
7—加长杆接头；
8—底层锚头；
9—混凝土浆；
10—PVC管；
11—开口销；
12—尼龙绳

- 然后将灌好浆的锚固组件插入孔内至孔口处，连接下一节加长杆，继续插入孔内并连接下一节加长杆，直至将所有加长杆连接完，最后连接智能单点沉降计。安装过程中应用综合测试仪对智能单点沉降计进行全程监控，以保证智能单点沉降计处于最大量程状态。
- 用力压安装压杆，直到把底层锚头压至基岩为止。
- 底层锚头安装到位后，用力拉尼龙绳，PVC 管被拉出孔底，将混凝土浆沉入孔底，锚固底层锚头，然后剪断尼龙绳。
- 抽出定位销和安装压杆。
- 用沙子回填，压实。
- 装好智能单点沉降计后，在测试导线外套上 PVC 钢丝软管，挖槽，从观测箱一侧引出路基，引入观测箱内。
- 记录、存档。将具体位置、埋设深度、实验编号、智能单点沉降计编号、埋设日期、天气状况、安装人员等记录存档，并制作相应的标示牌插在安装位置处。
- 校零。待混凝土浆凝固后（一般为 3～5 天）校零。

（4）智能单点沉降计的安装

步骤 1：取出综合采集模块，在合适的位置固定。

步骤 2：将综合采集模块的信号线连接至 DTU 模块。

步骤 3：将综合采集模块的电源线连接至电源（12V），如图 2-18 所示。

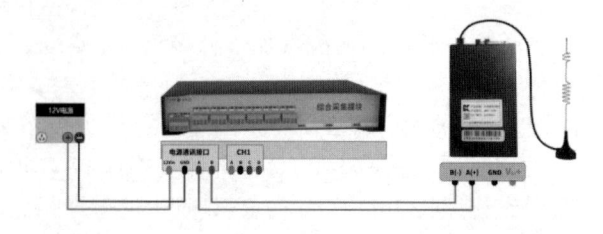

图 2-18 将综合采集模块的电源线连接至电源

步骤4：将智能单点沉降计连接至综合采集模块。将CH1处的A、B、C、D接口分别连接到四芯航空插头处的A、B、C、D接口上，如图2-19(a)所示。航空插头的连接方式如图2-19(b)所示，将插槽的凹凸处对齐连接，然后旋紧接线。

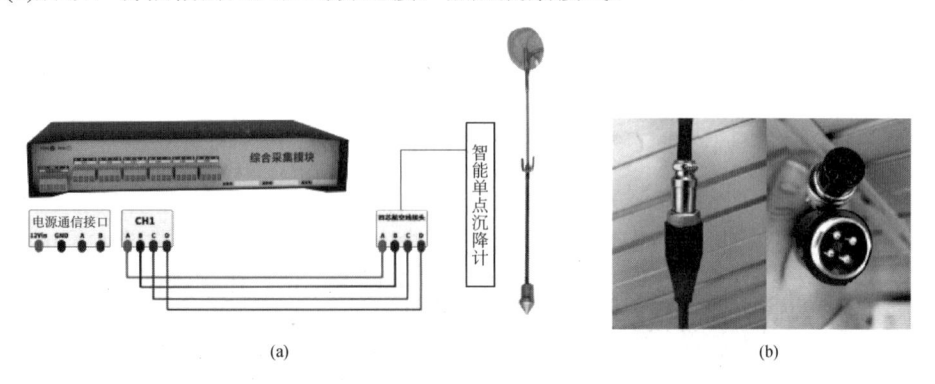

图2-19  (a) 将智能单点沉降计连接至综合采集模块，(b) 航空插头的连接方式

## 2. 在路面安装压差式多点剖面沉降计

（1）介绍

压差式多点剖面沉降计是一款高精度、大量程的沉降测试传感器，核心部件采用进口压力敏感元件，产品结构采用工业化设计，具有体积小、响应速度快、长期稳定性好等优点，如图2-20所示。实际应用中，多个传感器通过液管连接，组成剖面沉降测试系统，广泛应用于基础工程的非均匀沉降以及桥梁挠度等工程的精密测量。

图2-20  压差式多点剖面沉降计

（2）工作原理

压差式多点剖面沉降计的原理如图2-21所示，通过测量监测点与参考点之间的压力差，获得监测点相对于参考点的垂直位移变化。压差式多点剖面沉降计通过液管、气管、导线等相连，气管和液管连接到液箱的指定位置，液箱用于保持液位和气压的稳定，导线用于接入采集系统，拉绳用于安装、维护时拖动压差式多点剖面沉降计。

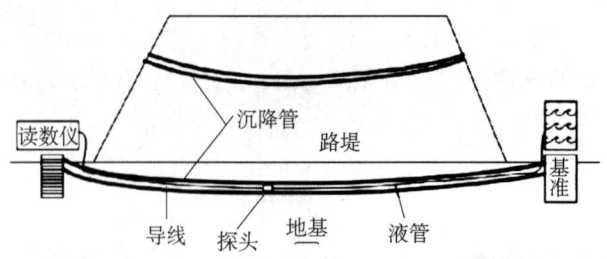

图 2-21 压差式多点剖面沉降计的原理

（3）工业安装方法

压差式多点剖面沉降计的现场安装简便，先挖安装沟，铺设内径大于 60mm 的气管和液管，管内预留拉绳，然后填埋压实，即可完成安装准备工作。达到测试要求后，即可拖入组装好的压差式多点剖面沉降计，如图 2-22 所示。

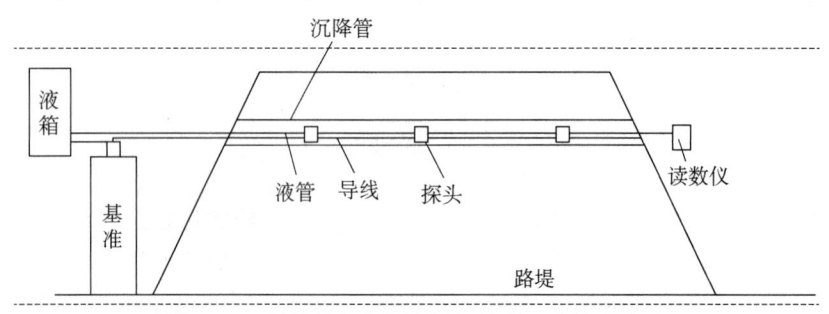

图 2-22 压差式多点剖面沉降计的工业安装方法

（4）压差式多点剖面沉降计与液箱的安装

步骤 1：取出总线采集模块，在合适的位置固定。

步骤 2：将总线采集模块的信号线连接至 DTU 模块。

步骤 3：将总线采集模块的电源线连接至电源（12V）。

步骤 4：先取出压差式多点剖面沉降计（2 个），两端的导线相连，然后用绝缘胶带缠绕固定，如图 2-23 所示。

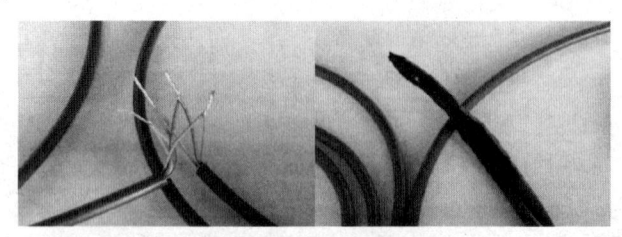

图 2-23 导线的连接

步骤 5：将其中一个压差式多点剖面沉降计的端盖拧开，接气管和液管，盖上螺母并拧紧，如图 2-24 所示。

步骤 6（可选，工业实施时须接）：将钢丝绳接入钢丝接口并夹紧，如图 2-25 所示。

步骤 7：盖上端盖，连接两个压差式多点剖面沉降计，如图 2-26 所示。

步骤 8：将一个压差式多点剖面沉降计的液管和气管堵住，如图 2-27 所示。

步骤 9：将另一个压差式多点剖面沉降计连接液箱的液管和气管接口（也可不接气管，接气管的目的是平衡大气压强造成的误差，保证连接液箱的气管口不封闭即可），如图 2-28 所示。

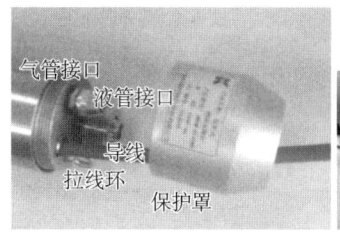

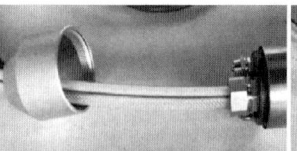

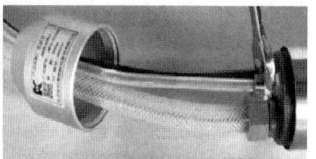

图 2-24　接气管和液管

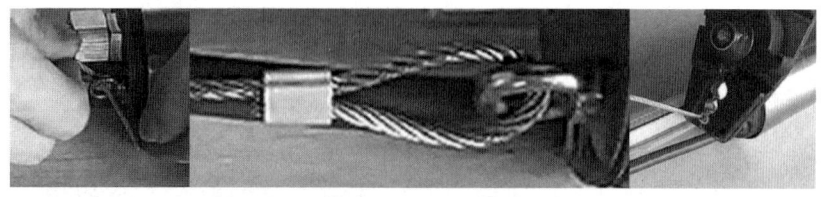

图 2-25　将钢丝绳接入钢丝接口并夹紧

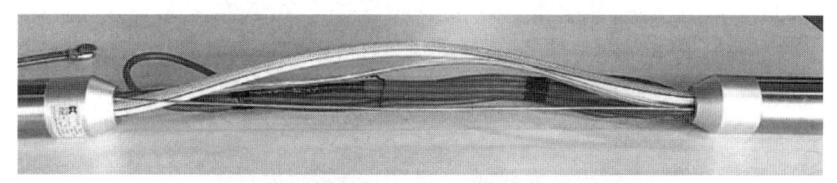

图 2-26　连接两个压差式多点剖面沉降计

图 2-27　将一个压差式多点剖面沉降计的液管和气管堵住

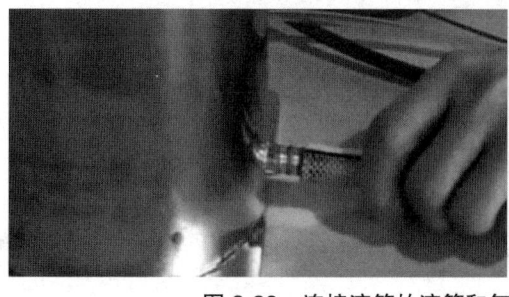

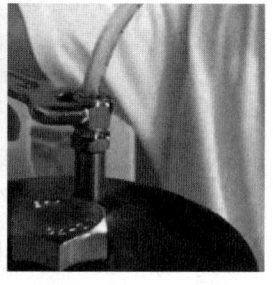

图 2-28　连接液箱的液管和气管接口

步骤 10：将压差式多点剖面沉降计连接至总线采集模块，如图 2-29 所示，将传感器 1 处上的 A、B、C、D 接口分别连接到四芯航空插头的 A、B、C、D 接口上。航空插头的连接方式是将插槽凹凸处对齐连接，然后旋紧接线（注：有些操作步骤与前文重复，为了保持操作的完整性，本书特作保留，余同）。

步骤 11：使用抱箍装置将其中一个压差式多点剖面沉降计固定在沉降触发工装上，触发工装达到模拟沉降效果。

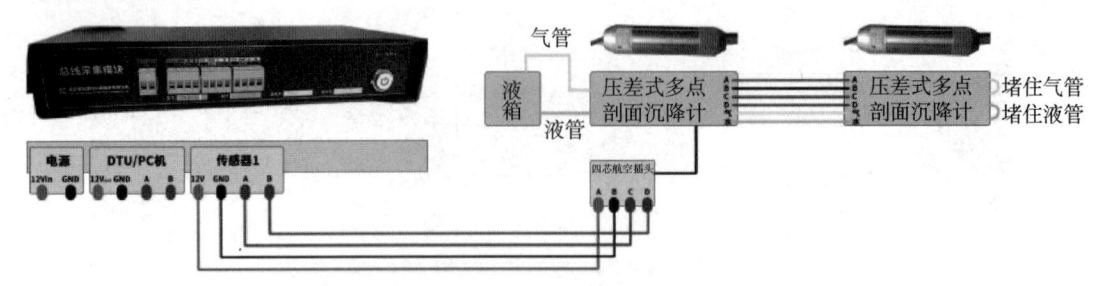

图 2-29　压差式多点剖面沉降仪连接至总线采集模块

### 3. 安装与调试 DTU 模块

（1）DTU 模块的安装

步骤 1：用螺丝和垫圈固定 DTU 模块。使用的螺丝、螺母、垫圈如图 2-30 所示，先将垫圈套在螺丝上，螺丝穿过设备的固定空位，再将螺母轻轻旋上（螺母凸起的一面朝向螺丝），螺母刚好能套过螺丝尾部即可。将螺丝结构体整体放入工位卡槽中，并用螺丝刀拧紧，在拧的过程中，螺母会旋转一定的方向，使其固定在卡槽中。

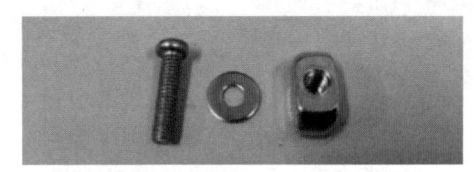

图 2-30　使用的螺丝、螺母、垫圈

步骤 2：使用工具将电话卡装入 DTU 模块中。

步骤 3：将天线连接至 DTU 模块的天线接口上，旋转天线接口的金属帽进行插接，如图 2-31 所示。

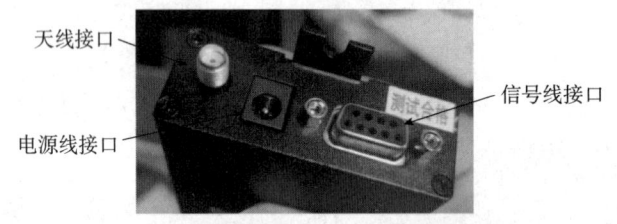

图 2-31　将天线连接至 DTU 模块的天线接口上

步骤 4：将 DTU 模块连接至电源（12V），如图 2-32(a)所示。如果有电源线接头，先将圆头电源线接入 DTU 模块的电源输入端，再将由配电箱引出的接线头插入，电源线接头如图 2-32(b)所示。如果后续设备涉及电源，均采用电源线接头的方式，由电源箱引出 12V 电源，由分线器分成多个电源线接头，通过这些接头给设备供电，分线器如图 2-32(c)所示

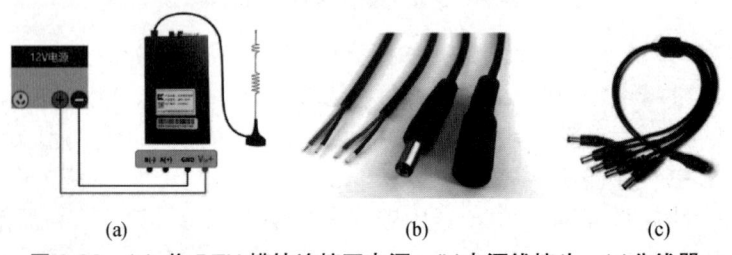

图 2-32　(a) 将 DTU 模块连接至电源，(b)电源线接头，(c)分线器

（2）DTU 模块的调试

步骤 1：确保模块接线正确。

步骤 2：打开电源总开关。

步骤 3：进入云平台。

步骤 4：建立路面监测项目，依次选择"菜单栏"→"用户名"→"新建项目"，如图 2-33 所示。

步骤 5：填写项目相关信息。特别注意，类型要选择"其他"。填写完成后点击"创建项目"按钮，成功创建项目，如图 2-34 所示。

图 2-33　建立路面监测项目

图 2-34　新建项目填写相关信息

步骤 6：进入采集系统，手动添加 DTU 模块，如图 2-35 所示。

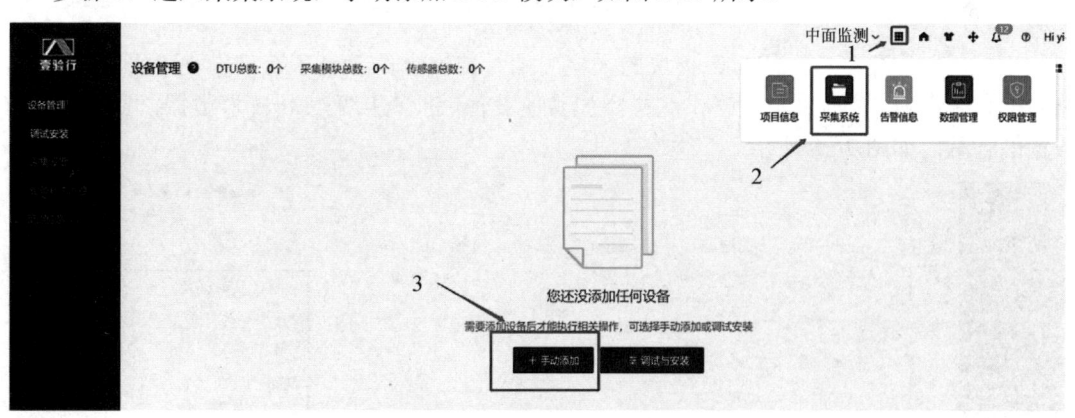

图 2-35　手动添加 DTU 模块

步骤 7：添加 DTU 设备的相关信息，如图 2-36 所示，连接工位上的 DTU 模块。

步骤 8：添加成功后，查看 DTU 模块是否在线，在线则说明设备连接成功。DTU 模块调试完成，如图 2-37 所示。

图 2-36 添加 DTU 设备的相关信息

图 2-37 查看 DTU 模块是否在线

步骤 9（可选）：设置 DTU 模块的采集周期。依次点击"设备管理"→"采集设置"，选中 DTU 模块，填写采集策略，这样添加其他设备后能直接采集传感器数据，便于传感器数据的查看，如图 2-38 所示。

图 2-38 设置 DTU 模块的采集周期

## 【任务工单】

| 项目 2：感知技术在路面监测系统中的应用 | 任务 1：路面沉降监测 |
|---|---|

（一）关键知识引导
1．各种沉降监测技术的原理、方法和设备
2．会使用高精度的测量设备
2．会预测与评估（通过建立数学模型，处理和分析采集到的数据）

（二）任务实施情况

| 实施步骤 | 具体操作 | 完成情况 |
|---|---|---|
| 第一步：在路面安装智能单点沉降计 | | |
| 第二步：在路面安装压差式多点剖面沉降计 | | |
| 第三步：安装与调试 DTU 模块 | | |

（三）任务检查与评价

| 项目名称 | 感知技术在路面监测系统中的应用 |||
|---|---|---|---|
| 任务名称 | 路面沉降监测 |||
| 评价方式 | 可采用自评、互评、教师评价等方式 |||
| 说　明 | |||
| 序号 | 评价内容 | 分值 | 得分 |
| 1 | 知识运用（20%） | 20 分 | |
| 2 | 专业技能（40%） | 40 分 | |
| 3 | 核心素养（20%） | 20 分 | |
| 4 | 课堂纪律（20%） | 20 分 | |
| 总得分 ||||

（四）任务总结

| 过程中的问题 | 解决方式 |
|---|---|
| | |
| | |
| | |

## 【任务小结】

路面沉降是影响道路通行能力和交通安全的重要因素之一，因此对路面的沉降情况进行监测是十分必要的。通过设置沉降监测点，使用高精度测量设备进行定期测量，可以获取路面沉降量、沉降速率、变化趋势等数据。通过对这些数据的分析，可以全面了解路面的沉降情况，及时发现和解决潜在的安全隐患。

有很多因素会导致路面沉降，如土壤质地、地基基础、填筑材料、气候环境等因素。通过对沉降监测数据的分析，可以了解导致路面沉降的具体原因。

通过利用数学模型和 GIS 等技术，可以对采集到的数据进行处理和分析，预测路面的沉降趋势，有助于评估路面沉降对道路通行能力和交通安全的影响，并制定相应的预警和应对措施。

根据监测数据和预测结果，可以采取相应的控制措施以避免或减少路面沉降对道路通行和交通安全造成的影响。例如，若路面沉降的原因是土壤质地和地基基础，相关部门应采取地基加固等措施；若路面沉降的原因是填筑材料或气候环境，相关部门应采取材料改良或环境保护等措施。同时，在路面沉降监测过程中，需要建立完善的管理维护制度，包括定期检查和维护监测设备、定期进行数据分析和评估、及时调整监测方案和采取控制措施等。

## 【任务拓展】

随着科技的进步，人工智能也在迅速发展。无人驾驶车辆从中脱颖而出，这对路面监测系统具有巨大的贡献，表现在以下几方面。

① 高效的数据采集。无人驾驶车辆配备了多种传感器，如激光雷达、摄像机等，可以全天候、高频率地采集路面信息。这种连续和高频率的数据采集使路面监测系统能获得更全面、准确的路面状况信息。

② 实时环境感知。通过激光雷达和摄像机等传感器，无人驾驶车辆能实时感知周围环境，有助于路面监测系统及时发现并响应路面问题，如裂缝、坑洼等。

③ 自动化数据处理。无人驾驶车辆的自动驾驶系统通常配备高度智能化的数据处理能力，能自动分析和理解传感器采集的大量数据，提高了路面监测的效率，减少了人工处理的需求。

④ 高精度的地图构建。为了实现自主导航，无人驾驶车辆需要建立高精度的地图。在这个过程中，车辆会不断地扫描并记录路面信息，从而构建精准的地图。

⑤ 实验和测试平台。无人驾驶车辆为路面监测系统提供了一个实验和测试平台。研究人员和工程师可以在无人驾驶车辆上集成各种路面监测技术，评估它们在实际行驶场景中的表现。

⑥ 改善交通安全。通过无人驾驶车辆实时监测路面状况，系统可以迅速识别并应对潜在的危险因素，有助于提高交通安全性，如图 2-39 所示。

图 2-39　无人驾驶车辆实时监测路面状况

# 任务 2　路面环境监测

## 【职业能力目标】

（1）具备扎实的现代环境监测技术理论知识。
（2）具有数据分析与模型建立的能力。
（3）熟练掌握各种环境监测设备的使用方法。
（4）熟悉自动化和远程监测系统。
（5）具备沟通能力和团队合作能力。
（6）具备交叉学科知识以及创新能力。
（7）遵守环境保护法律法规和职业道德规范。
（8）具备项目管理能力。

## 【任务描述】

本任务旨在让学生深入了解路面环境监测技术。学生将了解各种环境监测技术的原理、方法和设备，熟悉各种环境监测设备的操作和维护方法，能对监测结果的可信度和精确度进行评估。

## 【设备选型】

### 1. 数据采集设备

影响数据采集设备性能的因素有信号类型、通道数量、分辨率、精确度、传感器兼容性、可扩展性、功耗、接口类型等，因此这些因素是选择设备的重要依据。常见的数据采集设备如图 2-40 所示。

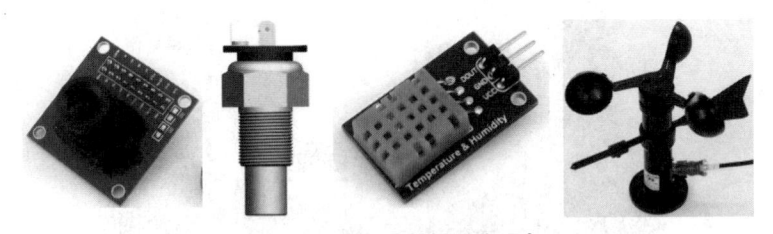

图 2-40　常见的数据采集设备

（1）摄像机：使用高分辨率摄像机，支持实时监测，用于捕捉交通流量、车辆行为和路面状况。
（2）温度传感器：采用高精度温度传感器，用于监测路面温度，预测结冰情况。
（3）湿度传感器：从测量范围、测量精度、响应时间、抗干扰能力这几个方面选择仪器。
（4）风速风向传感器：根据测量范围、响应时间等因素进行选择。
（5）结构健康监测设备：用于实时监测路面结构的振动和变形情况。

### 2. 数据传输设备

根据无线技术、传输范围、数据速率、安全性、网络拓扑结构等因素，可选用 Wi-Fi 模块、蓝牙模块、LoRa 模块、NB-loT 模块、RFID 读写器等设备。

根据传输速率、介质、距离和可靠性、网络拓扑结构等因素，可选择以太网交换机、光纤收发器等设备。

### 3. 数据处理和分析设备

通过性能、存储类型、网络带宽等因素选择服务器；通过弹性和伸缩性、服务模型、技术支持和服务水平协议等因素选择云计算资源。

根据处理数据的类型和格式、编程语言和框架等因素，可以选择 SAS、MATLAB、Python、Hadoop、SQL 数据库等。

计算机集群：用于并行处理大规模数据，提高数据处理效率。

### 4. 管理措施实施设备

专业人员应考虑多个因素，以确保设备满足项目的特定需求，同时要考虑设备的安全性、合规性、环境友好性等，以确保管理措施的有效实施。

根据污染场地位置、排放类型、空间需求、排放控制效率等方面选择设备，如气体吸收塔、脱硫装置、VOCs 控制设备等。

### 5. 决策支持设备

可以通过可视化大屏展示监测数据和决策结果，有助于集中展示和讨论，也可以通过社交媒体应用、即时通信应用、地图和导航应用等进行实时监测。

### 6. 科学研究设备

材料性质测试设备用于深入研究路面材料的性质，如动态力学测试仪、拉伸试验机，如图 2-41 所示。

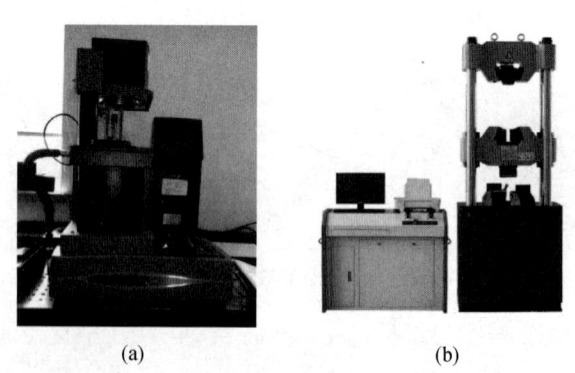

图 2-41 (a)动态力学测试仪，(b)拉伸试验机

高分辨率卫星遥感用于获取高分辨率的路面图像，支持更精细的路况监测和变化分析。

除此之外，在路面环境监测设备选型时，需要全面考虑各种因素，包括设备的适用性、灵敏度、稳定性、可维护性和售后服务、可靠性、便携性、经济性、可扩展性、安全性、可读性等。

# 【知识储备】

人类的活动会影响自然环境，自然环境最终也会反作用于人类。在路面监测系统中设计环境监测功能，能直观反映道路的环境情况，也能对污染进行追踪溯源，维持道路的环境。

## 1. 环境监测系统的组成

环境监测系统通常由多个组件和子系统组成，如图 2-42 所示。以下是一个典型环境监测系统的主要组成部分。

（1）传感器和监测设备

传感器通过实时测量和监测，提供关于环境条件的准确和全面的信息，以下是常见的传感器和监测设备。

① 气象传感器用于测量气象条件。温度传感器用于测量空气和水体的温度；湿度传感器用于测量空气中的湿度水平；气压传感器用于测量大气压力，提供气象变化信息；风速传感器用于测量风的方向；风向传感器用于测量风的方向等。

② 空气质量传感器用于监测空气中的污染物。颗粒物传感器用于测量空气中的颗粒物浓度，包括 PM2.5 和 PM10；气体传感器用于监测空气中的气体浓度，如二氧化氮（$NO_2$）、一氧化碳（CO）、臭氧（$O_3$）等；挥发性有机化合物传感器用于检测空气中的挥发性有机化合物等。

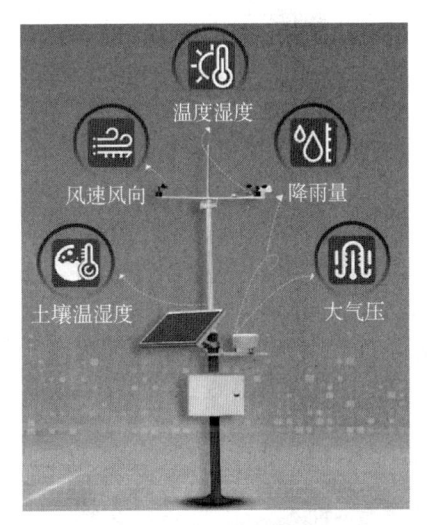

图 2-42 环境监测系统的组成

③ 水质传感器用于测量水体中的各种参数。溶解氧传感器用于测量水体中的溶解氧水平；pH 传感器用于测量水体的酸碱性；浊度传感器用于测量水体的透明度；电导率传感器用于测量水体的电导率，反映溶解物质的含量等。

④ 土壤传感器用于监测土壤湿度、温度和其他土壤特性。土壤湿度传感器用于监测土壤的湿度水平；土壤温度传感器用于测量土壤的温度；土壤盐分传感器用于测量土壤的盐分含量等。

⑤ 光照传感器用于测量光照强度和光谱特性，例如光照强度传感器和光谱传感器。

⑥ 噪声传感器用于监测环境中的噪声水平，例如噪声水平传感器。

（2）数据采集子系统

数据采集子系统负责实时采集、传输和处理来自各类传感器的数据。

① 传感器和监测设备整合。整合气象传感器、空气质量传感器、水质传感器、土壤传感器等，以覆盖多个环境参数；采用标准接口协议，确保不同厂家和类型的传感器能顺利集成。

② 数据采集设备。集中式数据采集设备负责汇集传感器的数据，通常部署在监测站点或设施中；保证对环境变化的快速响应，实时采集数据以满足及时检测的需求；集成 4G/5G 通信模块或其他通信技术，确保数据的远程传输。

③ 通信模块。利用高速通信模块，实时传递数据；支持灵活配置的通信协议，以适应不同的网络环境和数据传输需求。

④ 数据传输。采用加密协议，确保传输过程中数据的安全性；在传输过程中对数据进

行完整性检查，防止因传输错误而引起数据损坏。

⑤ 实时数据处理。在数据传输前进行清洗和校正，排除错误或异常数据；利用实时处理引擎进行数据过滤、平滑和聚合，以提高数据的质量和可用性。

⑥ 故障监测和报警。持续监测数据采集设备的运行状态，及时发现设备故障；设定阈值，当设备状态异常时，触发报警通知，以便进行维护和修复，如图 2-43 所示。

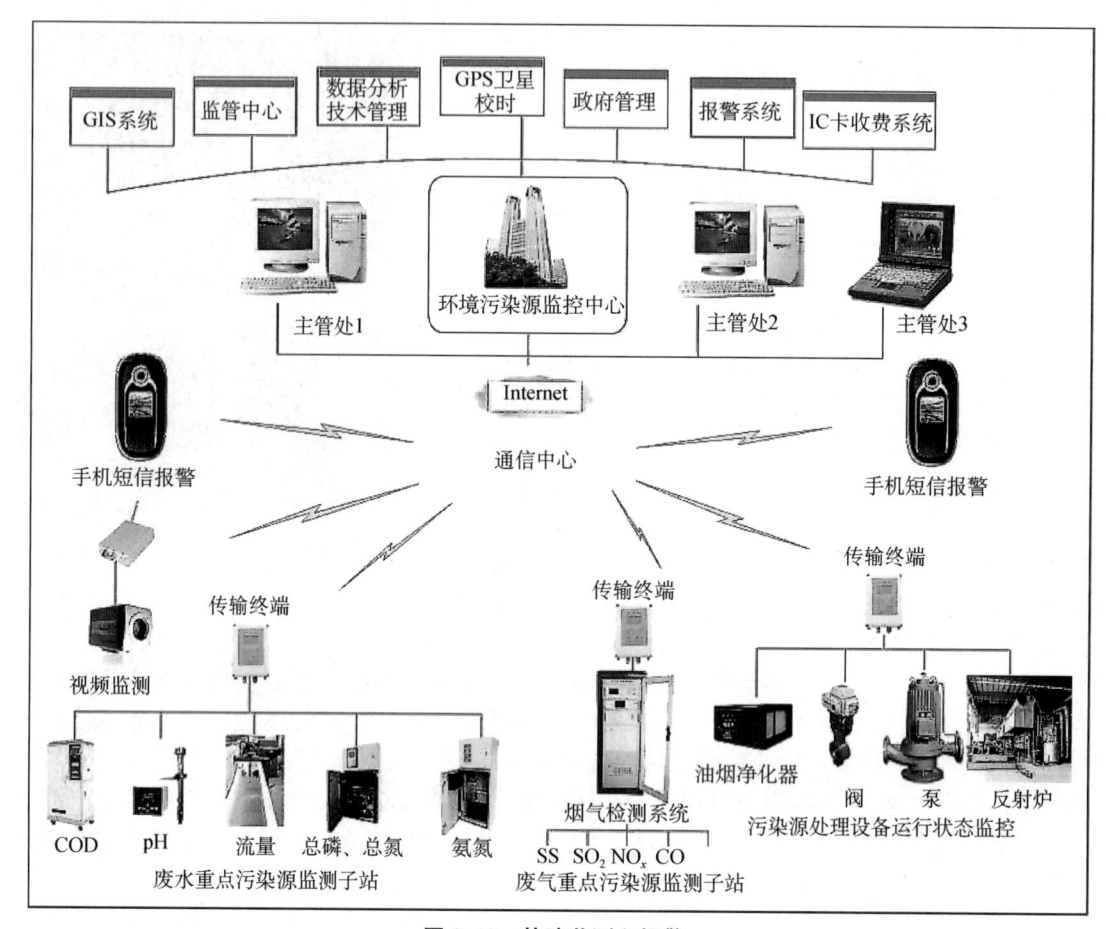

图 2-43　故障监测和报警

⑦ 数据存储。使用时序数据库，支持大规模、高频率的时间序列数据存储；区分实时数据和历史数据存储，以满足不同的数据访问需求。

(3) 中央处理单元

① 服务器或云计算资源。使用虚拟化技术，将物理服务器资源虚拟化为多个虚拟机，提高资源利用率；利用容器技术实现轻量级、可移植的应用部署和管理；配备自动化管理工具，实现资源的自动调度、监控和维护。

② 数据库系统。针对环境监测系统的时间序列数据特点，采用时序数据库，提供高效的时间序列数据管理和查询；采用高可用性技术，确保数据库系统的稳定运行；设定定期备份策略，以便在发生故障时能迅速恢复数据。

(4) 监控和控制单元

① 监测系统控制器。该控制器负责与各种传感器和监测设备进行通信和控制；控制传

感器的启停、参数配置、数据采集频率，确保传感器正常运行；实时监测传感器状态，及时发现故障或异常情况。

② 报警系统。报警系统可以实时监测环境数据，识别是否存在超过预定阈值的异常情况；检测到异常情况时，及时通知相关人员；记录报警事件的详细信息。

（5）用户界面和可视化工具

① 监测系统界面。提供实时数据和历史数据的可视化，以便用户能直观地了解环境状况，如图 2-44 所示。

② 报表和图表生成工具。用于生成定期报告和趋势分析图表。

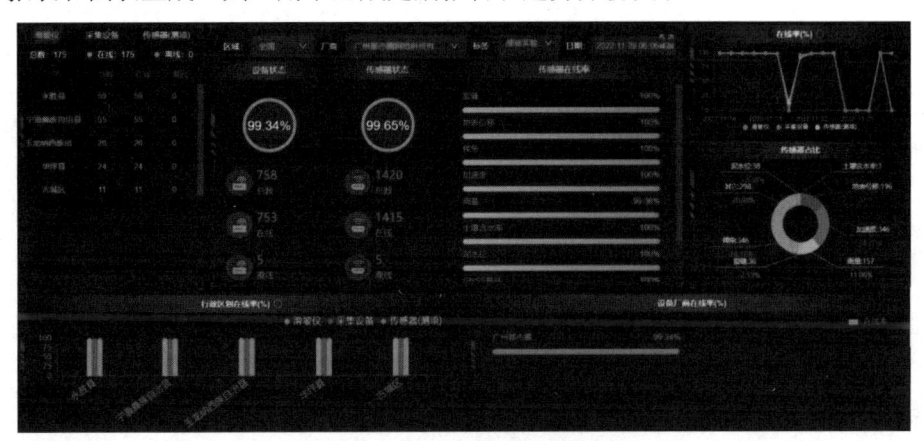

图 2-44 监测系统界面

（6）决策支持系统

① 数据分析和建模软件。用于深入分析数据，进行趋势预测和模型建立，如 MATLAB、Python、SAS 等。

② GIS 系统。用于地理信息分析，将环境数据与地理空间关联起来，GIS 系统的架构如图 2-45 所示。

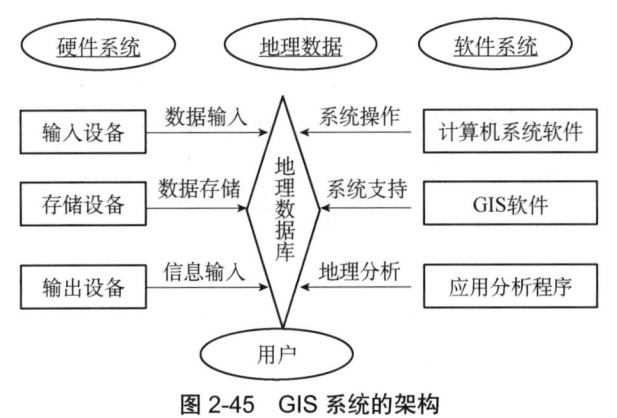

图 2-45 GIS 系统的架构

（7）管理和维护单元

① 远程监控和维护系统，用于远程管理和维护监测系统的各个组件。
② 设备诊断工具，用于监测和解决设备故障。
③ 电源和供电系统，用于确保监测设备和系统的稳定运行。

## 2. 环境监测的应用场景

① 空气质量监测。空气质量监测广泛应用于城市和工业区，用于实时测量大气中的污染物浓度，包括颗粒物（PM2.5 和 PM10）、二氧化硫（$SO_2$）、一氧化碳（CO）、臭氧（$O_3$）等，如图 2-46 所示。

② 水质监测。水质监测用于评估水体的健康状况，检测水中的有害物质。监测项目包括水中的溶解氧、氮、磷、重金属等，如图 2-47 所示。这对于水资源管理、饮用水安全和环境保护至关重要。水质监测还涉及对河流、湖泊、水源地进行定期抽样和分析。

③ 土壤监测。土壤监测用于评估土壤的化学、物理和生物学特性，以了解土壤的肥力、结构和污染状况，这对于农业管理、土地规划和环境修复至关重要。监测项目包括土壤中的营养物质、有机物和重金属等。

④ 气候监测。气候监测用于收集大气、海洋和地球的气象数据，帮助科学家理解气候变化趋势，如图 2-48 所示。这涉及气温、湿度、风速、降水等参数的监测。通过长期数据的积累，可以更好地预测极端天气事件，制定应对气候变化的政策。

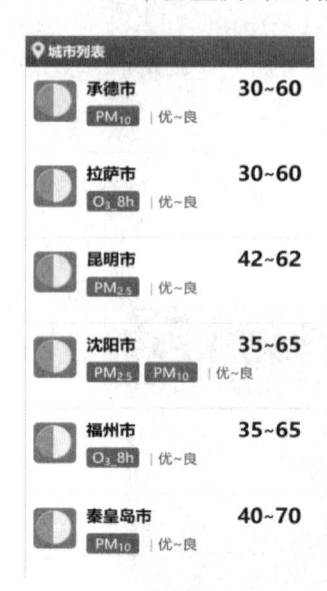

图 2-46 空气质量监测

图 2-47 水质监测

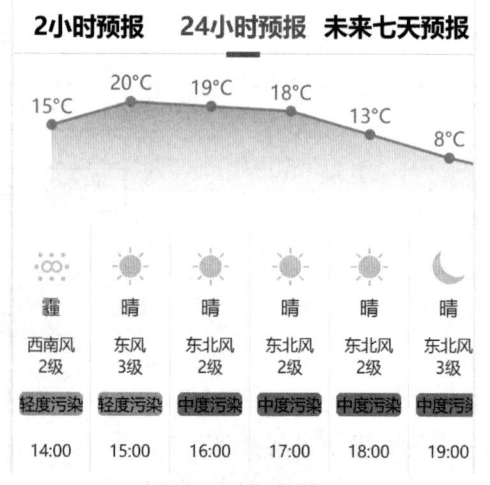

图 2-48 气候监测

⑤ 生物多样性监测。生物多样性监测通过对动植物的分布和数量进行监测，评估生态系统的健康。这对于保护濒危物种、维持生态平衡和生态系统的可持续性至关重要。监测项目包括物种数量、迁徙模式、栖息地健康等。

⑥ 噪声和振动监测。噪声和振动监测用于评估环境中的声音水平和振动情况，这对于城市规划、建设项目和交通管理具有重要意义。监测数据可以用于制定噪声污染控制措施，确保居民的生活和工作环境。

⑦ 辐射监测。辐射监测用于测量环境中的辐射水平，确保公众和工作者免受电离辐射和其他辐射的危害。

⑧ 城市智能化管理。结合大数据和物联网技术，城市智能化管理通过实时监测环境数据（如交通流量、垃圾处理、能源利用等），实现城市的智能调控。这对于提高城市的可持续性、减少资源浪费、改善居民生活质量具有重要作用。

### 3. 环境监测感知设备

环境监测感知设备是用于实时感知、监测和获取环境数据的设备。这些设备包括各种传感器、数据采集设备、通信模块和存储设备等，通过这些组件的协同工作，可以实现对环境参数的全面监测。

① 传感器：传感器是环境监测感知设备的核心组件，负责测量和采集环境中的各种物理、化学和生物参数。

② 数据采集设备：数据采集设备用于将传感器测得的模拟信号或数字信号进行采集、处理和转换，使其能被进一步传输和存储。

③ 通信模块：通信模块负责将采集到的数据传输到远程服务器或云平台中。常见的通信技术包括物联网通信、蜂窝网络、卫星通信等。

④ 数据处理单元：数据处理单元对从传感器和数据采集设备获取的数据进行处理、分析和筛选，以提取有用的信息。

⑤ 存储设备：存储设备用于保存采集到的环境数据，以备后续分析和查询。

⑥ 外壳和防护：环境监测感知设备通常需要具备一定的防护性能，以应对各种恶劣的自然环境条件，如雨水、高温、低温、风沙等。外壳设计要能有效保护设备免受外部环境的影响。

## 【任务实施】

### 1. 在路侧安装风速风向传感器

（1）介绍

单通道风速风向采集模块如图 2-49 所示，用于测量并存储风速和风向等数据。传感器用金属制造，性价比高，抗干扰能力强。由于该模块有复杂环境的适应性，常常安装于布线困难、需要长期监测的场景。

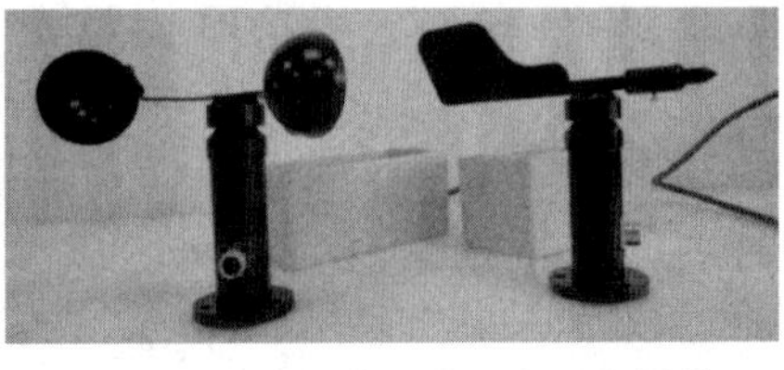

（2）工作原理

图 2-49 单通道风速风向采集模块

风速风向传感器能测量风速和风向，并将测量的数据存储起来，风杯式风速传感器如图 2-50 所示。这种设备的体积小，安装方便，用金属制造，性价比高，抗干扰能力强。对于自动测试布线困难，需要长期监测的应用场合，风速风向传感器是一种理想选择。风向传感器如图 2-51 所示。

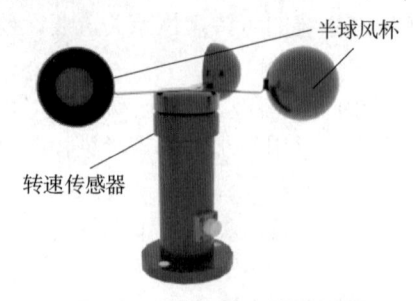

图 2-50 风杯式风速传感器

图 2-51 风向传感器

风速风向传感器的工作原理可参见项目 1。
③ 风速风向传感器的操作步骤。
风速风向传感器的操作步骤可参见项目 1。
④ 风速风向传感器的说明。
● 风速传感器说明。将风速转化为脉冲信号输出，具有宽广的测量范围和良好的线性性能，航空插头连接线介绍如下。
a：DC 电源正；b：电源负；c：信号输出。
供电电压：5~12V。
量程：0~60m/s。
负载能力：小于 500Ω。
启动风力：0.6m/s。
固定方式：采用标准法兰安装，底盘为 $\phi 65$。安装时请确保将其牢固地安装在相应的支撑结构上，保持最佳水平状态，以确保数据的准确性。
● 风向传感器说明。风向传感器可测量 8 个方向，分别是东、南、西、北、东南、西南、东北、西北。
输出信号：编码低电平信号，5~12V。
电位引线：6 线。
固定方式：螺丝固定。
航空插头连接线介绍：正东方向对应 3 脚信号，东北方向对应 3、6 脚信号；正西方向对应 5 脚信号，西北方向对应 5、6 脚信号；正南方向对应 4 脚信号，西南方向对应 4、5 脚信号；正北方向对应 6 脚信号，东南方向对应 3、4 脚信号。安装时，将标记点指向正北，保持水平牢固，如图 2-52 所示。

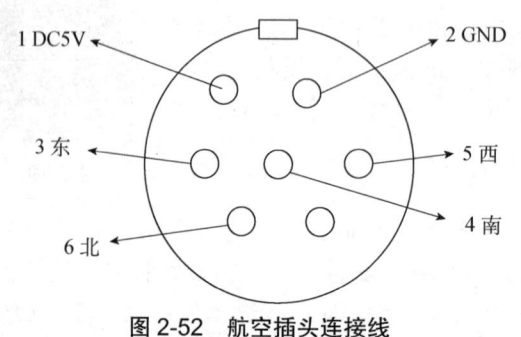

图 2-52 航空插头连接线

⑤ 风速风向传感器的安装。

步骤1：取出风速风向传感器以及它们的支架，将风速风向传感器的电源线穿过支架内部，并使用小型内六角工具将传感器牢固地安装在支架上，如图2-53所示。请注意，在安装风向传感器时，请确保将正南方向的标识与正南方向对准。

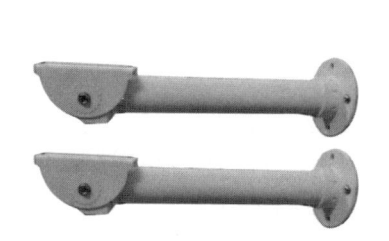

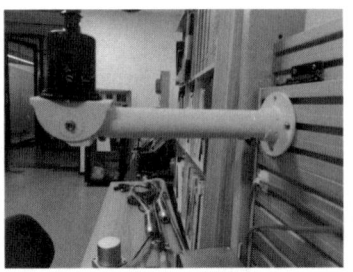

图 2-53　风速风向传感器的安装

步骤2：使用螺丝将支架固定（一定要先从中间穿过线）。

步骤3：将风速风向采集模块的塑料盖螺丝拧出，打开盖子，将风速传感器和风向传感器的输出线从防水接头处接入盒体内的接线端（线的颜色与接线柱的标识对应）。

步骤4：盖上采集模块盖子，如图2-54所示。

图 2-54　盖上采集模块盖子

步骤5：从风速风向采集模块中找到RS485，随后连接到DTU模块上，如图2-55所示。

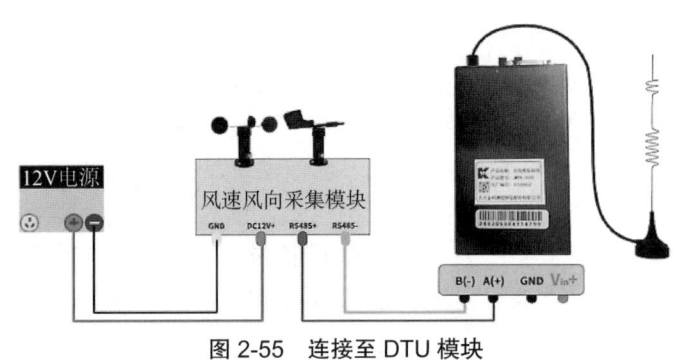

图 2-55　连接至DTU模块

步骤6：拧紧接线螺丝，根据现场情况将采集模块固定在适合的位置处。

步骤7：将风速风向采集模块的电源线连接至电源（12V电压）。

### 2. 在路面安装雨量传感器

（1）介绍

雨量传感器适用于气象台（站）、水文站、农林、国防等有关部门，用来遥测液体降水量、降水强度、降水起止时间，可用于以防洪、供水调度、电站水库水情管理等为目的的水文自动测报系统、自动野外测报站，如图2-56所示。

（2）工作原理

翻斗式雨量传感器是由感应器及信号记录器组成的遥测雨量仪器，感应器由翻斗、干簧管、接线端子等构成，如图2-57所示。其工作原理为：雨水通过最上端的过滤器和集雨器落入接水漏斗中，再经漏斗口流入翻斗中，当积水量达到一定高度时，翻斗会失去平衡倾倒。翻斗每次倾倒，都会使开关接通电路，向信号记录器输送一个脉冲信号。信号记录器将雨量记录下来，并传输到采集模块，如此往复，即可将降雨过程记录下来。

图2-56 雨量传感器

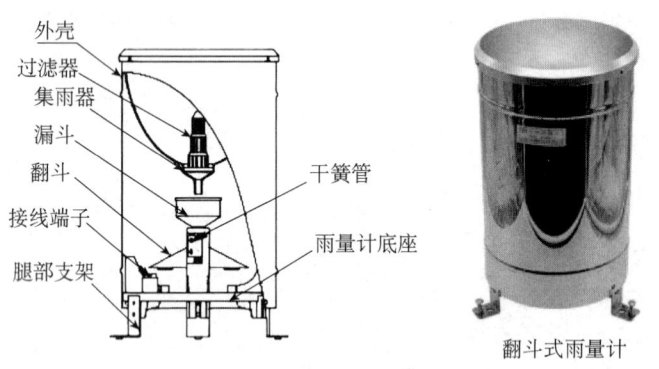

图2-57 雨量传感器内部结构图

翻斗式雨量传感器的自动化程度高，及时性强，资料易于保存和传输，因此应用广泛。

（3）操作步骤

● 选择雨量传感器的安装位置，可按实际要求选择地面或屋顶。

● 调整底盘上的三个调平螺丝，使水准泡指示为水平（气泡停留在圆圈中心），再缓慢将3个M8×80的膨胀螺栓拧紧。如果水准泡改变，则需要重新调整。

● 将传感器连接至DTU（数据传输单元）通信模块，并进行传感器固定。

● 固定完毕后，打开雨量桶，剪掉漏斗上的尼龙扎带，将清水缓慢注入雨量传感器中，观察翻斗翻动的过程，检查采集模块上是否接收到数据。最后注入定量的水（60~70mm），若采集模块上显示的数据与注水量符合，说明仪器正常，否则须检修调节。

（4）注意事项

● 传感器线长会影响输出信号，使用时不要随意改动出厂时已焊接好的元器件或导线，若有更改需求，请与厂商联系。

● 应定期检查传感器，清除尘土、泥沙、树叶、昆虫，以免堵塞漏斗的水流通道。

- 如果翻斗内壁有脏物，可用水、酒精、洗涤剂水溶液冲洗，严禁用手指或其他物体擦拭。
- 冬季结冰期间，应停止使用仪器，可将其取回室内。

（5）雨量传感器的安装

步骤1：取出雨量传感器。

步骤2：调整底盘上的三个调平螺丝，使雨量桶保持水平。如果使用水准泡，水准泡的气泡停留在圆圈中心表示设备水平，再缓慢将腿部支架固定好。

步骤3：将雨量传感器连接至DTU模块的RS485接口。

步骤4：将雨量传感器的电源线连接至电源（12V电压）。

## 【任务工单】

| 项目2：感知技术在路面监测系统中的应用 | | 任务2：路面环境监测 | |
|---|---|---|---|
| （一）关键知识引导<br>1．理解路面环境监测主要指标<br>2．掌握路面环境监测的方法<br>3．会使用路面环境监测的设备 ||||
| （二）任务实施情况 ||||
| 实施步骤 || 具体操作 | 完成情况 |
| 步骤1：在路侧安装风速风向传感器 |||  |
| 步骤2：在路面安装雨量传感器 |||  |
| （三）任务检查与评价 ||||
| 项目名称 || 感知技术在路面监测系统中的应用 ||
| 任务名称 || 路面环境监测 ||
| 评价方式 || 可采用自评、互评、教师评价等方式 ||
| 说　　明 ||||
| 序号 | 评价内容 | 分值 | 得分 |
| 1 | 知识运用（20%） | 20分 |  |
| 2 | 专业技能（40%） | 40分 |  |
| 3 | 核心素养（20%） | 20分 |  |
| 4 | 课堂纪律（20%） | 20分 |  |
| 总得分 ||||

续表

| （四）任务总结 | |
|---|---|
| 过程中的问题 | 解决方式 |
|  |  |
|  |  |
|  |  |
|  |  |

## 【任务小结】

路面环境监测的主要作用如下。

① 保障行车安全。路面环境监测的主要目标之一是实时监测和预警路面的结冰、积雪、水膜、湿滑等不安全状态。通过监测这些状态，驾驶员可以提前采取相应的驾驶措施，如减速、谨慎超车、开启防滑功能等，从而确保行车安全。

② 提高交通管理效率。交通管理部门通过路面环境监测可以实时掌握路面的交通情况，包括车流量、车速、交通事件等。这些数据支持交通管理部门作出及时的决策和调度，如调整信号灯配时、部署警力、实施交通管制等，从而提高城市交通管理效率，减少交通拥堵和事故的发生。

③ 提供决策依据。路面环境监测数据不仅可以为驾驶员提供路面的实时信息，也可以为交通管理部门提供决策依据。同时，长期的监测数据还可以为交通管理部门提供有关路网布局、交通流量分布等方面的信息，为城市交通规划提供科学依据。

④ 促进环保意识。通过监测汽车污染物排放、交通噪声等指标，可以促进环保意识的提高。通过对这些指标的监测和公示，可以让公众了解汽车污染物排放和交通噪声对环境的影响，推动公众选择公共交通、减少私家车出行等，促进城市的可持续发展和环境保护。

⑤ 支持城市规划。路面环境监测可以为城市规划提供重要的数据支持。通过监测路网的交通流量和车速等数据，可以了解城市交通布局和路网结构是否合理，为城市规划和交通管理提供决策依据。此外，路面环境监测也可以为城市排水、防洪等市政规划提供基础数据，促进城市的可持续发展。

## 【任务拓展】

地质灾害是危及人民群众生命财产的严重隐患。自然灾害频发，需要科学、严谨、准确的预警判据和模型。地质灾害体是多场融合的地质体，变形演化过程中所反映出的信息具有多场、多维的特征。随着科技水平的发展，地质灾害监测包含外界环境因素（降雨、温度、地震加速度、孔隙水压力等）、变形（地表位移、深部位移等）、应力应变（土压力、应变等）等。

中海达以北斗高精度定位为核心，结合 GNSS 接收机、地基 InSAR、拉线式位移计、多维监测仪、倾角加速度计、土压力计、导轮式测斜仪、阵列式位移计、摄像机、雨量计、应力应变计、三轴加速度计等多种设备技术，采用物联网、大数据、人工智能等技术实现实时动态安全监测，形成多源一体自动化监测解决方案。动态安全监测的原理如图 2-58 所示，地质灾害实时监测数据平台如图 2-59 所示。

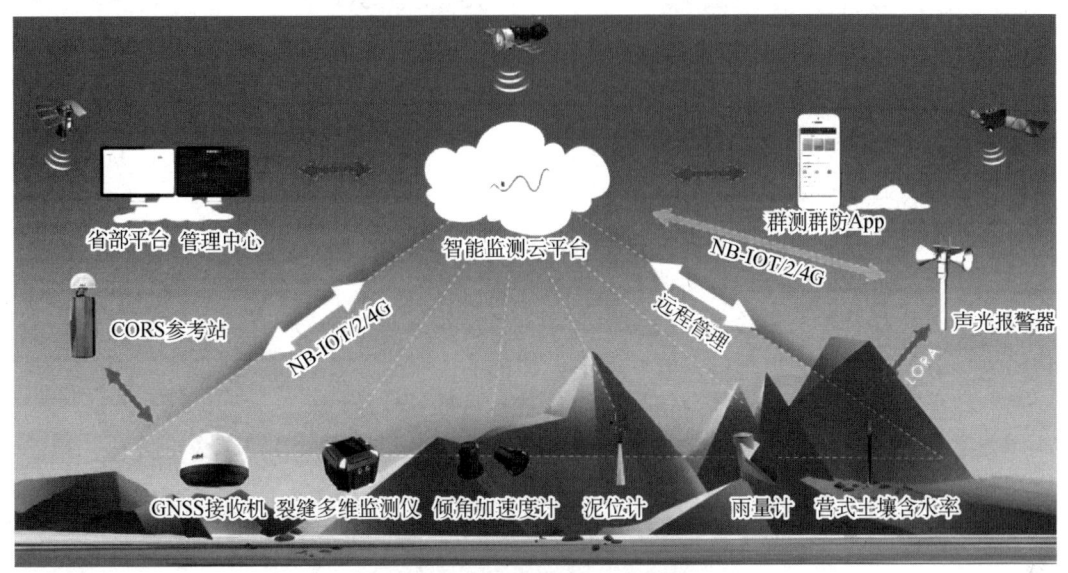

图 2-58 动态安全监测的原理

图 2-59 地质灾害实时监测数据平台

## 任务3 路面视频监测

### 【职业能力目标】

（1）熟练掌握视频监控系统的软、硬件构成；了解视频监控系统的基本维护和保养知识；熟练掌握视频监控系统的各项功能和应用。

（2）具备对视频监控图像的解读和分析能力。

（3）掌握视频拍摄技巧和角度调整方法。

（4）掌握视频监控图像的存储和传输技术；熟悉视频压缩编码的基础知识；了解视频数据传输协议和应用；熟悉视频数据的存储和管理技术。

（5）具备基本的计算机操作和维护技能；熟悉网络基础知识。

（6）了解和掌握相关的交通管理知识和技能；了解交通管理的基本流程和方法；熟悉交通法规和安全知识。

（7）严格遵守职业道德和职业规范，尊重个人隐私，不得擅自泄露个人信息和隐私图像。

（8）遵守操作规程和规章制度，爱护设备，不得擅自拆卸设备或改动程序，确保设备正常运行。

### 【任务描述】

本任务旨在让学生掌握视频监控系统的软、硬件构成；具备对视频监控图像的解读和分析能力。学生将通过学习，熟练掌握视频监控系统的各项功能和应用。

### 【设备选型】

道路视频监控系统在设备选型时需要考虑以下因素。

① 摄像机类型。根据安装环境，可以选择不同类型的摄像机。对于需要大范围监控的室外环境，可以选择枪式摄像机和云台摄像机，如图2-60所示。枪式摄像机也可用于室内场合，如走廊、出入口等。云台摄像机具有枪式摄像机的固定视角和球机的光学变焦功能，一般用于高空瞭望，如城市、森林、边防的制高点等。

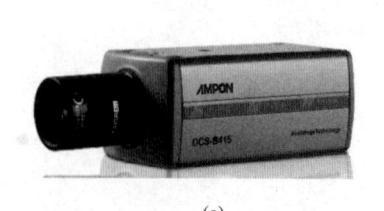

图2-60　(a)枪式摄像机，(b)云台摄像机

② 成像色彩。彩色摄像机适用于景物细节辨别，如辨别衣物或景物的颜色；黑白摄像机适用于光线不充足的环境，如隧道，如图2-61所示。摄像机种类不同，拍摄的结果

也会不同。

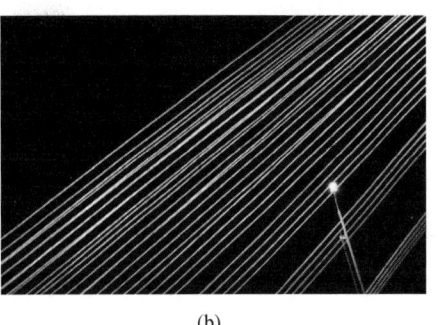

(a) (b)

图 2-61　(a)彩色摄像机拍摄结果，(b)黑白摄像机拍摄结果

③ 防护等级。在各种恶劣环境下，道路视频监控系统应实时监控并采集气候信息和道路环境状况，因此需要选择具有较高防护等级的设备。一些新型的鱼眼/全景摄像机以及云台摄像机均具有较高的防护等级，可以在各种恶劣的环境中使用。鱼眼摄像机如图 2-62 所示。

④ 稳定性。道路视频监控系统需要长时间稳定运行。因此需要选择具有高稳定性的设备，防止运行不稳定造成数据丢失。例如，一些新型摄像机采用了低功耗设计和先进的数据传输技术，可以在不降低性能的同时保证设备的低故障率。

图 2-62　鱼眼摄像机

⑥ 兼容性和扩展性。在设备选型时，需要考虑所选设备是否与现有系统兼容，以及是否具有扩展性以适应未来发展。例如，一些新型的摄像机采用了通用的接口和传输协议，可以方便地与其他设备进行连接和扩展。

道路视频监控系统主要包括以下设备。

① 摄像机。摄像机是道路视频监控系统的核心设备，用于捕捉和记录视频图像。根据实际需要，可以选择不同类型的摄像机，如高清（HD）或超高清（4K）摄像机可提供更清晰的图像，而红外线摄像机可用于夜间监控，如图 2-63 所示。

② 编码器。编码器用于将摄像机捕捉到的模拟信号转换成数字信号，便于传输和存储。

③ 存储设备。存储设备用于保存监控系统捕获到的视频数据，如硬盘录像机（DVR）、网络视频录像机（NVR）等，以确保足够的存储容量和数据备份，如图 2-64 所示。

图 2-63　红外线摄像机

图 2-64　存储设备

④ 网络设备。网络设备负责视频数据的传输和通信。它包括路由器、交换机和其他网络组件，以确保视频信号在监控中心和摄像机之间的流畅传输。

⑤ 控制软件。控制软件可以控制摄像机的动作、视频的编码和存储等，是视频监控系统的核心。

⑥ 监控中心。监控中心是视频监控系统的核心控制单元。通常包括监视屏幕、监控控制台和管理软件，用于实时监视和管理摄像机。

⑦ 防雷设备。在部分地区，由于天气变化大，可能会对设备造成损坏，因此需要安装防雷设备，如避雷针（图2-65）、接地系统、避雷带等。

图 2-65　避雷针

## 【知识储备】

### 1. 视频监控系统的组成

（1）摄像部分

摄像部分是视频监控系统的前沿部分，是整个系统的"眼睛"。倘若被监控场所的面积较大，需要在摄像机上加装可遥控的变焦镜头，使摄像机能观察的距离更远，也能节省摄像机的数量、简化传输系统及控制与显示系统。同时，把摄像机安装在电动云台上，通过控制器对摄像机进行控制，可以使云台带动摄像机进行水平和垂直方向的旋转。

（2）传输部分

传输部分是连接摄像机、存储设备和监控中心的纽带，可以确保视频数据在系统内部或外部的各个节点之间安全、快速、稳定地传输。视频监控系统通常采用视频基带传输的方式。当摄像机距离控制中心较远时，采用射频传输方式或光纤传输方式，要求图像信号经过传输系统后，不产生明显的噪声、失真（色度信号与亮度信号均不产生明显的失真），保证原始图像信号（摄像机输出的图像信号）的清晰度和灰度等级没有明显下降等。

（3）控制部分

控制部分是整个系统的"心脏"和"大脑"，负责管理和控制整个监控系统的运行，以确保系统的正常工作。监控系统拓扑图如图2-66所示，控制部分的主要功能如下。

① 摄像机控制。控制部分负责管理和操作摄像机，包括调整摄像机的方向、焦距、光圈等参数，使操作员能远程控制摄像机以获取所需的监控画面。

② 系统状态监测。控制部分负责持续监测系统的运行状态，包括设备的连接状态、存储空间、网络质量等，及时发现并处理潜在问题。

③ 监控场景调度。控制部分负责制订和执行监控场景的调度计划，根据时间表或事件触发自动切换监控画面，确保全面覆盖和及时响应特定场景。

④ 报警处理。控制部分负责监测与报警相关的事件，如运动检测、入侵检测等。一旦触发报警条件，控制部分可以采取相应的措施，如触发报警、发送通知或自动调整监控画面。

⑤ 视频录制控制。控制部分负责管理视频录制功能，包括开始和停止录制、设定录制模式（连续录制、事件触发录制等）以及存储录制的视频数据。

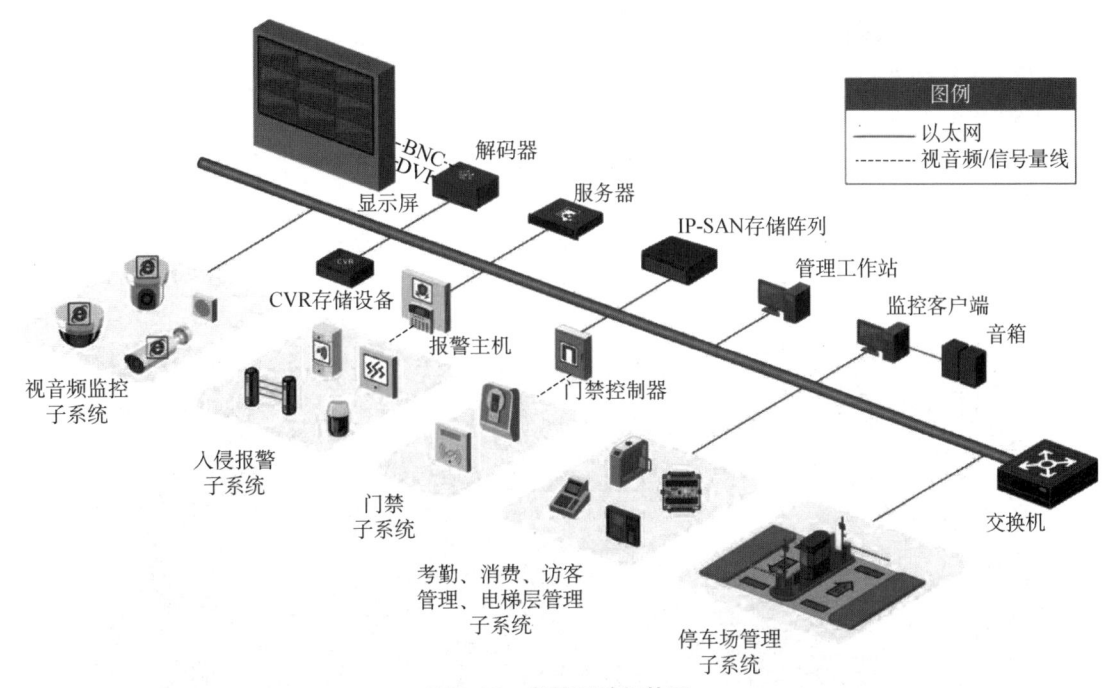

图 2-66 监控系统拓扑图

⑥ 用户权限管理。控制部分负责管理不同用户的权限，确保只有经过授权的用户可以访问特定的监控画面、功能，这有助于维护系统的安全性，如图 2-67 所示。

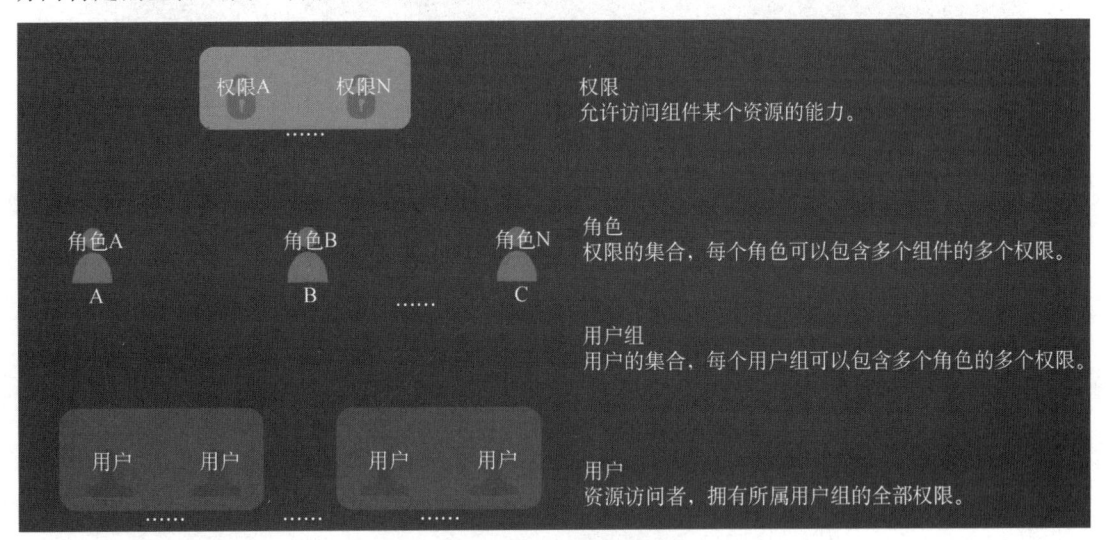

图 2-67 用户权限管理

⑦ 系统配置和维护。控制部分负责对监控系统进行配置和维护，包括网络设置、设备管理、软件升级等，确保系统的稳定性和可维护性。

⑧ 远程访问管理。控制部分支持远程访问，允许授权用户通过网络远程访问监控系统，查看实时画面、回放录像。

⑨ 日志记录和分析。控制部分负责记录系统的运行日志，包括用户操作、报警事件、系统状态变化等，有助于事后分析、故障排除、安全审计。

（4）显示及记录部分

显示及记录部分由监视器、数字硬盘录像机等设备组成，主要负责处理、显示监控画面，并记录相关数据，以供查看、分析或作为证据。

① 实时监控画面显示。显示及记录部分负责将摄像机捕获的实时视频信号转换并显示在监控系统的显示设备上。

② 多画面分割。显示及记录部分允许同时显示多个监控画面，以便在同一屏幕上查看多个监控点的实时情况，如图 2-68 所示。

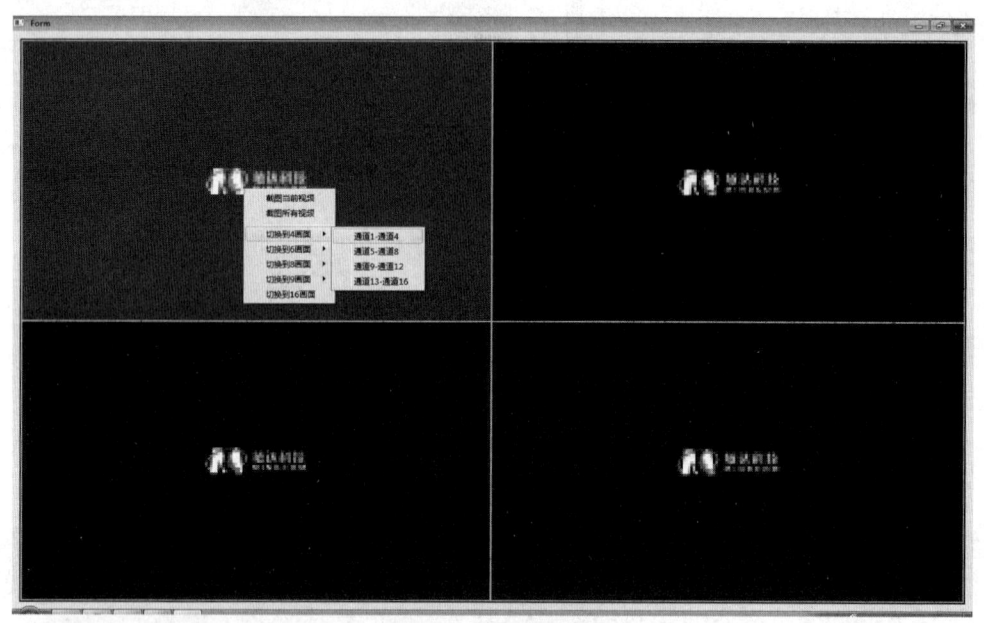

图 2-68 多画面分割

③ 远程实时监控。显示及记录部分提供远程实时监控功能，允许授权用户通过网络远程查看监控画面。

④ 录像回放。显示及记录部分允许用户回放已录制的视频，以便查看先前发生的事件或进行审查，用户可以选择特定的时间段进行回放。

⑤ 图像质量调整。显示及记录部分提供调整监控画面图像质量（包括亮度、对比度、饱和度等参数）的功能，以优化画面显示效果。

⑥ 报警画面显示。发生报警事件时，显示及记录部分可以自动切换到与报警相关的监控画面，使操作员能快速响应和识别问题，报警类别如图 2-69 所示。

⑦ 图像分析与识别。部分高级系统包含图像分析和识别功能，例如人脸识别、车牌识别等，以提供更智能的监控和搜索能力。

⑧ 录像存储和管理。显示及记录部分负责录像文件的存储和检索，包括将录像数据保存到指定位置、设置录像文件的保存周期和容量等，网络视频录像机（Network Video Recorder，NVR）存储方式如图 2-70 所示。

⑨ 时间戳和水印。显示及记录部分负责在监控画面上添加时间戳和水印等信息，以提供录像的时间参考，确保录像的真实性。

图 2-69 报警类别

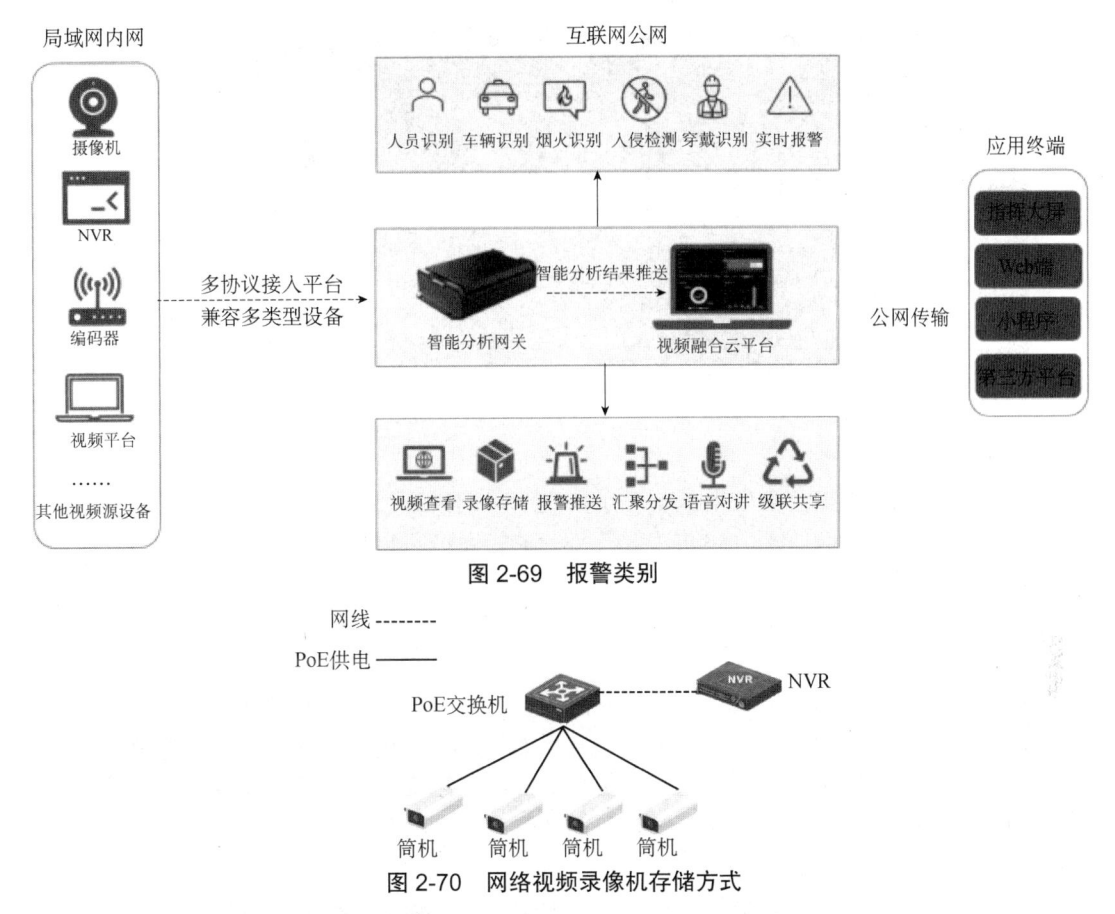

图 2-70 网络视频录像机存储方式

## 2. 路面视频监控的应用场景

（1）交通管理

路面视频监控在交通管理中起着至关重要的作用，如图 2-71 所示。在关键路口、高速公路等交通要点安装监控摄像机，可以实时监测交通流量、交通事故。监控系统可以提供实时的交通数据，帮助交通管理部门进行交通调度和应急处理。例如，在交通拥堵时，监控系统可以及时发现并通知交通警察进行疏导，缓解交通压力。

图 2-71 路面视频监控

（2）公共安全

路面视频监控是维护公共安全的重要手段之一。通过在公共场所、商业区、住宅区等安装监控摄像机，可以实时监测并预防犯罪行为。监控系统可以提供实时的视频监控，帮助警方及时发现和处置各类违法犯罪行为，如抢劫、盗窃、纵火等。此外，监控系统还可以结合人脸识别技术，帮助警方追踪犯罪嫌疑人。

（3）城市管理

路面视频监控在城市管理中发挥着重要作用。通过在城市各个角落安装监控摄像机，可以实时监测城市的环境状况，及时发现问题并采取相应的措施。例如，监控摄像机可以用于环境卫生监控，帮助城市管理部门及时发现并处理乱倒垃圾、环境污染等问题。另外，监控系统还可以用于市容整治，帮助城市管理部门及时发现并处理乱摆摊等问题。智慧城市管理系统如图 2-72 所示。

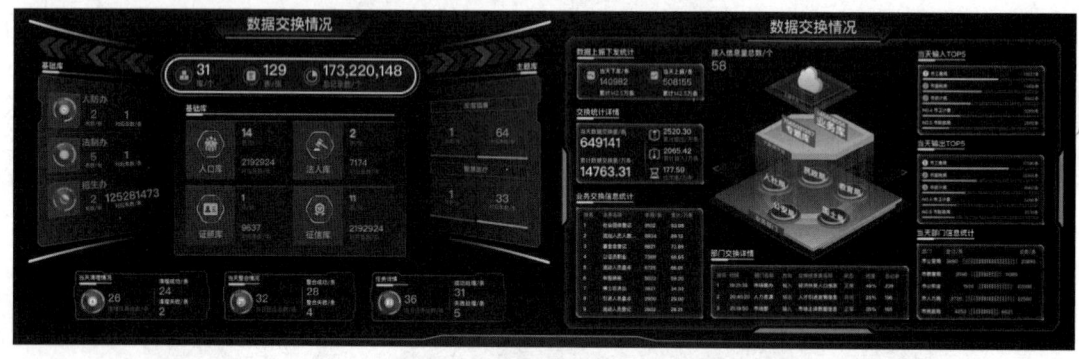

图 2-72 智慧城市管理系统

（4）事件监测

路面视频监控可以用于事件监测，如火灾、爆炸、地震等。监控摄像机可以实时观察事件的发生和发展情况，通知相关部门进行救援和应急处理。监控系统可以提供实时的视频监控，帮助救援人员了解事态发展，制订合理的救援方案，并确保救援过程安全、高效。

（5）基础设施监测

路面视频监控可以用于基础设施监测，如桥梁、隧道、道路等。通过在关键位置安装监控摄像机，可以实时观察基础设施的状况，及时发现问题并进行维护和修复。监控系统可以提供实时的视频监控，帮助相关部门及时发现并处理基础设施的安全隐患，确保交通畅通和基础设施正常运行。

（6）环境监测

路面视频监控可以用于环境监测，如空气质量监测、水质监测等。通过在不同地点安装监控摄像机，可以实时观察环境的状况，及时发现问题并采取相应的措施。监控系统可以提供实时的视频监控，帮助环境保护部门了解环境状况，制订相应的环境保护措施，并及时应对环境污染和突发环境事件。

（7）旅游景区管理

路面视频监控在旅游景区管理中起到重要的作用。通过在旅游景区的关键位置安装监控摄像机，可以实时监测人流量、景区秩序等。监控系统可以提供实时的视频监控，帮助景区管理部门及时调度人员和资源，保障游客的安全和游览体验。此外，监控系统还可以用于景区安全监控，帮助景区管理部门及时发现并处理游客的安全问题。

### 3. 路面监控设备

（1）监控摄像机

监控摄像机是路面监控设备的核心部件，它可以拍摄监控区域的实时画面，并将画面传输给监控中心或相关部门进行实时观察和存储。监控摄像机通常具有高清晰度、广角、夜视等功能，可以满足不同的监控需求。

（2）视频录像机

视频录像机是用于录制监控画面的设备，它可以将监控摄像机拍摄的画面进行录制，并存储到硬盘或其他存储介质中，以备后续查看和分析。视频录像机通常具有多通道录制、远程访问、事件触发录像等功能，可以满足不同监控场景的需求。

（3）监控中心

监控中心是用于管理和控制监控系统的中心设备，它可以实时观察监控画面，进行录像回放，进行报警处理等。监控中心通常具有监控画面的分屏显示、远程访问、报警事件管理等功能，可以对监控系统进行全面的管理和控制。

（4）报警设备

报警设备用于监测监控区域的异常情况，并在发生异常时发出警报信号，通知相关部门进行处理。常见的报警设备包括红外线传感器、烟雾传感器、门磁传感器等，它们可以与监控系统进行联动，实现智能报警和自动化处理，如图2-73所示。

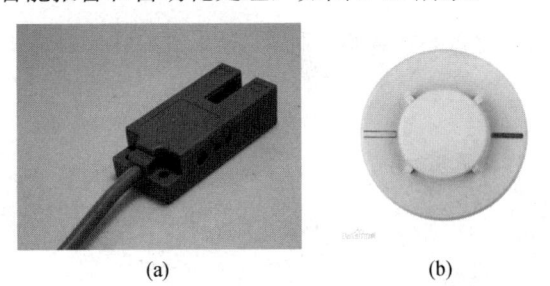

图 2-73　(a)红外线传感器，(b)烟雾传感器

（5）传输设备

传输设备用于将监控画面和报警信号传输给监控中心或相关部门，常见的传输设备有网络传输设备、无线传输设备等。传输设备可以通过有线或无线的方式将监控数据传输到远程位置，实现远程监控和管理。

（6）电源设备

电源设备用于为监控设备提供电力供应，保证监控设备的正常运行。电源设备通常包括电源适配器、电池备份等，可以提供稳定的电力供应，防止监控设备因电力故障而停止工作。

## 【任务实施】

### 1. 在路侧安装监控摄像机

（1）介绍

安装的监控摄像机型号为海康威视 DS-2CD2746F(D)WDA2-I(Z)(S)变焦智能摄像机，如图 2-74 所示。该摄像机采用深度学习硬件及算法，能进行精准的人车分类侦测，支持越界侦测、区域入侵侦测、进入区域侦测、离开区域侦测；支持对运动人脸进行检测、跟踪、抓拍、评分、筛选，并输出最优的人脸抓图；支持感兴趣区域增强编码，支持 Smart265/264 编码方式，可根据场景自适应调整码率分配，有效节省存储成本。

图 2-74　监控摄像机

（2）监控摄像机的安装

步骤 1：从包装箱中取出监控摄像机，检查所有部件是否齐备。

步骤 2：安装 Micro SD 卡，如图 2-75 所示，安装后可用于摄像机本地录像。

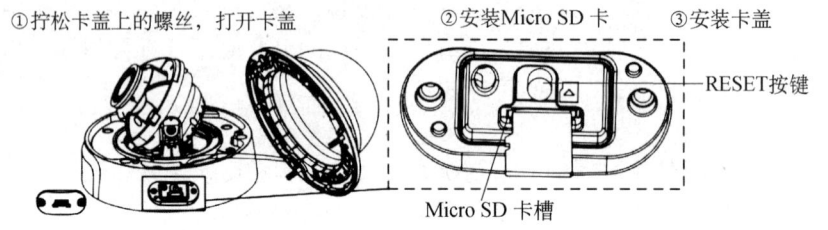

图 2-75　安装 Micro SD 卡

步骤 3：使用网线连接设备和计算机，如图 2-76 所示。

图 2-76　连接设备和计算机

步骤 4：使用 PA4×25 规格的螺丝固定摄像机底座，如图 2-77 所示。

步骤 5：调节摄像机角度，如图 2-78 所示。

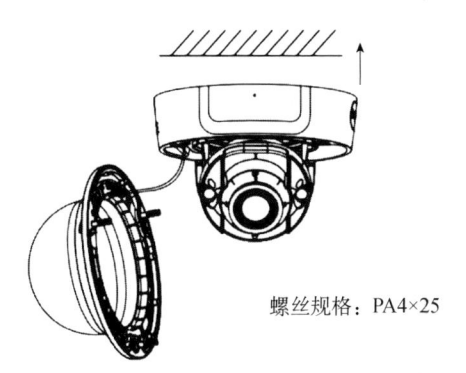

图 2-77　监控摄像机的固定安装　　　　　图 2-78　调节摄像机角度

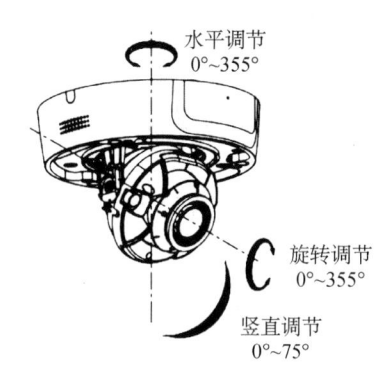

步骤 6：部分摄像机支持手动调焦，可通过镜头调节杆进行变焦、聚焦，操作方法如下。

● 扣上镜头调焦配件（部分产品含有），旋转球芯，露出镜头调节杆，使用一字螺丝刀拧松镜头调节杆。

● 先调节 Zoom（T~W）变焦杆，再调节 Focus（F~N）聚焦杆，使图像清晰。

● 取下调焦配件，使用一字螺丝刀拧紧镜头调节杆，旋转球芯至所需监控的场景，如图 2-79 所示。

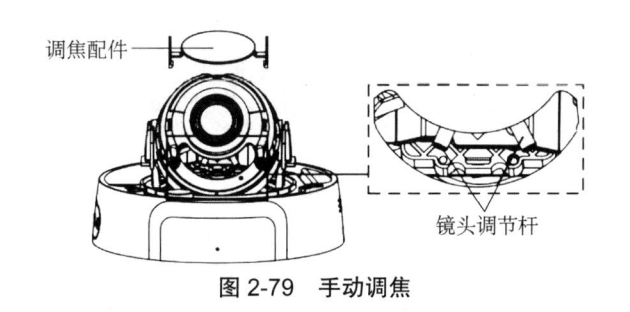

图 2-79　手动调焦

步骤 7：拧紧前盖上的 3 颗螺丝，完成安装。

（3）监控摄像机的调试

步骤 1：将设备连接到计算机所在的局域网中，设置计算机的 IP 地址，使之与设备处于同一网段（请先在浏览器中输入设备的出厂 IP 地址，如能正常访问设备，可跳过以下操作步骤），如图 2-80 所示。设备的出厂 IP 地址为 192.168.1.64，则计算机的 IP 地址可以设置为 192.168.1.2~192.168.1.253（除 192.168.1.64 之外），例如设置为 192.168.1.100。设置计算机 IP 地址的步骤如下。

● 打开计算机的控制面板，依次进入"网络和 Internet"→"网络和共享中心"。

● 依次选择"以太网"→"属性"，双击"Internet 协议版本（TCP/IPv4）"，修改本地计算机的 IP 地址、子网掩码和默认网关信息，点击"确定"按钮，保证与设备 IP 地址在同一网段。

步骤 2：在浏览器中输入 192.168.1.64，显示激活界面。

步骤 3：设置密码为设备的 admin 用户密码，如图 2-81 所示。

步骤 4：点击"确定"按钮。

步骤 5（可选操作）：根据界面提示，设置安全信息，如图 2-82 所示。

图 2-80　设置计算机的 IP 地址

注：此图以设备出厂IP地址为192.168.1.64为例进行设置，其他设置以实际为准。

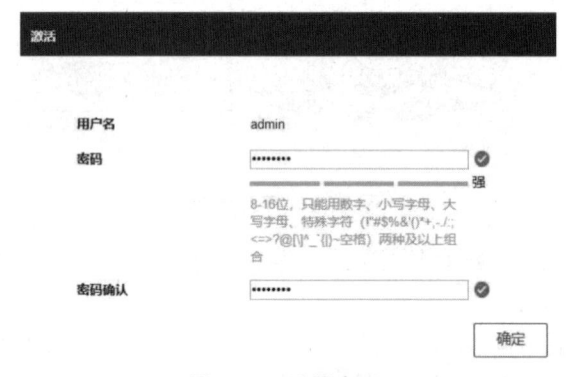

图 2-81　设置密码

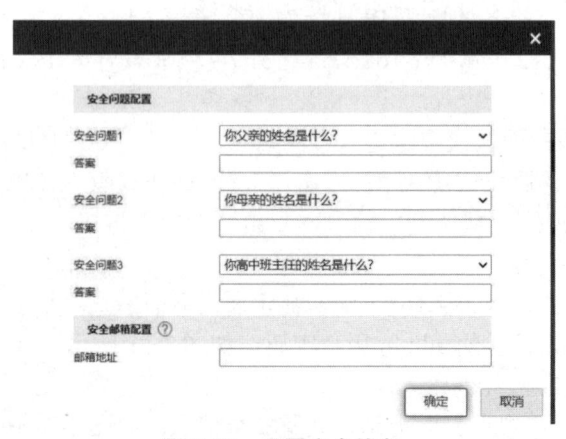

图 2-82　设置安全信息

步骤6：在主界面中输入用户名和密码，点击"登录"按钮。
步骤7（可选操作）：根据界面提示，安装插件。
步骤8：再次打开浏览器，输入设备的 IP 地址，进入登录界面。
步骤9：输入用户名和密码，点击"登录"按钮。
步骤10（后续操作）：在设备主界面上，可以进行预览、回放及参数配置等操作。具体功能的配置可参见产品操作手册。

## 【任务工单】

| 项目2：感知技术在路面监测系统中的应用 | 任务3：路面视频监测 |
|---|---|

（一）关键知识引导
1. 掌握设备构成：路面视频监控系统主要由摄像机、镜头、编码器、存储设备和显示终端等构成
2. 掌握监控范围：包括道路状况、车辆和行人活动、公共安全等
3. 会使用摄像机进行监测

（二）任务实施情况

| 实施步骤 | 具体操作 | 完成情况 |
|---|---|---|
| 在路侧安装监控摄像机 |  |  |

（三）任务检查与评价

| 项目名称 | 感知技术在路面监测系统中的应用 |||
|---|---|---|---|
| 任务名称 | 路面视频监测 |||
| 评价方式 | 可采用自评、互评、教师评价等方式 |||
| 说　　明 |  |||
| 序号 | 评价内容 | 分值 | 得分 |
| 1 | 知识运用（20%） | 20分 |  |
| 2 | 专业技能（40%） | 40分 |  |
| 3 | 核心素养（20%） | 20分 |  |
| 4 | 课堂纪律（20%） | 20分 |  |
| 总得分 ||||

（四）任务总结

| 过程中的问题 | 解决方式 |
|---|---|
|  |  |
|  |  |
|  |  |

## 【任务小结】

路面视频监测系统在城市管理中发挥着至关重要的作用,主要用于收集和提取路面状况相关的信息和资料,提高城市管理效率和服务质量。路面视频监测系统不仅可以在公路养护、管理、交通管理等方面提供帮助,还可以在道路施工、抢险救灾等情况下发挥重要作用。

## 【任务拓展】

野生动物栖息地的碎裂化已成为影响野生动物生存的重要原因,并成为生物学家密切关注的问题。人们逐渐意识到这些问题的重要性,在世界各地建立各类保护区的基础上,动植物监测被列为加强生物物种保护和管理的主要手段之一。

野生动物监测不仅可以找出影响其种群和栖息地变化的原因,还可以为制订和实施更科学的野生动物管理措施提供科学依据。

野生动物监测流程图如图 2-83 所示,野生动物监测系统主要的功能如下。

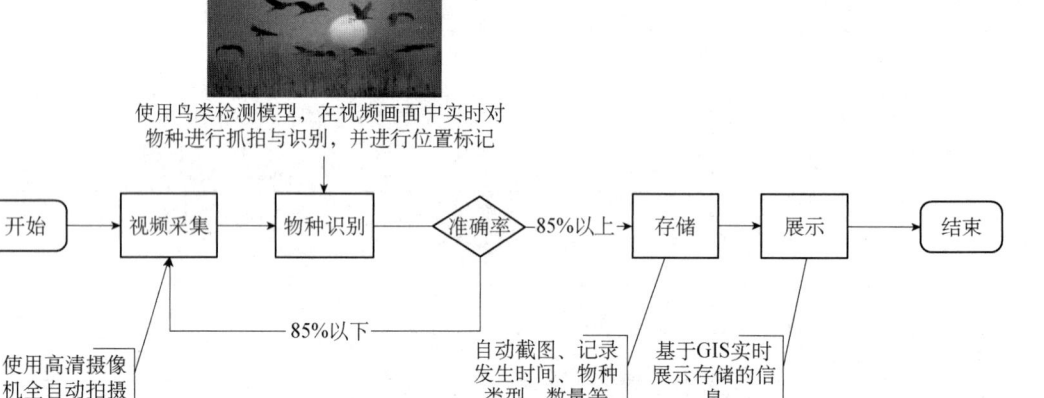

图 2-83 野生动物监测流程图

① 物种监测与识别。选择保护地较为典型的物种,针对该物种收集数据,通过人工智能建立基于深度学习的物种图像监测与识别系统,并邀请专家进行研发,实现对影像和抓拍图片画面的全自动化监测,准确识别画面中物种类型、数量、发生时间。

② 物种监测网格化。基于 GIS 系统建立物种监测网格化一张图,加载观测站位置数据以及物种观测数据,通过图表、时间轴等方式实现数据可视化,并能选择单一物种或多种物种展示其位置分布、发现时间与数量等。

③ 视频监测管理系统。视频监测管理系统是湿地信息化综合管理平台的基础应用,也是湿地环境最直观的展现形式,能进行远程控制、实时监测。

④ 物种监测数据管理。建立物种监测数据管理系统,实时收集物种监测与识别系统传输的物种类型、数量、发生时间、位置信息等,进行数据的二次编辑与确认,以保证其准确性,为分析保护地的物种种群结构、数量变化提供数据支撑,并结合区域环境监测因子数据,研究环境变化对其影响。

⑤ 物种监测统计与分析。通过识别次数、未识别、已识别及已识别精准度分类统计，分物种及时间梯度来分析物种自动化观测系统的运行效率；同时基于识别的数量分析保护地的网格粗密度、多样性指数等，生成物种观测分析报告。

⑥ 物种监测技术服务。收集保护地较为典型的物种高清图像，邀请专家全程提供物种专业技术指导，准确辨别物种类型，提高物种模式的识别准确率。

野生动物视频监测系统的框架如图2-84所示。

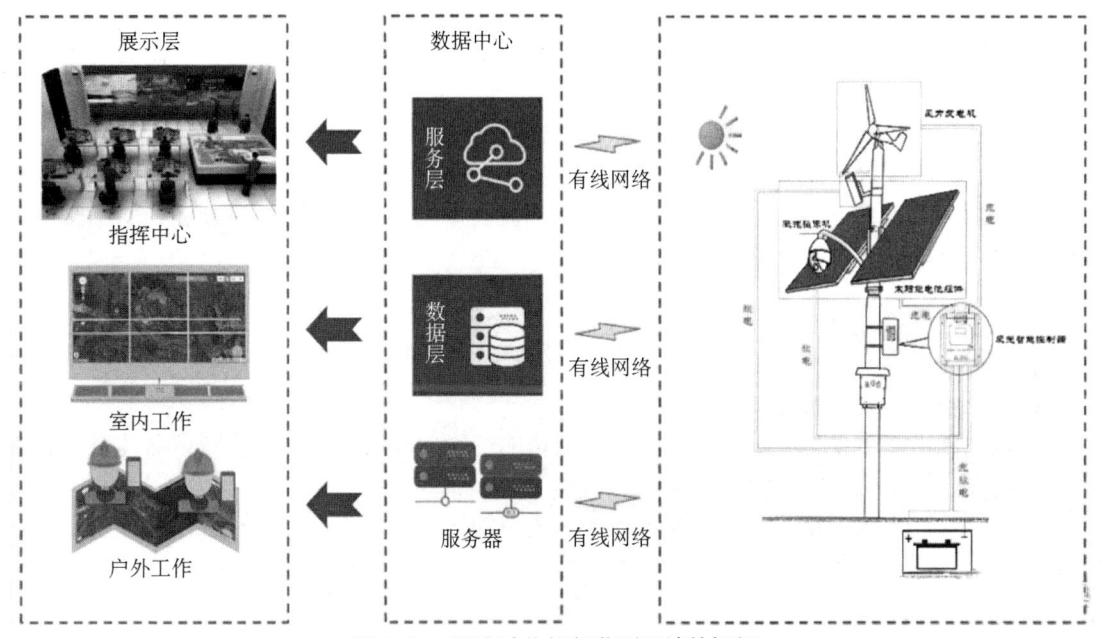

图2-84 野生动物视频监测系统的框架

# 任务4 测速监测

## 【职业能力目标】

（1）掌握车辆测速监测的基本原理和方法，掌握各种测速仪器的使用方法。
（2）能对车辆进行准确的测速。
（3）能根据道路交通法规和标准对车辆的行驶速度进行合理的管理和监督，以实现对车辆行驶速度进行合理监督和管理。
（4）能对道路交通事故进行调查和分析。
（5）能对道路交通安全管理进行规划和设计。
（6）掌握相关计算机软件的应用方法。
（7）能根据客户需求提供专业的车辆测速监测服务。

## 【任务描述】

车辆测速监测是道路交通管理的重要组成部分，其主要目的是防止和减少交通事故，保障人民生命财产安全，维护道路交通秩序，提高道路交通效率。本任务旨在让学生学习车辆测速监测的基本原理和方法，掌握各种测速仪器的使用方法。

车辆测速监测的技术要求包括以下几方面。

准确性：能准确测量车辆的速度，避免对交通流造成干扰。

实时性：能在实时状态下进行，能及时有效地捕捉和反馈车辆速度信息，以便交通管理部门作出相应的决策和调控。

可靠性：能长时间地稳定运行，同时不易受环境和其他因素的干扰。

高效性：能快速处理大量监测数据，并能实现数据的实时传输和处理，提高数据利用效率。

安全性：能保证设备和数据的安全性，避免受到外部攻击和破坏。同时，需要具备完善的安全机制，确保监测数据的真实性和公正性。

维护性：具备良好的维护性能，能实现简单的设备调试和维护，确保设备的长期稳定运行，并能方便地进行设备的升级和更新。

## 【设备选型】

（1）设备选型考虑因素

设备性能：测速设备的性能直接影响着测速的准确性和可靠性，需要考虑测速范围、精度、稳定性、抗干扰能力等因素。

使用环境：不同的使用环境需要选择不同类型的设备。比如，在高速公路上，要采用高度精准的雷达测速设备；对于需要灵活布控的移动执法情境，可以选择移动式交通检测器；在工地施工区域，可以选择使用移动式激光测速仪。

设备部署和维护：包括安装位置、安装方式、维护难度等因素。比如，对于固定式交通检测器，应选择合适的道路位置进行安装；而对于移动式交通检测器，可以方便地在不同路段之间进行移动，以适应监测需求。

数据处理和分析：需要考虑设备输出的数据格式、实时性要求、数据存储要求等因素。

（2）设备介绍

雷达测速仪：主要采用窄波测速雷达，具有测速准确度高、反应快、探测范围较大等优点，可广泛应用于流动及固定点测速，如图 2-85 所示。雷达测速仪主要通过发送雷达波、接收反射波并测量多普勒频移（被反射的雷达波与发射的雷达波之间的频率差）来测量车辆的速度。

激光测速仪：这种测速仪具有出色的精度，能达到毫米级别，保障了高水平的测速准确性和系统稳定性，如图 2-86 所示。与此同时，小巧的体积使其便于携带和维护。

线圈测速仪：通过在路面上铺设具有特定长度的线圈，实现车辆速度的监测与计算，如图 2-87 所示。当车辆穿过线圈时，线圈感应到电流的变化，从而推导出车辆的速度。这种测速方法具有较高的准确性和系统稳定性，可广泛应用于固定点的测速任务。此外，电感线圈测速仪的成本相对较低，适用于大规模部署的场景。

视频车辆检测器如图 2-88 所示，该检测器运用摄像机等图像采集设备捕捉车辆的运动信息，并通过硬件和软件系统进行图像处理和分析，以获取有关车辆速度和流量等方面的信息。不同于其他测速设备，视频车辆检测器的优势在于其非接触式测量方式，无须对路面进行特殊处理，而且安装简单便捷，适用于各类道路和场景。

图 2-85 雷达测速仪　　图 2-86 激光测速仪　　图 2-87 线圈测速仪　　图 2-88 视频车辆检测器

## 【知识储备】

### 1. 测速监测系统的组成

（1）前端信息采集系统

前端信息采集系统是测速监测系统的核心组成部分，它通过高清摄像机、窄波雷达、检测识别单元和补光设备等设备，收集车辆的图像信息、速度以及车辆特征等相关信息，如图 2-89 所示。

高清摄像机主要用于拍摄车辆的图片；窄波雷达用于检测和测量车辆的速度；检测识别单元用于识别车辆特征和目标；补光设备用于在低光环境中提供补光。

前端信息采集系统通常每隔 1～2 个车道配有一只高清摄像机，用于拍摄车辆图片；每个车道配有一只 LED 补光灯和闪光灯，用于补光；每个车道配有一只窄波雷达，用于车辆检测和测速；每个卡口配有一台主机（数据处理单元）；每个卡口点位配有一台机箱，用于放置数据处理单元、交换机、光纤收发器（无线通信模块）、供电设备、防雷保护设备等。

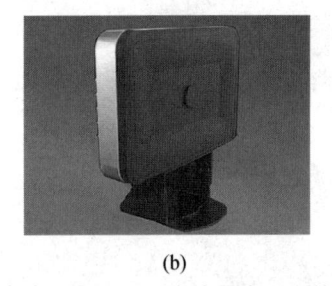

图 2-89　(a)高清摄像机，(b)窄波雷达，(c)补光设备

（2）网络传输系统

网络传输系统负责将前端信息采集系统收集到的车辆信息传输给指挥中心管理平台进行处理，它由前端局域网、专用接入网和后端管理网组成。

① 前端局域网是车辆信息采集设备的本地网络，负责将数据进行初步处理、整合和存储，它是独立的一个网络段。

② 专用接入网是连接前端局域网和后端管理网的传输通道，负责将采集到的车辆信息从前端局域网传输到后端管理网（远程访问 VPN，如图 2-90 所示）。

③ 后端管理网主要负责后端平台服务器以及客户端等中心设备的互联。

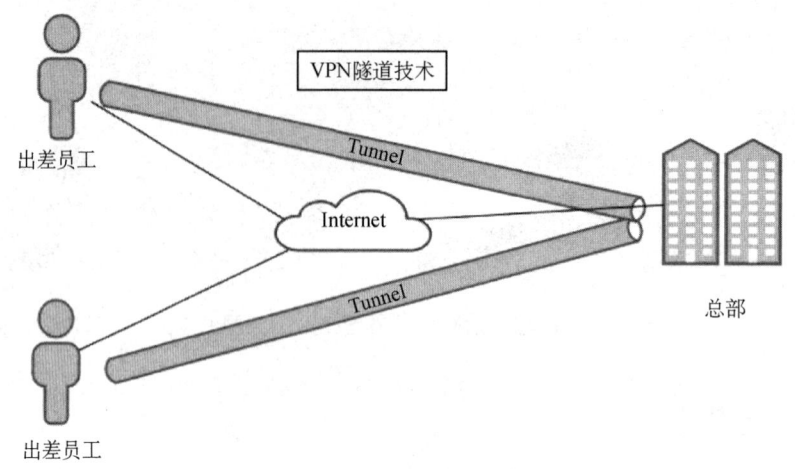

图 2-90　远程访问 VPN

（3）指挥中心管理平台

指挥中心管理平台主要对传输回来的数据信息进行处理及应用。根据实际需求，一般会在被监控的每个方向均安装一套路口前端设备，这样可以监控 2~3 车道的车辆通行情况。在服务器方面，指挥中心管理平台会配备管理服务器、Web 服务器、数据库服务器等多台服务器。

管理服务器主要负责管理前端设备、存储数据、进行黑名单比对等任务，还必须有一台备份机以及 GPS 校时功能。Web 服务器主要提供网上信息浏览服务。数据库服务器则主要完成数据库的管理工作，如图 2-91 所示。

图 2-91　数据库服务器

**2. 测速监测的应用场景**

（1）道路交通领域

采用测速监测技术手段对超速违法行为进行测速监测是交通管理的重要环节，是预防道路交通事故的重要手段。例如交通卡口测速抓拍系统以车型、颜色、车牌号、行驶方向、车速、路径时间等各种车辆特征数据采集，对道路超速违法情况进行不间断的自动记录，为快速纠正超速违法行为提供重要的技术手段和证据，在交通管理过程中发挥了重要作用，对解决交通警力不足、提高交通管理水平有十分重要的意义，如图 2-92 所示。交通卡口测速抓拍系统主要应用在高速公路、城际公路、城市干线公路、城乡低等级公路等交通事故多发地段的全天候实时检测。

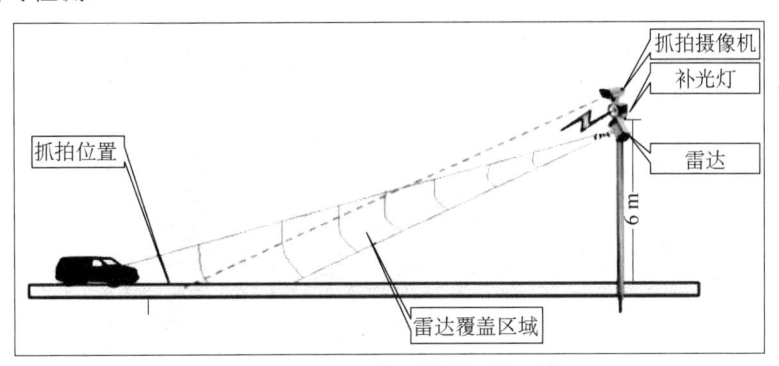

**图 2-92　交通卡口测速抓拍系统**

（2）铁路运输领域

铁路信息化建设正向现代化、智能化方向演进，通过新一代信息技术与铁路行业的集成融合，全面提升铁路行业智能化水平，实现铁路安全、效率、体验的全面提升。测速监测系统是智能化系统的重要部分，通过对火车行驶过程中的速度进行实时监测和记录，可以保障铁路运输安全，提高列车运行效率，如图 2-93 所示。

**图 2-93　测速监测系统**

例如，LKJ-2000 型列车运行监控记录装置是以保证列车运行安全为主要目的的列车速度控制装备，如图 2-94 所示。该装置在实现安全速度控制的同时，采集记录与列车安全运行有关的各种列车运行状态信息，促进列车运行管理的自动化。监控记录装置由车载设备和地面设备系统组成。它的执行措施是：当出现超速、倒溜的现象及运行速度有可能使列车越过关闭的地面信号机时，先发出报警、卸载命令，提醒乘务员减速或通过卸载切除机车动力，然后启动常用制动或紧急制动装置，使列车减速甚至停车。监控记录装置的两大功能是：速度监控和运行数据记录。

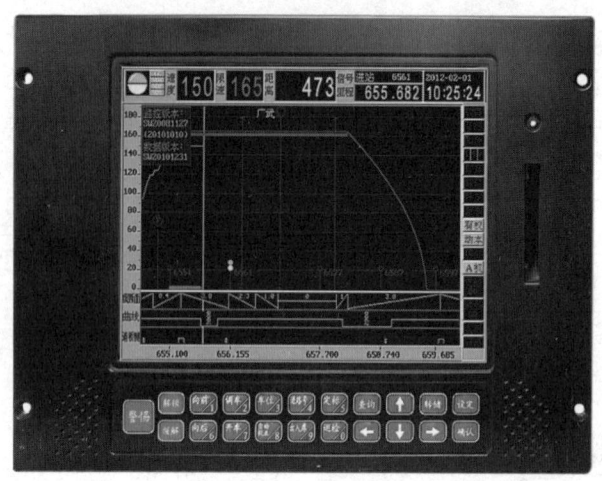

图 2-94　LKJ-2000 型列车运行监控记录装置

（3）航空运输领域

在航空运输领域，测速监测主要用于对飞机起降时的速度进行实时监测和记录。飞机的起降需要严格的速度控制，以确保飞机的安全起降和飞行过程的稳定性。通过测速监测，可以有效地控制飞机的速度，避免出现超速或失速的情况，从而保障飞行的安全。

VariFlight 是一款专业的航班出行服务 App，可在地图上显示飞机的经纬度、始发地、目的地、航班号、飞机类型、高度、航向、速度等。其中，ADS-B 是一种现代飞行跟踪系统，它可以融合航班动态数据、核心算法对飞机在空域飞行过程中的位置、飞行轨迹、飞行状态进行实时动态监控和立体展示，如图 2-95 所示。

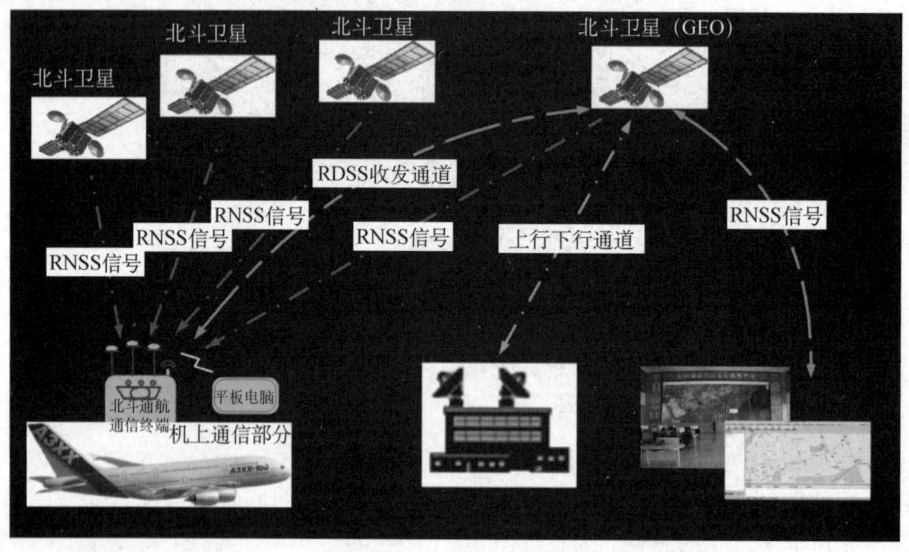

图 2-95　ADS-B 系统

（4）能源领域

在能源领域，测速监测主要用于电力系统测速和石油化工领域测速，大规模电力系统调度虚拟仿真实验如图 2-96 所示。对于电力系统，通过对电力系统中各种设备（如发电机、变压器、开关等）的运行状态进行实时监测和记录，可以保障电力系统正常运行，这是因为电力系统的正常运行直接影响着社会的生产和生活，因此对其进行实时监控是十分有必要的。

在石油化工领域，通过对生产过程中各种设备（如反应釜、蒸馏塔等）的温度、压力、流量等参数进行实时监测和记录，可以确保生产过程的质量稳定性。石油化工生产过程中的各种设备的工作状态对于产品的质量和稳定性有着极大的影响，通过测速监测，可以对其进行有效的控制和调整，从而保证生产的稳定性和效率。

图 2-96 大规模电力系统调度虚拟仿真实验

### 3. 路面测速设备

（1）雷达测速仪

雷达测速仪如图 2-97 所示，主要利用了多普勒效应原理。当目标向雷达天线靠近时，反射信号频率将高于发射信号频率；反之，当目标远离天线时，反射信号频率将低于发射信号频率。可通过频率的改变数值，计算出目标与雷达的相对速度，广泛用于警察超速测试等行业。

部分雷达测速仪具有多种工作模式，包括静态模式和动态模式，可以在不同的交通监测场景下使用。雷达测速仪有以下特点。

图 2-97 雷达测速仪

① 雷达波束比激光光束（射线）的照射面大，因此雷达测速易于捕捉目标，无须精确瞄准。

② 可安装在巡逻车上，在运动中检测车速，是"流动电子警察"的重要组成部分。

③ 运动时的测量误差为±2km/h，完全可以满足交通违章查处的要求。

④ 雷达发射的电磁波波束有一定的张角，故有效测速距离相对于激光测速较近，最远测速距离为 800m（针对大车）。

⑤ 雷达测速仪发射波束的张角是一个很重要的技术指标。张角越大，测速准确率越易受影响。

（2）车牌识别相机

通过摄像机和图像识别技术，车牌识别相机可以捕获车辆的车牌号码，并根据两个相邻位置的车牌计算车辆的速度，如图 2-98 所示。这通常涉及字符识别（OCR）技术，以将车牌中的字符和数字提取出来。

（3）GPS 测速仪

GPS 测速仪以 GNSS 板卡为核心，搭配高速嵌入式微处理器，将 GPS 信号转换为脉冲、RS-232 和模拟量电压信号 3 种形式，如图 2-99 所示。GPS 测速仪具有低功耗、重量轻、通信接口丰富等特点。

图 2-98 车牌识别相机

GPS 测速仪可用于汽车最高车速试验、汽车最低稳定车速试验、汽车加速性能试验、汽车牵引性能试验、汽车滑行试验、营运客车消耗量限测量试验、营运货车燃料消耗量测量试验、汽车燃料消耗量试验、汽车速度表、里程表校验校正、机动车和挂车防抱死制动性能和试验、汽车操纵稳定性试验、营运车辆抗侧翻稳定性试验、道路车辆重型商用汽车列车和铰接客车横向稳定性试验、汽车平顺性试验等。

（4）激光测速仪

图 2-99 GPS 测速仪

激光测速仪采用的是激光测距原理，如图 2-100 所示。激光测距（即电磁波，其速度为 300000 km/s），通过对被测物体发射激光光束，并接收该激光光束的反射波，记录该时间差，来确定被测物体与测试点的距离。

激光测速仪对被测物体进行两次有特定时间间隔的激光测距，取得在此时间间隔内被测物体的移动距离，从而得到该被测物体的移动速度。激光测速仪具有以下特点。

① 测速距离比雷达测速的有效距离远，可测 1000m 距离。

图 2-100 激光测速仪

② 测速精度高。

③ 由于激光测速靠激光反射测得，如果被测车辆距离较远，且处于移动状态，会导致激光测速成功率低、难度大。

④ 取证能力远远大于雷达测速仪，因此受到全世界广泛的认可和推广。

# 【任务实施】

## 1. 在路侧安装公路测速站

（1）雷达检测技术

雷达检测技术采用车辆通过检测区域时引起雷达电磁波返回时间或频率的变化进行车辆检测。其优势在于安装维护便捷、使用寿命长，且几乎不受光照度、灰尘以及风、雨、雾、雪等天气的影响。雷达检测技术在道路安全预警中的应用与选型推荐如表 2-1 所示。

表 2-1 雷达检测技术在道路安全预警中的应用与选型推荐

| 应用领域 | 选项推荐 | 推荐理由 |
| --- | --- | --- |
| 卡口测速雷达 | TBR-100 | 可对 400km/h 速度范围内的行驶车辆速度进行准确检测；<br>触发精准，触发位置精度小于 1m；<br>抓拍车辆位置的一致性高，抓拍率高达 99%；<br>具备抓拍跨线行驶及逆向行驶车辆功能 |
| 移动测速雷达 | TBR-310 | 抓拍率高达 99%；<br>具有触头、触尾、双触、持续等多种触发方式；<br>测速精度高，调试简易，稳定性高；<br>可探测 1～4 个车道的多个车辆目标，具备车道划分、抗多车并行干扰等功能；<br>环境适应性强，检测性能不受光照、灰尘、雨雪等外界环境干扰 |
| 车速反馈屏雷达 | TBR-300<br>TBR-510<br>TBR-511 | 见表 1-2 |
| 交通信息检测雷达 | WTR-470<br>WTR-422 | 见表 1-2，可检测双向 6 车道与 8 车道上的 128 个目标车辆的深度信息，并进行实时跟踪 |
| 弯道会车预警雷达 | WTR-510<br>WTR-511 | 可分别对 150m 与 80m 检测区域内的各类型机动车辆、非机动车辆进行全天候长距离检测，并分析来车方向、来车距离、行驶速度等；检测准确度高，抗干扰能力强，监测结果不受温度与气候条件影响，低电平信号输出，功耗低，性价比高，可支持太阳能供电，并同时检测多个车道；<br>安装维护简单，不需要终端交通 |
| 路口哨兵预警雷达 | WTR-510<br>WTR-511 | 除具备弯道会车预警雷达的全部功能外，还可根据用户需求，对即将进入路口或正在通过斑马线的行人进行实时检测与预警反馈，便于提醒区域内机动车驾驶员即使避让 |
| 行人过街预警雷达 | WTR-830 | 可对 25m 监测区域内的过街行人进行准确监测、精确定位与稳定跟踪，并支持监测区域设置，人车分类监测、越界监测、进入/离开区域监测，行人速度、数量与方位监测等；<br>具备低电平控制信号输出功能，可联动路测发光警示、智控装置等，实现人行横道线处行人过节状态信息输出，支持多场景、多环境下的人员监测、人数统计与安防预警等 |
| 雾区车辆检测雷达 | WTR-560<br>WTR-561 | 可实现对雾天、雨雪天、夜间等低能见度环境中动态和静态目标车辆进行的快速捕捉和警示灯触发；<br>无须铺设电缆、无须破坏道路及路面测状结构、无须增加附加立杆或横杆，安装施工方便；连接方式简单，可直接与灯光预警系统连接；<br>检测距离可达 25m，检测精准、零误报；<br>不受风、光照、温度、浓雾变化等外界环境因素干扰，并可穿透烟、灰尘和雾等准确识别跟踪目标车辆 |

（2）车速反馈屏

① 车速反馈屏的工作原理。车速反馈屏通过安装在信息发布面板上的雷达监测不同车道上车辆的实际运行速度，并通过 LED 显示屏将车速反馈给驾驶员；配套设置限速标志，提示或警告驾驶员减速行驶，防止可能出现的超速行为，如图 2-101 所示。

图 2-101 车速反馈屏

车速反馈屏工作的基本步骤如下。

步骤 1：车辆进入雷达的监测区域。

步骤 2：微波雷达探测车辆的速度。

步骤 3：车速反馈屏显示车辆的速度，同时记录下相关的原始数据。

② 车速反馈雷达的工作原理。车速反馈雷达一般是采用微波雷达技术实现的。微波雷达对运动物体的准确速度检测基于微波多普勒效应。微波在行进过程中，碰到障碍物体时会发生反射，而且反射回来的波，其频率及振幅都会随所碰到物体的移动状态而改变。若微波所碰到的物体固定不动，那么反射回来的波的频率不变。若物体朝着无线电波发射的方向前进，此时反射回来的无线电波会被压缩，因此该电波的频率会随之增加；反之，若物体朝着远离无线电波的方向前进，则反射回来的无线电波的频率会随之减小，这就是多普勒效应。基于多普勒效应原理，可以对运动目标的速度进行准确测量。

③ 车速反馈屏雷达的选择。雷达检测区域大约为车速反馈屏前的 30~150m，这也是雷达波所能覆盖的区域。TBR-300 如图 2-102 所示，TBR-510 如图 2-103 所示，TBR-511 如图 2-104 所示，采用先进的微波技术原理与测速算法，不受天气、光照强度影响，可以准确检测 200m、150m、80m 的来车速度，测速精准，可直接与 LED 显示屏连接，并将检测结果输出至显示屏，连接方式简单，安装维护方便。TBR-300、TBR-510 与 TBR-511 规格参数对比如表 2-2 所示。

图 2-102 TBR-300

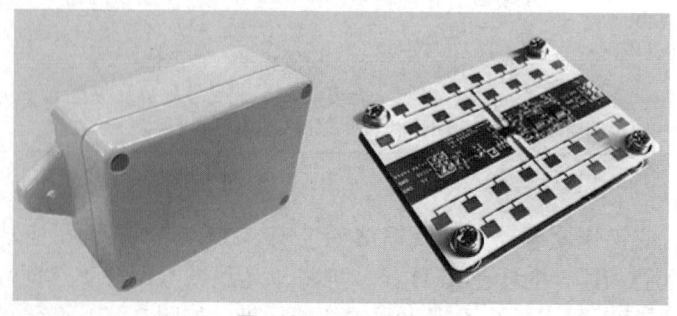

图 2-103 TBR-510

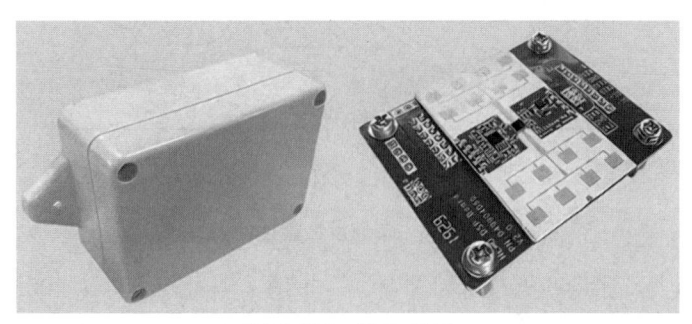

图 2-104　TBR-511

表 2-2　TBR-300、TBR-510 与 TBR-511 规格参数对比

| 产品型号 | TBR-300 | TBR-510 | TBR-511 |
| --- | --- | --- | --- |
| 检测距离 | 10～200m | 大于 150m | 大于 80m |
| 测速范围 | 10～400km/h | 4～400km/h | 4～400km/h |
| 测速精度 | -4～0km/h ||| 
| 工作频率 | 24.15GHz |||
| 覆盖车道数 | 1～4 |||

④ 车速反馈屏的安装。车速反馈屏安装于道路旁边或道路上方，如图 2-105 所示。由 LED 板显示速度值，雷达为系统提供速度值。当有车辆出现在雷达探测范围内时，雷达将车辆测速结果反馈给系统。没有车辆时，雷达反馈速度为 0。雷达可以设置输出车速是离雷达最近车辆或是雷达测速范围内速度最快的车辆。LED 板显示的速度值可以设置为红色、绿色，闪烁或常亮，以不同的颜色和形式提醒驾驶员目前车速状态。

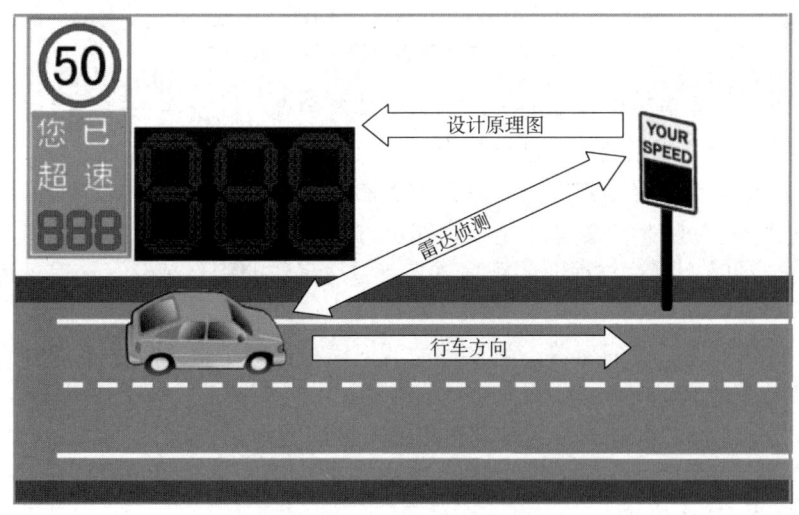

图 2-105　车速反馈屏的安装

⑤ 车速反馈雷达的安装。雷达安装于道路侧边，或将雷达模块集成于车速反馈屏中，成为一体机模式，如图 2-106 所示。雷达中心垂直线与车辆方向之间的夹角为雷达的角度。当车辆出现在雷达探测区域时，雷达获取车辆速度，反馈给系统，并在 LED 板上显示出来。

车速反馈雷达测速的特点如下。

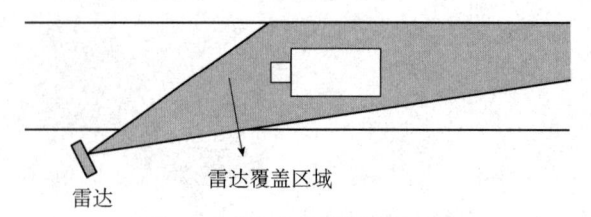

图 2-106　车速反馈雷达的安装

- 雷达覆盖面大，测量距离远，可覆盖 4 个车道，测量距离可达 200m。
- 雷达测量精度高，能测量车速可达 400km/h，精度为-4～0km/h。
- 雷达功耗低，稳定性好，可判断来去向。
- 雷达测速不受光照、天气影响。
- 雷达的安装和维护简单易操作。

⑥ 安装注意事项。车速反馈屏的一般安装方法如图 2-107 所示。

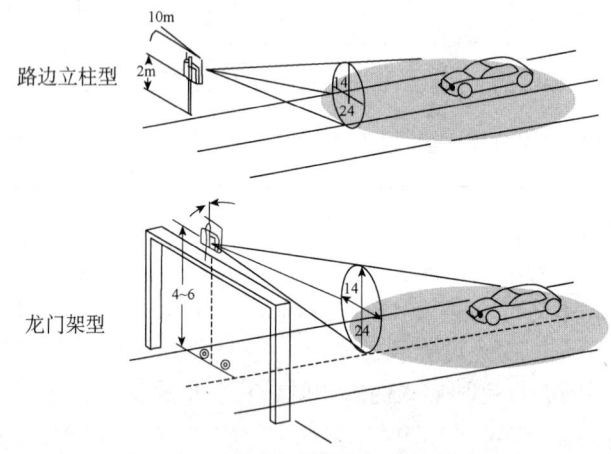

图 2-107　车速反馈屏的一般安装方法

步骤 1：将太阳能板固定在支架上，然后用螺丝和螺母固定在车速反馈屏上，用导线将太阳能电池和车速反馈屏箱内的电池连接上，正负极一一对应连接。

步骤 2：将车速反馈屏固定在道路左侧或者右侧，或者道路正上方，使雷达口正对来车方向，倾斜角度不超过 15°。如果固定在道路上方，则雷达固定位置应该是雷达腔口斜下角对准来车位置。同时，雷达与地面的距离越高，雷达工作的距离越远。一般雷达距地面距离保持在 2～7m 为佳。

步骤 3：打开车速反馈屏后盖，将雷达的数据线与控制主板连线一一对应连接后，调整雷达位置，使其正对来车方向。

步骤 4：将车速反馈屏过顶后用螺丝将车速反馈屏固定在立柱上。

## 【任务工单】

| 项目 2：感知技术在路面监测系统中的应用 | 任务 4：测速监测 |
|---|---|
| （一）关键知识引导<br>1. 掌握雷达测速原理<br>2. 会使用雷达进行车速监测 ||

续表

(二)任务实施情况

| 实施步骤 | 具体操作 | 完成情况 |
|---|---|---|
| 在路侧安装公路测速站 | | |

(三)任务检查与评价

| 项目名称 | | 感知技术在路面监测系统中的应用 | |
|---|---|---|---|
| 任务名称 | | 测速监测 | |
| 评价方式 | | 可采用自评、互评、教师评价等方式 | |
| 说　　明 | | | |
| 序号 | 评价内容 | 分值 | 得分 |
| 1 | 知识运用（20%） | 20分 | |
| 2 | 专业技能（40%） | 40分 | |
| 3 | 核心素养（20%） | 20分 | |
| 4 | 课堂纪律（20%） | 20分 | |
| | 总得分 | | |

(四)任务总结

| 过程中的问题 | 解决方式 |
|---|---|
| | |
| | |
| | |
| | |

## 【任务小结】

雷达测速的作用如下。

提高交通安全。雷达测速能监测车辆的速度并提醒驾驶员是否超速，对于减少超速驾驶和潜在的交通事故非常有帮助。当驾驶员意识到速度已经超过道路限速时，他可以及时调整车速以降低风险。

规范驾驶行为。雷达测速的警示作用可以帮助规范驾驶员的行为。当驾驶员反复看到雷达测速屏显示的速度超过规定限速时，他会逐渐形成遵守交通规则和合理驾驶的良好习惯。

事故调查和证据收集。雷达测速可以提供事故现场的数据和证据，帮助交通管理部门进行事故调查和分析。这些数据可以包括车辆的速度、行驶方向、车辆类型等等。

流量统计和控制。雷达测速可以通过对车辆的监测和计数，实现对道路流量的统计和控制。交通管理部门可以通过这些数据来了解各路段的交通流量情况，从而制订更为合理的交通管理和调度计划。

紧急救援和应急响应。在紧急情况下，例如出现交通事故或者道路故障时，雷达测速可以帮助交通管理部门快速准确地了解事故或故障现场的情况，及时调度救援力量并制定最佳的疏散和救援路线。

路况预警和调度。雷达测速可以实时监测道路上的车辆速度和行驶状况，当出现异常情况时，可以及时向交通管理部门发出预警，以便他们能提前采取相应的措施进行调度和管理。

## 【任务拓展】

测速监测在停车系统中具有多重作用，主要涉及车辆流量控制、停车场管理、安全性和效率的提升等方面，高位视频停车系统如图 2-108 所示。以下是测速监测在停车系统中的一些主要作用。

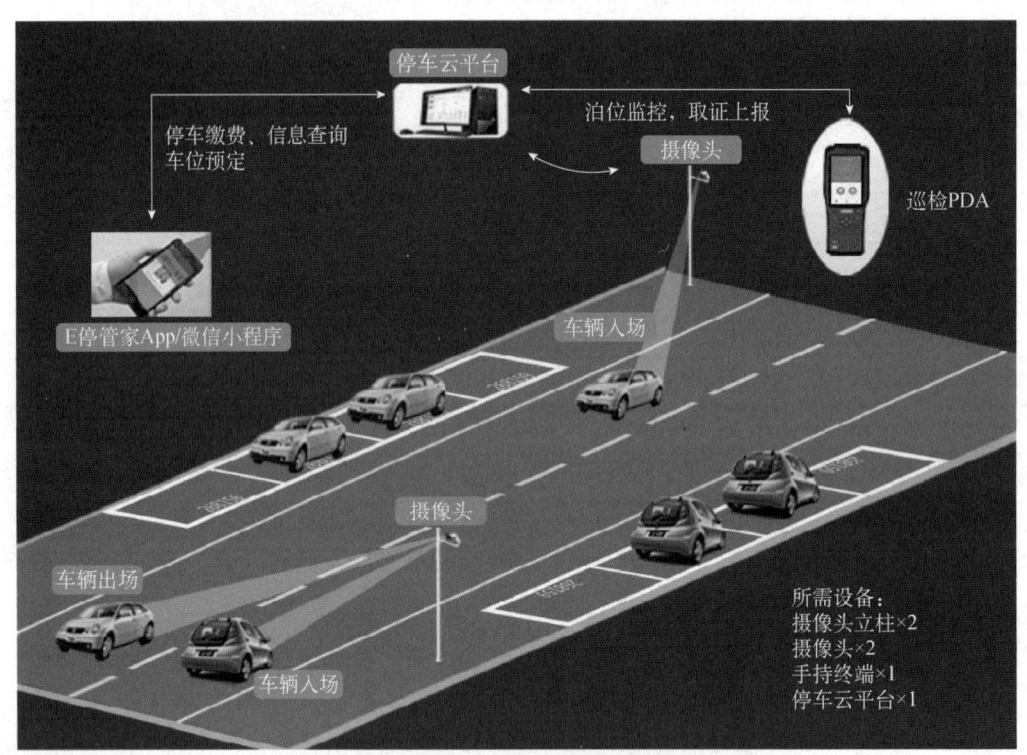

图 2-108 高位视频停车系统

① 入口流量控制。测速监测可以用于入口处对车辆的速度进行监测，从而控制车辆的流量。通过调整入口车辆的速度，停车场可以更有效地处理车流，防止拥堵和混乱。

② 车位占用检测。通过监测车辆的速度，停车系统可以推断车辆是否在停车位上停留。这有助于识别停车位是否被占用，提供实时的停车位状态信息。

③ 离场监测。测速监测也可用于离场时的车辆监测。通过识别车辆的速度变化，停车系统可以准确地确定车辆何时离开停车场，实现自动化的车辆流动控制。

④ 超速检测。在停车场内，有时需要限制车辆速度，特别是在行人密集区域。测速监测可以检测并记录超速行驶的车辆，提高停车场的安全性。

⑤ 优化停车流程。通过测速监测，停车系统可以更好地了解停车场内车辆的流动情况，优化停车流程，减少拥堵，提高停车效率。

⑥ 减少交通事故。测速监测可以帮助防止停车场内的交通事故。监测车辆速度，特别是在交叉口和拐角处，有助于提前发现潜在的危险驾驶行为，减少事故发生的可能性。

⑦ 提高停车场管理效能。测速监测的数据可以被用于停车场管理系统，帮助管理员更好地理解和规划停车场资源，提高管理效能。

# 项目 3　感知技术在桥梁监测系统中的应用

## 项目目标

**知识目标：**
熟悉常用的感知技术在桥梁监测系统中的应用。
掌握感知技术在桥梁监测系统中的数据采集、传输和处理方法。
了解感知技术在桥梁监测系统中的优势和局限性。
熟悉感知技术在桥梁监测系统中的故障诊断和预警方法。
掌握感知技术在桥梁监测系统中的数据可视化和分析方法。
了解感知技术在桥梁监测系统中的相关标准和规范。
了解感知技术在桥梁监测系统中的实际应用案例，并能分析其效果和可行性。
了解感知技术在桥梁监测系统中的发展趋势和应用方向。

**能力目标：**
理解感知技术的原理和应用。
掌握传感器的选择和布置技巧。
掌握数据采集和处理方法。
学会对监测到的数据进行分析和解读，通过对数据的趋势和变化进行分析，及时发现桥梁结构的异常行为，并提出相应的处理措施。
学会使用监测系统和软件工具。

**素养目标：**
了解和理解科学原理和技术，培养科学思维。
培养对数据的理解和运用能力，学会进行数据收集、整理、分析和解读等。
培养创新思维，提出创新的监测方法和技术，以提高监测效果和效率。
了解桥梁结构对社会的重要性，培养社会责任感和安全意识。
培养信息的获取、评估和利用能力，提高对数据和相关信息的理解和应用能力。

## 引导案例

虎门大桥是广东沿海地区的重要交通枢纽，始建于 1992 年。1997 年通车至今，大桥一直十分平稳，如图 3-1 所示。但在 2020 年 5 月 5 日下午，虎门大桥发生异常抖动，甚至到 5 月 7 日仍有轻微振动，到 5 月 15 日 9 时才恢复通车。

幸运的是，国内相关领域的专家初步认定此次虎门大桥异常抖动主要是因为沿桥跨边护栏连续设置水马（挡墙），改变了钢箱梁的气动外形，在特定风环境条件下产生了桥梁涡振现象，且该次异常抖动不会影响虎门大桥后续使用的结构安全性和耐久性。

**图 3-1　虎门大桥**

但是，并不是所有桥梁公路等基建在对抗外力的情况下都这么幸运。大桥因外力坍塌最著名的例子是塔科马海峡大桥在 1940 年 11 月 7 日上午因卡门涡街现象被风吹垮，如图 3-2 所示。

**图 3-2　被吹垮的塔科马海峡大桥**

近年来，由于我国重型汽车数量增多等因素导致交通压力越来越大，同时恶劣天气带来的腐蚀性也越来越高，对桥梁和基建结构产生了不小的负面影响。所以，桥梁的健康监测、结构安全评估以及损耗监测等显得尤为重要。

传统的桥梁安全监测以人工监测为主，并辅以相应的监测设备，但是很难对桥梁进行实时、连续的监测，监测方式也不够智能化。

随着物联网及智慧城市的深入发展，桥梁的健康安全监测、重要结构部位的养护都离不开传感器的应用。一些可靠、精确且便宜的新型传感器（如位移测量传感器、应变测量传感器、振动测量传感器等）的开发和应用有力推动了桥梁健康安全监测的发展，形成了桥梁监测系统，如图 3-3 所示。

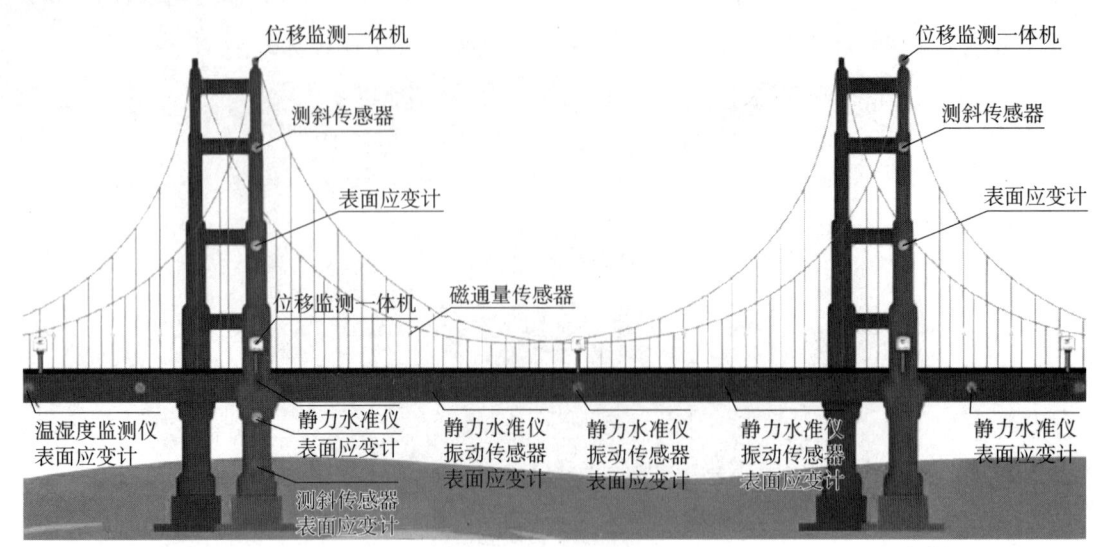

图 3-3　桥梁监测系统

**1. 传感器在桥梁健康监测中的应用**

据悉，虎门大桥在设计之初就加入了 GPS 位移、实时应变、长期形变、超限超载等监测系统，能实时获取桥梁在各种情况下的受力、工作状态以及绳索张力、桥面裂痕、承压力、位移、倾斜度等结构参数，实现桥梁的安全监测。桥梁健康监测系统（Bridge Health Monitoring System，BHMS）主要包括两大部分：数据采集部分（由传感器和单片机组成）和数据传输处理部分（由服务器和客户机组成），其中数据采集部分是关键，人们主要通过各种类型的传感器进行数据采集。

**2. 国内典型 BHMS 的建设情况**

在桥梁健康监测系统的数据采集过程中会用到多种传感器，且会根据不同的桥梁环境选择不同的传感器类型，常用的传感器类型及其优缺点如下。

（1）光纤光栅传感器：光纤光栅传感器有对环境干扰不敏感、输出线性范围宽、测量分辨率高、可以串联等优点，可以优化传感器布设方案，在桥梁健康监测中应用较多，通常用于应变、位移和温度的监测。但是，光纤光栅传感器的使用要配以光纤光栅传感解调仪。

（2）GPS 位移监测传感器：GPS 定位系统和智能全站仪的出现让位移监测在自动化、智能化方面得到大幅度提升。GPS 差分定位技术采用多台单频或双频 GPS 接收机进行同步监测，具有高精度、全天候、高效率、多功能、操作简便、应用广泛等优点。

智能全站仪通过测量已知点与被测点之间的距离及三个方向的夹角来确定被测点的位置。该设备的优点是测量精度高、测程远，适用于不同跨径桥梁位移的监测，能自动识别目标，该仪器的不足之处是受气象条件的影响较大，在有雾、下雨的情况下，仪器的测程、测量精度会受到影响。

（3）应变监测传感器：目前常用的应变监测传感器有电阻式应变计和振弦式应变计。电阻式应变计的敏感性好，但稳定性差，长时间测量会产生漂移，适用于短时间的静力或动力试验；振弦式应变计的稳定性好，但由于其尺寸不能做得很小，对于应力梯度大的部位难以测出某一点的应变，适用于静态应变或应变变化较慢的长期监测。

（4）拉索索力、吊杆张力监测传感器：常用的监测方法是频率法，采用加速度传感器测量拉索的振动频率，并用频率法来推算拉索索力或吊杆张力，该法能满足测量斜拉桥索力的高精度要求，如图 3-4 所示。

图 3-4　拉索索力监测

一些新型传感器（如磁弹仪）也逐步在工程实践中得到应用。磁弹仪主要应用于索力监测，它是利用磁通量的变化与拉索索力的改变有关这一特性研制而成的。磁弹仪及其组件可以直接安装在索股上，对索股无损伤。此种传感器技术先进、安装方便、实时性好，适用于拉索索力的长期监测，不足之处是仪器的抗干扰性和稳定性还不够好。

（5）振动监测传感器：应用最普遍的是加速度传感器，常用压电式加速度传感器、压阻式加速度传感器、电容式加速度传感器、力平衡式加速度传感器等。压电式加速度传感器的敏感性较高，与之匹配的是电荷放大器；压阻式加速度传感器的敏感元件是固定在悬臂梁上的应变计，与之匹配的放大器是动态应变计；电容式加速度传感器的低频响应好、阻尼稳定且过载能力强，适用于低频、微振等振动监测；力平衡式加速度传感器更小巧，适用于直流与低频振动监测。

（6）工作环境监测传感器：桥梁工作环境监测传感器包括风速仪；温度传感器，常用电子温度计或应变式温度计；车辆荷载传感器，基本采用动态地秤、车速车轴仪对公路、铁路荷载进行监测；偶然荷载传感器，如采用三向加速度传感器监测地震或船舶撞击等荷载。

### 3. 物联网技术在桥梁监测中的应用

显然，在桥梁监测的过程中仅靠人力是不可能的，费时费力费成本不说，还无法做到监测的实时性。因此，物联网技术在远程桥梁结构健康监测中成为了不可缺少的重要角色。

物联网技术应用于桥梁监测主要体现在以下两个方面。

一方面，是对超限超载进行监测。在高架桥两端加装路面压力传感器，通过物联网进行车辆载重和类型识别，和摄像机进行连接获取违规车辆的车牌信息，实现分级实时报警。

另一方面，是对桥梁健康状况进行日常监测。在大桥中植入若干不同种类的传感设备，设立实时监测平台，利用低功耗广域网等技术传输监测数据并发送数据至汇集节点，再将数据传入平台进行储存、处理与分析，并根据分析结果及时采取应对措施。

据业内人士预测，我国桥梁等基础设施养护未来将是一个每年数千亿元的大市场。

虎门大桥异常抖动事件给桥梁安全防护行业敲响了警钟，相关部门在加强对过往车辆监管的同时，也应充分意识到桥梁运维管理信息化的必要性。桥梁健康监测系统在很大程度上方便了桥梁监测工作，能做到实时在线监测。未来将会更多地运用现代物联网传感器技术，对桥梁健康进行更精准的监测，进一步确保桥梁的安全，保障人类的生活。

# 任务1　荷载监测

## 【职业能力目标】

掌握桥梁荷载监测的基本原理和方法。

具备桥梁荷载监测的实际操作能力，能独立完成监测设备的安装和调试，能进行监测数据的采集和处理，能进行监测结果的分析和评估。

具备桥梁荷载监测数据的分析和评估能力，能根据监测数据和相关标准进行荷载效应的计算和评估，能判断桥梁结构的安全性和稳定性。

具备桥梁荷载监测的问题诊断和解决能力，能根据监测数据和实际情况分析和判断桥梁结构存在的问题，并提出相应的解决方案。

具备桥梁荷载监测报告撰写能力和沟通能力，能将监测结果整理成报告，清晰地表达监测结果和结论，能与相关人员进行有效的沟通和交流。

## 【任务描述】

任务目标：监测和评估桥梁结构的荷载情况，以确保桥梁的安全性和可靠性。

任务内容：在桥梁的关键部位安装合适的传感器，确保传感器测量到的数据是准确的；根据传感器所测量的数据，对数据进行处理和分析，包括数据滤波、噪声去除、数据对齐等，以得到更准确的荷载信息；根据传感器数据和桥梁的结构特性，计算桥梁所承受的荷载，例如车辆荷载、风荷载、温度荷载等，将计算得到的荷载与桥梁的设计荷载进行比较，评估桥梁的荷载状况，判断是否存在超载或异常荷载情况；根据荷载评估的结果设置相应的报警和预警机制，及时发现和处理桥梁的异常荷载情况，确保桥梁的安全运行。

任务要求：选择适合桥梁监测任务的传感器；根据桥梁的使用情况和监测需求，确定数据采集频率；对采集到的数据进行处理和分析，包括数据清洗、变换、聚合、特征提取、模型建立、异常检测、趋势分析和对比分析等；建立可靠的报警和预警机制，当传感器检测到的数据超过预设的安全阈值时，自动触发报警系统，向相关人员发送报警信息，以便及时采取应对措施。

## 【设备选型】

### (一)表面型智能弦式应变计

1. 介绍

表面型智能弦式应变计是利用振弦理论制造的应变传感器,广泛应用于桥梁、建筑、铁路、交通、大坝等工程的混凝土和钢结构表面应变测量,如图 3-5 所示。由于产品的轻巧结构和高敏感特性,短期使用时,无论是钢结构还是混凝土结构,均可采用平面安装座进行胶粘形式的安装,并根据使用时间和环境选择满足使用条件的胶。长期使用或进行健康监测时必须采用下述安装形式:钢结构选用平面安装座点焊安装;混凝土结构选用植筋安装座植筋安装。

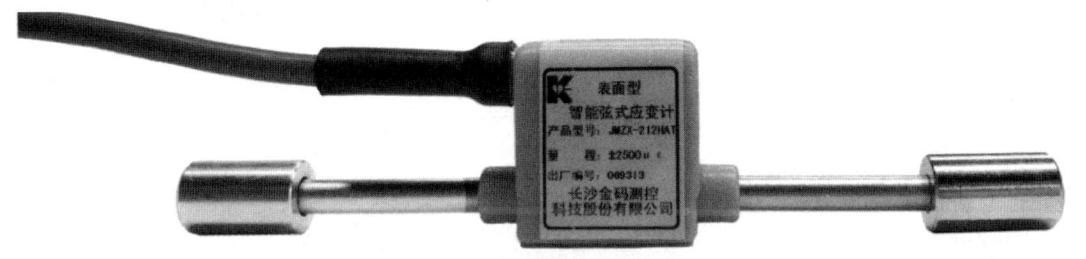

图 3-5 表面型智能弦式应变计

2. 工作原理

当被测结构内部的应力变化时,应变计会感受到变形,变形通过前、后端头传递给钢弦然后转变成钢弦应力的变化,从而改变钢弦的振动频率,频率信号传输至读数装置,即可测出被测结构内部的应变,如图 3-6 所示。

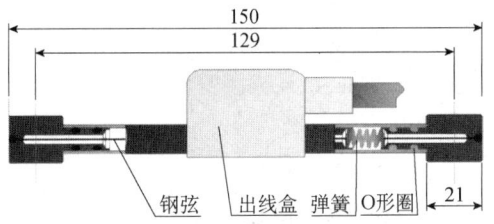

图 3-6 表面型智能弦式应变计的结构

3. 工业实施

(1)焊接方式。

① 将安装模管(长 150mm 的不锈钢圆管)装入安装座中,安装模管两端与安装座侧面对齐,保证标距为 129mm,然后用 M4 圆柱头螺丝将安装模管固定。钢结构表面用粗砂布打磨,通过点焊的方式将安装座固定在钢结构上,如图 3-7 所示。

② 待安装座冷却后取下安装模管,将应变计装入安装座内,应变计应处于两个安装座的正中间,且出线盒朝上,如图 3-8 所示。

③ 拧紧安装座的螺丝。

④ 观察应变计读数,应变值应稳定,否则要重新安装。

**图 3-7 焊接方式-1**

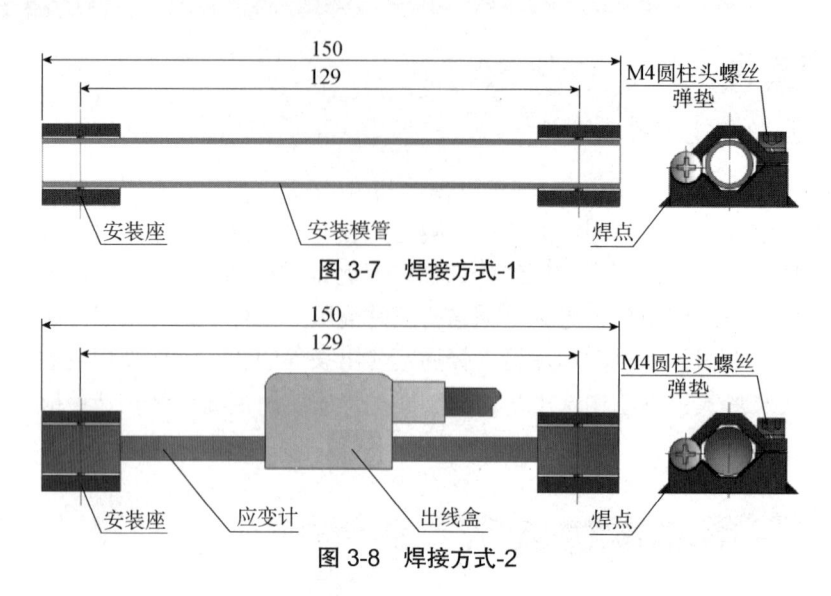

**图 3-8 焊接方式-2**

(2) 胶粘方式（混凝土结构）。

① 在混凝土表面用记号笔标记打孔位置，孔距为 129mm。使用冲击钻（又称电锤）在标记位置处打 $\varPhi$8 深约 30mm 的孔，清除孔内的沙石，如图 3-9 所示。

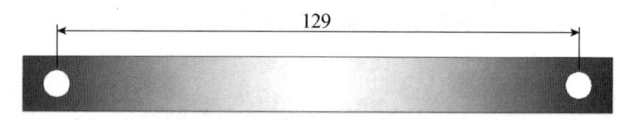

**图 3-9 胶粘方式（混凝土结构）-1**

② 采用结构胶粘贴时，按甲胶、乙胶的搭配比例为 3∶1 混合搅匀后（搅拌 1min 以上），将胶液灌入孔内，胶液的高度应达到孔深的三分之一左右。

③ 将应变计与安装座（混凝土专用）组装好，不拧紧螺丝（也可在灌胶之前组装好）。把安装座圆柱插入灌胶后的孔内，保证安装座圆柱完全插入后有胶溢出，如果不溢出需要重新灌胶，再把螺丝拧紧，如图 3-10 所示。

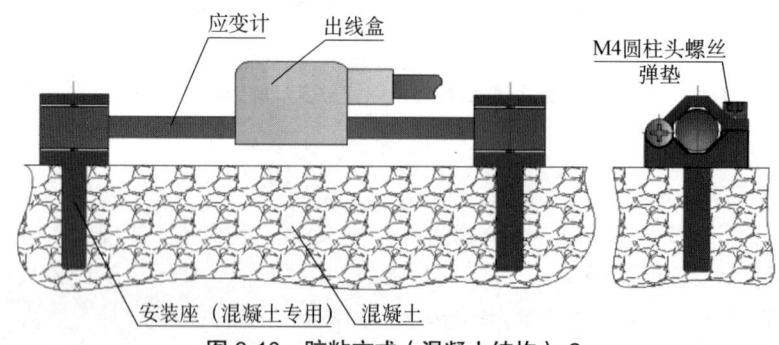

**图 3-10 胶粘方式（混凝土结构）-2**

④ 待胶液固化 8h 后，测试应变。读数应稳定，否则要重新安装，记录并保存编号、应变、频率和温度。

(3) 胶粘方式（钢结构，只适合短期监测）。

① 将应变计固定到安装座上，测试数据。

② 将被测结构表面用粗砂布打磨（若为非钢结构则应用角磨机打磨表面），再用丙酮将粘贴面抹干净。采用结构胶粘贴时，按甲胶、乙胶的搭配比例为 3∶1 混合搅匀后（搅拌 1min 以上），将胶液均匀涂抹在应变计与被测结构的粘贴面，胶层不宜太厚，否则会影响测试效果，然后将应变计安装座粘贴在结构体表面。5～15min 后，用胶液将安装座四周抹实，如图 3-11 所示。

图 3-11 胶粘方式（钢结构）

③ 待胶液固化 3h 后，测量应变。读数应稳定，否则要重新安装。

（4）验证判别方法是否正确。

① 仪表示值应为 3500±200με。

② 当轻轻敲打应变计两侧的锁定螺丝时，仪表示值应上下波动。如果仪表示值不符合要求，可稍微松开应变计一端的锁定螺丝，调整示值到要求范围内，再锁紧螺丝。

## （二）埋入式智能弦式应变计

### 1．介绍

埋入式智能弦式应变计是采用振弦理论设计的应变传感器，如图 3-12 所示。它适用于混凝土结构内部的应变测量，可以进行长期监测和自动化测量，广泛应用于桥梁、隧道等混凝土结构内部的应变测量。该应变计的安装采用绑扎方式，即用细扎丝或尼龙扣将应变计绑扎在钢筋（或制作的支架）一侧，一起浇筑。

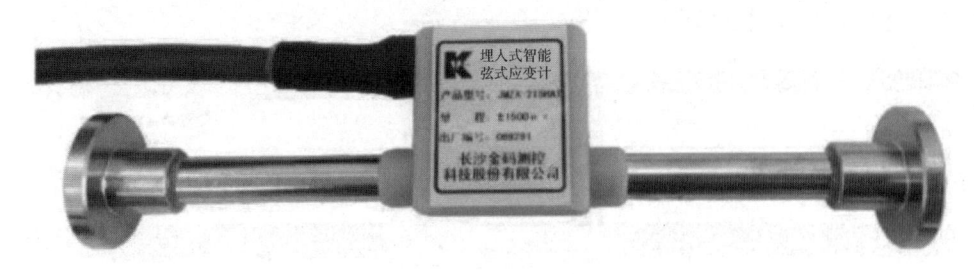

图 3-12 埋入式智能弦式应变计

### 2．工作原理

当混凝土结构内部的应力发生变化时，应变计能感受到变形，变形通过前、后端座传递给钢弦，之后转变成钢弦应力的变化，从而改变了钢弦的振动频率。之后，电磁线圈激振钢弦并测量其振动频率，频率信号经电缆传输至读数装置，即可测出其内部的应变。

3．工业实施

① 根据结构要求选定测试点。

② 将应变计在平行于结构应力的方向上进行安装。

③ 采用细扎丝或尼龙扣将应变计捆绑在结构钢筋上，避开混凝土和振捣棒能直接冲击到的钢筋面。绑扎位置应在应变计两端（即受力柄）的内侧 5mm 处，中间部分不允许绑扎。应变计为两端紧贴钢筋、中间悬空的状态。

④ 将测试导线沿结构钢筋引出，同样要避开混凝土和振捣棒能直接冲击到的钢筋面，并间隔 1~2m 绑扎。绑扎不宜过紧，导线也要略为松弛。

⑤ 导线引出方法很多，常见的方法是在模板上打孔引出，或内置木盒，将导线盘绕其中，拆模板后再引出。

⑥ 安装剖面示意图如图 3-13 所示。

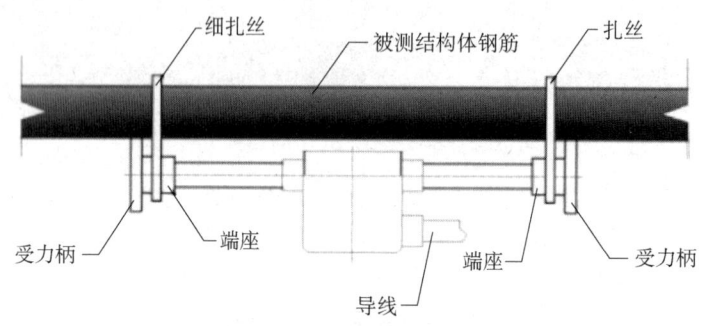

图 3-13 安装剖面示意图

⑦ 登记每个测试点的应变计编号，并保存记录资料。

### （三）智能弦式钢筋应力计

1．介绍

智能弦式钢筋应力计是一种主要应用于钢筋混凝土结构内部，对结构钢筋应力进行测量的设备，如图 3-14 所示。这种应力计采用进口超强钢丝作为钢弦，并采用锚焊工艺锚固，具有高稳定性、高精度、高性能的特点。智能弦式钢筋应力计广泛应用于桥梁、建筑、铁路、交通、水电、大坝等工程领域的钢筋混凝土结构内部结构钢筋应力的测量，还可用于测量锚杆的应力，因此又称为锚杆应力计。

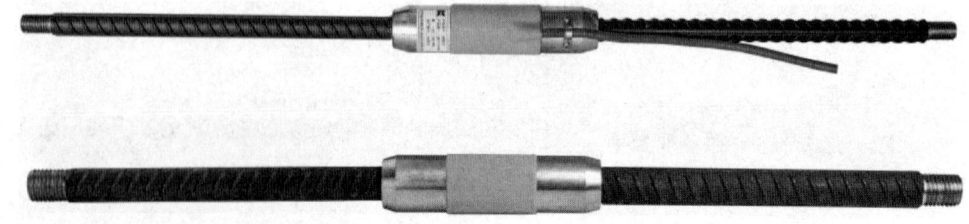

图 3-14 智能弦式钢筋应力计

2．工作原理

智能弦式钢筋应力计的工作原理是钢筋受力后产生的变形会导致粘贴在钢筋上的电阻片产生变形，测出应变值就可以得出钢筋所受作用力的大小。具体来说，智能弦式钢筋应力计的电阻片需要粘贴在钢筋上,当钢筋受力发生变形时,电阻片也因此变形,引起电阻值的变化。通过测量电阻片的电阻变化,可以计算出钢筋所受的应力大小。

3. 工业实施

(1)焊接安装。

① 将智能弦式钢筋应力计沿平行于结构应力的方向安装。

② 采用细扎丝将应变计捆绑在结构钢筋上,细扎丝的捆绑位置应在应力计的两端。

③ 焊接安装方式包括靠焊、搭接焊及绑条焊等,具体焊接方式取决于现场具备的作业条件,以现场监理工程师指定的方法进行焊接,如图 3-15 所示。

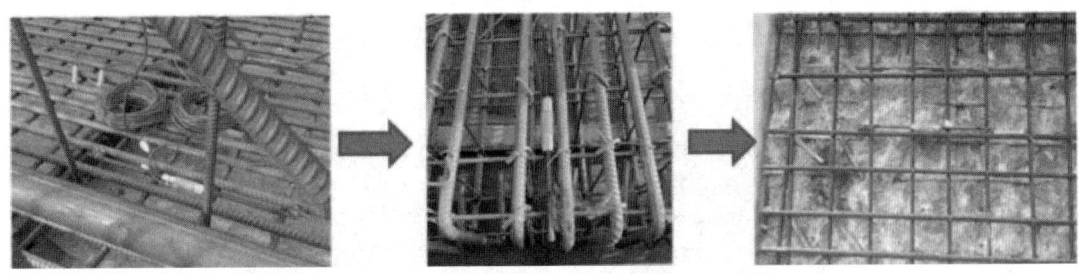

图 3-15 智能弦式钢筋应力计的焊接安装

④ 焊缝深度、宽度及搭接长度应符合工程技术或相关焊接规范。注意:在对应力计进行焊接时,应在中间传感器部分(中间段)用湿抹布包裹并浇水,确保温度不超过 60°C(建议使用读数仪监测温度),避免传感器部分过热。焊接过程中还应确保应力计的导线不与焊接区域的钢筋网的任何部位接触,以防止意外击穿传感器。将测试导线沿结构钢筋引出,如图 3-16 所示。

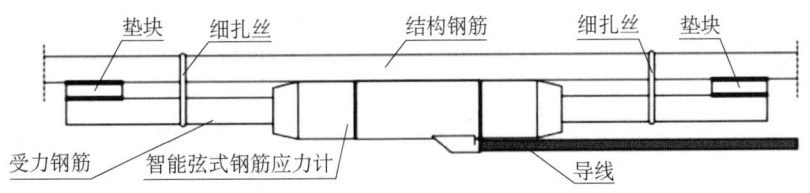

图 3-16 智能弦式钢筋应力计安装示意图

(2)螺纹套筒连接安装。

① 用管钳在接头处用力拧紧,如图 3-17 所示。

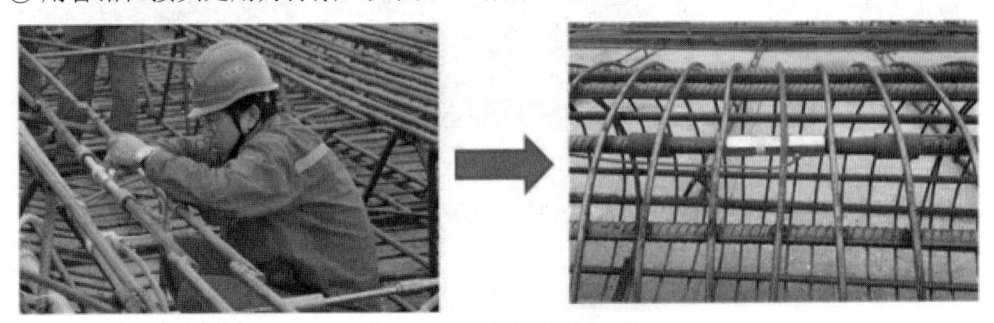

图 3-17 螺纹套筒连接安装

② 用综合测试仪测量应力计读数,仪器会直接显示传感器编号、应力和温度。

（3）应力计安装（测量锚杆的应力）。

① 现场安装前将配置好的锚杆组装到应力计上，锚杆的外螺纹与锚杆计的内螺纹必须拧紧并组装到位，如图3-18所示。

图3-18　将配置好的锚杆组装到应力计上

② 安装前用综合测试仪测试应力计读数，记录编号、型号、频率、温度。

③ 孔内注浆：将注浆管放到孔底，开始注浆，注浆时慢慢将注浆管从孔底往孔口方向移动，直到孔内浆液注满。

④ 注满浆后将组装好的锚杆缓慢安装到孔内，直到锚杆到孔底。如果在安装过程中有浆液流失则需补浆；为防止浆液二次流失，可在孔口采用锚固剂进行封孔处理。注意：在将应力计安装到孔内的过程中，导线不能挤压孔内壁，以防止导线破损。

⑤ 灌浆结束后，用综合测试仪测量应力计读数、频率和温度，应力量程为-200～350MPa，将导线按要求引出，用仪器读数。现场安装图如图3-19所示。

图3-19　现场安装图

⑥ 记录并保存传感器编号、应力、频率、温度、安装位置。

# 【知识储备】

桥梁荷载监测是指对桥梁结构所受的荷载进行实时或定期监测，以评估桥梁的结构健康状况和安全性能。荷载监测可以帮助我们及时发现桥梁结构的变形、破损、疲劳等问题，以便采取相应的维修和加固措施,确保桥梁的正常运行和安全使用。

### 1. 桥梁监测系统的组成

桥梁监测系统主要由传感器、数据采集设备、通信模块、数据分析和处理软件等组成。在桥梁的关键部位安装各类传感器,将数据接入采集设备,采集设备初步运算后通过无线网络将数据输出到云服务器;云服务器将数据进行分析处理后下发到后端。此外,桥梁监测系统还可能包括感知层、采集层、传输层、云服务器和人机交互部分,感知层主要负责数据的感知和采集,包括各种类型的传感器;采集层负责将传感器采集到的数据进行存储和传输;传输层负责将采集到的数据传输给云服务器;云服务器负责进行数据储存、分析和转发;人机交互部分则负责将分析处理后的数据呈现给用户。

### 2. 荷载监测的应用场景

(1)新建的大跨度桥梁。尤其在采用了新结构、新材料和新工艺的桥跨结构时更需要进行荷载试验。

(2)需要通行特种车辆的新旧桥梁。为保证桥梁的使用安全,需要按实际轮位和轴重进行模拟荷载试验或等效荷载试验。

(3)修复的、改建的或加固的旧桥。为验证工程效果,需要进行验收或鉴定性的荷载试验。

(4)年久失修且缺乏设计和施工技术数据的旧桥。为判断是否能承受预计的荷载,也需要进行荷载试验,如图 3-20 所示。

图 3-20 对旧桥进行荷载试验

### 3. 荷载监测感知设备

(1)智能弦式应变计。
(2)智能弦式钢筋应力计。

### 4. 车辆荷载

车辆荷载是指地面上行驶的汽车、火车等通过轮压作用在管道上的外压,也是车辆在建筑物(公路、桥梁和隧道等)上静止或运动时产生的作用力。它是一种可变荷载,与车辆种类、型号、载重量及其排列形式等有关,可分为汽车荷载、履带车荷载和平板挂车荷载。

## 【任务实施】

### 1. 安装风速风向传感器

(1) 首先取出风速风向传感器及其支架,然后将风速风向传感器的电源线从支架内部穿过,再使用小内六角工具将风速风向传感器固定在支架上。

(2) 固定支架。

(3) 先把风速风向采集模块的塑料盖子上的螺丝拧出来,并打开盖子,然后将风速风向传感器的输出线从防水接头处接到盒子内的接线端头上(线的颜色与接线柱的标识相对应)。

(4) 盖上采集模块的盖子。

(5) 将风速风向采集模块的 RS485 线连接至 DTU 模块。

(6) 拧紧接线螺丝,根据现场情况将采集模块固定在合适的位置。

(7) 将风速风向采集模块的电源线连接至电源(12V 电压)。

## 【任务工单】

| 项目 3:感知技术在桥梁监测系统中的应用 | | 任务 1:荷载监测 |
|---|---|---|

(一)关键知识引导
1. 掌握桥梁监测系统的组成
2. 了解荷载监测的应用场景
3. 了解荷载监测感知设备

(二)任务实施情况

| 实施步骤 | 具体操作 | 完成情况 |
|---|---|---|
| 步骤 1:安装支架 | | |
| 步骤 2:固定支架 | | |
| 步骤 3:接入输出线 | | |
| 步骤 4:关上盖子 | | |
| 步骤 5:连接 DTU 模块 | | |
| 步骤 6:固定采集模块 | | |
| 步骤 7:连接电源 | | |

(三)任务检查与评价

| 项目名称 | 感知技术在桥梁监测系统中的应用 |
|---|---|
| 任务名称 | 荷载监测 |
| 评价方式 | 可采用自评、互评、教师评价等方式 |
| 说 明 | |

续表

| 序号 | 评价内容 | 分值 | 得分 |
|---|---|---|---|
| 1 | 知识运用（20%） | 20分 | |
| 2 | 专业技能（40%） | 40分 | |
| 3 | 核心素养（20%） | 20分 | |
| 4 | 课堂纪律（20%） | 20分 | |
| 总得分 | | | |

（四）任务总结

| 过程中的问题 | 解决方式 |
|---|---|
| | |
| | |
| | |
| | |

# 【任务小结】

1．桥梁荷载监测是指当桥梁结构受到荷载时，对其进行实时或定期监测，来评估桥梁的安全性能和结构健康状况。荷载监测可以帮助我们及时发现桥梁结构的变形、疲劳、破损等问题，以便采取对应的措施，确保桥梁的正常运行和安全使用。

2．表面型智能弦式应变计是采用振弦理论设计的传感器，主要对桥梁、建筑、铁路、交通、水电、大坝等工程领域的混凝土及钢结构表面的应变进行测量，通过混凝土结构或钢材的弹性模量可以计算出应力。

3．埋入式智能弦式应变计是采用振弦理论设计的应变传感器，应用于各种混凝土结构内部应变的测量，可以进行长期监测，广泛应用于桥梁、大坝、隧道、地下建筑、试验室模型、试桩等混凝土结构内部的应变测量。

4．智能弦式钢筋应力计是一种应用于钢筋混凝土结构内部，对结构内部的钢筋应力进行测量的设备，可以计算出其结构的内部应力。这种应力计采用了进口超强钢丝作为钢弦，并采用锚焊工艺锚固，广泛应用于桥梁、建筑、铁路、交通、水电、大坝等工程领域。

5．荷载监测的应用场景：新建的大跨度桥梁；需要通行特种车辆的各种桥梁；修复、改建或加固过的旧桥；年久失修且缺乏设计和任何相关施工技术数据的旧桥，如图3-21所示。

图3-21 对桥梁进行荷载监测

## 【任务拓展】

我们可以把桥梁荷载监测任务拓展到人工智能方面。

（1）监测数据的自动采集和分析。利用人工智能技术，可以通过遥感、传感器和计算机视觉等技术手段，自动采集桥梁的变形、应力和振动等数据，然后通过机器学习算法对这些数据进行深入分析，发现桥梁结构的异常变化，如图 3-22 所示。

（2）荷载预测和自动化控制。通过人工智能技术可以对桥梁的荷载进行预测和自动化控制。具体来说，AI 可视化指挥调度系统可以应用于大跨径复杂桥梁的荷载试验，该系统将采集的数据通过 4G/5G 无线网络上传至可视化平台，并通过数据处理功能进行实时分析、预警。在桥梁荷载试验中，传统的做法是采用人海战术，数据传递主要靠对讲机口头传达或人工抄写后递送，不仅数据传递慢，还会产生误差，影响指挥中心的判断。而 AI 可视化指挥调度系统将采集结果通过无线网络上传至可视化平台，可以实现数据的实时分析和预警，不仅可以节省时间，而且采集的数据更精确。在自动化控制方面，AI 技术可以通过对桥梁荷载试验数据的分析，预测桥梁的承载能力，并根据预测结果进行自动化控制。例如，当预测到桥梁的承载能力不足时，系统可以自动报警并通知相关人员进行处理，从而确保桥梁的安全使用。总之，通过人工智能技术对桥梁荷载进行预测和自动化控制可以提高试验数据精准度，同时实现数据采集和处理自动化，减少人工操作带来的误差，为桥梁的安全使用提供保障。

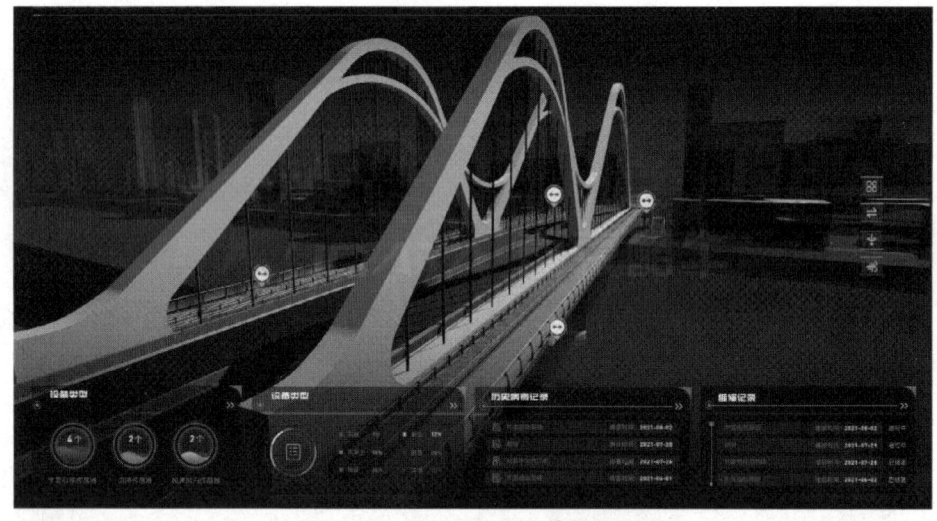

图 3-22　对桥梁进行自动化监测

## 任务 2　结构监测

## 【职业能力目标】

掌握感知技术的原理和应用，了解不同的感知技术在桥梁结构监测中的应用场景。

能选择合适的感知技术，并设计合理的感知系统。

具备数据处理和分析能力，掌握数据处理和分析的方法和工具，能对感知系统采集到的大量数据进行处理和分析。

能对感知系统进行维护和故障排除，能快速识别和解决感知系统中可能出现的故障和问题，保障监测数据的准确性和可靠性。

具备良好的沟通和协调能力。

## 【任务描述】

任务内容：选择合适的传感器采集桥梁结构的相关数据；采集结构的相关数据；对采集到的数据进行处理和分析，以提取有用的信息；设置预警机制，及时发现结构的异常情况，并提供预警信息，以便及时采取相应的措施，保障桥梁的安全运行；以可视化的方式展示出来，以便使用户直观地了解结构的监测结果；生成监测报告，将监测结果以报告的形式呈现给利益相关方，并提供决策支持和技术参考。

## 【设备选型】

### （一）倾角式静力水准仪

1. 介绍

多个倾角式静力水准仪通过水管连接，组成沉降监测系统，广泛应用于路面线形沉降和剖面沉降、大坝线形沉降以及桥梁挠度等结构垂直位移变化的精密测量，如图3-23所示。

2. 工作原理

（1）传感器原理。

倾角式静力水准仪将倾角敏感元件安装在不锈钢腔体内。倾角敏感元件采用进口加速度倾角芯片制成，具有极低的温度漂移、高精度和稳定性。被测液体液位的升高或下降会使敏感元件的倾角发生变化，通过精确测量倾角的变化可计算出液位的变化。

（2）系统原理。

沉降监测系统由多个安装在不同监测点的倾角式静力水准仪组成，其中一个安装在不动点作为基准点，如图3-24所示。通过水管连接每个传感器，整个系统装有

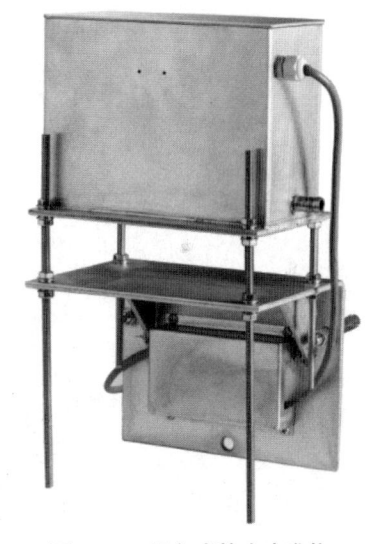

图3-23 倾角式静力水准仪

一定量的水，水箱与大气相通，以保证系统的稳定性。监测点传感器发生沉降会带动基准点传感器的液位发生变化。通过测量监测点传感器与基准点传感器各自的液位值，可计算出相对基准点的沉降变化量。

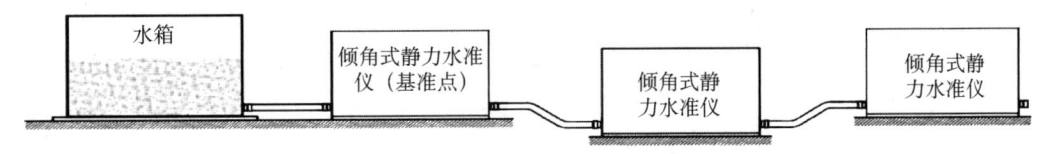

图3-24 倾角式静力水准仪组成沉降监测系统

3．工业实施

（1）监测点和线路布置方案：根据结构和现场的实际情况设计监测点和线路布置方案，基准点的选取尤为重要，原则上要选择稳定不变的结构点。

（2）安装工具和部件准备：纯净水、防冻液、水管、安装配件、沉降管、万用表、扳手、气泵、电源模块、笔记本等。

（3）传感器安装：为确保传感器的变化在量程范围内，要将所有传感器基本安装在同一水平面上。

① 根据设计的监测点位置放入传感器，确定连接各个传感器的水管长度和导线长度（水管和导线长度要留有余量，防止变化后被拉扯断），并依次连接水管和导线。

② 连接基准点传感器与水箱，连接所有传感器后向系统内注水。系统注水完成后在每个传感器的液面上覆盖一层硅油，盖上盖子并拧紧。

③ 检测水管内是否有气泡，若有气泡则要把气泡排出，同时检查水管和传感器是否有漏水点。

④ 根据现实情况用膨胀螺栓或焊接方式固定支撑板，并调整传感器在螺杆上的位置，保证基准点与其他传感器在同一水平面后拧紧固定。

⑤ 连接传感器至采集模块，根据设计方案布置通信设备和线路。测量数据，根据测量数据调整传感器的高度和系统的加水量。将系统设备、水管、导线等做好防护和标识，防止现场施工破坏系统。传感器安装示意图如图 3-25 所示。

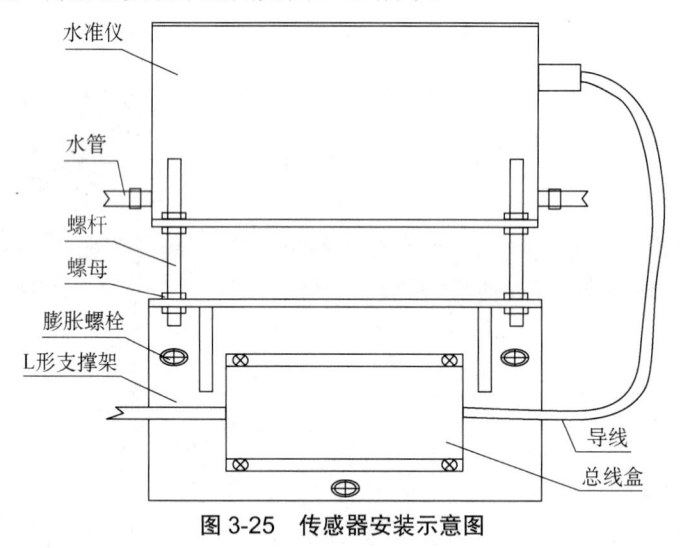

图 3-25 传感器安装示意图

## （二）表面型智能测缝仪

1．介绍

表面型智能测缝仪是采用电感调频原理设计的位移传感器，如图 3-26 所示，广泛应用于建筑、道路、铁路、桥梁、大坝、隧道、边坡等工程领域结构体的裂缝、接缝、伸缩缝的位移（宽度）变化精密测量。

2．工作原理

表面型智能测缝仪主要由螺管线圈、导杆（衔铁）、电容、集成块和外壳、后盖、电缆和密封件等组成，内部用导线连成 L-C 振荡电路。当导杆因被测物的位移改变了其与线圈的相对位置时，磁路中的磁阻与线圈电感也发生了变化，电路输出信号的频率也改变了。

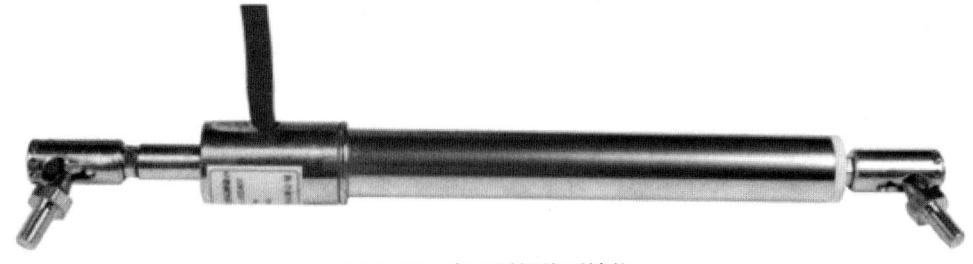

图 3-26　表面型智能测缝仪

3．工业实施
（1）根据试验要求选定监测点。
（2）将测杆拉伸至一定长度（一般为量程中间），用综合测试仪确定位移读数，定好安装孔位置。
（3）用 $\phi$10 钻头钻好安装孔，将 L 形支撑架装入孔内，并用膨胀螺栓锁紧固定。
（4）将测缝仪器体和测杆安装在 L 形支撑架上。
（5）记录产品编号和初始值，将导线接入自动化采集箱内，并做好保护。

## （三）智能弦式锚索计

1．介绍
智能弦式锚索计是采用振弦理论设计的传感器，如图 3-27 所示，广泛应用于桥梁、建筑、铁路、交通、水电、大坝等工程领域中的索力及压力测量，以了解被测构件的受力状态。

图 3-27　智能弦式锚索计

2．工作原理
当被测结构物内部的应力发生变化时，智能弦式锚索计能同步感知变形。这种变形通过前后端座传递给振弦，并转化为振弦应力的变化，进而导致振弦的振动频率发生改变。

3．工业实施
（1）根据测试要求选定结构及监测点。
（2）传感器应与监测点的压力方向一致。
（3）安装好后，在传感器未加载之前连接配套的振弦检测仪。
（4）调零。将检测仪连接好后，按下检测仪的开关键打开键盘，然后按下 F1 键进入测量状态，检测仪将显示对应的应变值和压力值。按住 F2 键不放，5s 后会进入下一个菜单，然后按 F2 校零键持续 5s，进入零点状态，再按回车键，然后按 F4 键进入测试状态，此时检测仪显示的应变值和压力值都应为零，记录下零点应变值和压力值，并按保存键保存到仪器内（F2 键是一个确定键或设置键，当仪器显示标定时，按 F2 键 5s 会进入下一个菜单，然后仪器显示校零，再按 F2 键 5s 进入零点应变值状态）。

（5）每根钢弦的应变测试。每根钢弦的相对变化代表偏心状态，差别需要控制在 5%以下。使用综合测试仪手动测试，在"测量"状态下按回车键，综合测试仪会显示钢弦的平均应变，以及每根钢弦的应变（该值需要人工记录）。使用自动化系统测试。

（6）登记每个监测点安装的传感器编号，保存记录资料。

## （四）磁电式速度传感器

### 1. 介绍

磁电式速度传感器是一种用于超低频或低频振动测量的传感器，如图 3-28 所示，主要用于地面和结构物的脉动测量，如结构物的工业振动测量、高柔结构物的超低频大幅度测量和微弱振动测量。该传感器采用无源闭环伺服技术，以获得良好的超低频特性，设有角速度、小速度、中速度和大速度四挡，用户可根据需要选择相应的挡位。

### 2. 工作原理

磁电式速度传感器属于动圈往复式传感器，原理如图 3-29 所示，图中的 $K_m$ 为微型拨码开关。

图 3-28 磁电式速度传感器

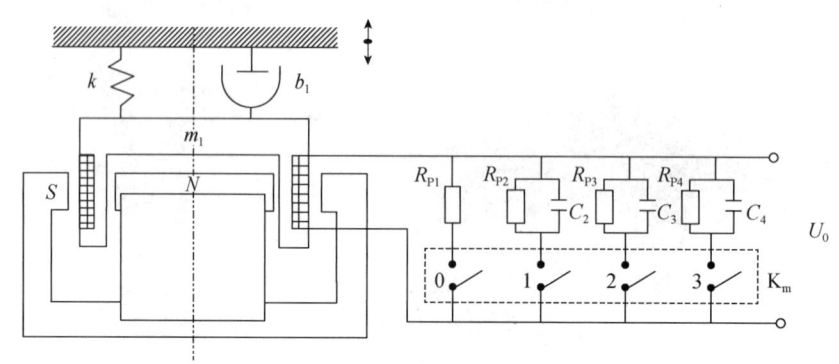

图 3-29 磁电式速度传感器的原理

当微型拨码开关拨到 0 挡时，往复摆的运动微分方程为

$$m_1\ddot{x} + b_1\dot{x} + kx = -m_1\dot{X} \tag{1}$$

其中，$m_1$ 为摆的运动部分质量，$\ddot{x}$、$\dot{x}$、$x$ 分别为摆的加速度、速度和位移，$b_1$ 为阻尼系数，$k$ 为簧片的刚度，$\dot{X}$ 为地面运动的加速度。此时，传感器构成加速度计，它的输出电压与地面运动的加速度成正比，其加速度灵敏度为

$$S_a = m_1 R_{P1} / RL \tag{2}$$

当微型拨码开关拨到 1、2、3 处时，摆的运动微分方程为

$$(m_1 + m_1)\ddot{x} + b\dot{x} + kx = -m_1\dot{X} \tag{3}$$

传感器的速度灵敏度为

$$S_v = m_1 / BL \cdot C \tag{4}$$

式中，$C$ 为电容器的电容。

磁电式速度传感器的测量方向（垂直向）示意图如图 3-30 所示。

3．工业实施

把传感器的微型拨码开关置于适当位置之后，再进行安装。磁电式速度传感器的单向（垂直向）安装方式如图 3-31 所示。短期测量时，可将传感器的底部直接粘在被测物体表面，将保护罩与传感器粘在一起。长期测量时，采用 4 个 M7 膨胀螺栓将传感器与保护罩一起固定在被测物体表面即可（混凝土结构）；如果是钢结构，则先将底板焊接在被测物体表面，再将传感器与保护罩通过 M6 螺丝固定在安装底板上，并保证传感器外壳上的箭头垂直于水平面。

图 3-30　磁电式速度传感器的测量方向（垂直向）示意图

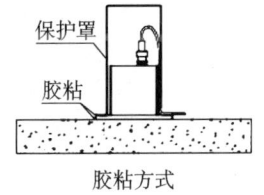

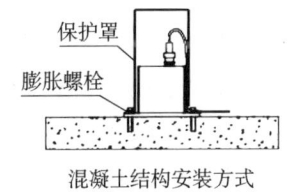

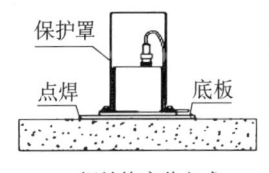

图 3-31　磁电式速度传感器的单向（垂直向）安装方式

## 【知识储备】

桥梁结构监测在保障桥梁的安全和性能方面具有至关重要的作用。通过对桥梁的结构状态进行实时监测，可以及时发现潜在结构损伤，防止桥梁损伤扩大而导致桥梁失效。并且，结构监测还有利于桥梁的维护和修复，延长桥梁的使用寿命，降低其维修成本。因此，桥梁结构监测是确保桥梁可持续性和安全性的关键措施。

### 1．结构监测的应用场景

桥梁结构监测广泛应用于各种桥梁场景，包括大型桥梁、高速公路桥梁、城市立交桥以及铁路桥梁等，如图 3-32 所示。通过在桥梁关键部位安装传感器，实时监测结构的变形、振动、应力等参数，可以评估桥梁的健康状况和安全性能。这种监测技术为桥梁管理者提供了宝贵的数据支持，帮助他们及时发现安全隐患，并采取有效的维护和修复措施，以确保桥梁在长期使用中的安全可靠。

图 3-32　桥梁监测现场

## 2. 桥面变形监测感知设备

桥面变形监测是桥梁结构监测的重要组成部分,而感知设备在此过程中发挥着关键作用。在桥面变形监测感知设备中,常用的有以下几种。

(1)倾角仪:用于测量桥面倾斜角度。它通过测量桥面与水平线之间的角度来评估桥面的变形情况。倾角仪通常安装在桥面的关键部位,例如跨中、支点等处,以监测桥面的整体变形情况。

(2)位移计:位移计是一种用于测量桥面位移的设备。它可以测量桥面在垂直方向上的位移变化。位移计通常安装在桥面底部,以监测桥面的沉降或上升情况。

(3)激光测距仪:激光测距仪是一种远程测量设备,用于测量桥面与地面之间的距离变化。它通过发射激光束并测量反射回来的时间来计算距离,从而监测桥面的变形情况。激光测距仪通常安装在桥梁的一侧或上方,以便测量桥面的整体变形情况,如图3-33所示。

(4)光纤传感器:光纤传感器是一种基于光纤原理制成的设备,用于监测桥面的变形情况。它在桥面上铺设光纤感网络,利用光纤中的光信号传输特性来测量桥面的应变和位移变化。光纤传感器具有高灵敏度、抗干扰能力强等优点,适用于长期监测和自动化测量。

图 3-33 激光测距仪

## 3. 挠度监测感知设备

桥梁的挠度与桥梁的承载能力及抵御动荷载的能力有密切关系,桥梁受到承载车辆、行人及索拉的共同作用,受力情况复杂,为受弯结构,故有必要对桥梁挠度进行监测。桥梁挠度监测通常选用液压式静力水准仪,如图3-34所示。

## 4. 伸缩缝位移监测感知设备

桥梁伸缩缝位移监测最常用的感知设备是位移计和应变计。动态通用位移计如图3-35所示。位移计安装在伸缩缝附近,能实时捕捉伸缩缝的微小移动。这类传感器基于激光、超声波或机械测量原理,能精确地测量伸缩缝的实时位移,且具备高灵敏度与稳定性,即使是微小的位移也能被准确捕捉。应变计则被布置在伸缩缝的周边结构或桥墩上,用于测量桥梁结构的应变,这种设备能反映桥梁在受到外部影响时伸缩缝的结构应变情况。

图 3-34 液压式静力水准仪

图 3-35 动态通用位移计

## 5. 索力监测感知设备

桥梁是道路交通运输网络的重要组成部分。近些年来，随着我国交通网络的迅猛发展，以及桥梁施工方法的不断创新，大跨径的斜拉桥、悬索桥等桥梁发挥着更重要的作用。而拉吊索作为索结构桥梁的生命线，是其中不可忽视的重要受力部件。正是由于在索结构桥梁的整体受力体系中占据重要地位，拉吊索的索力直接反映了索结构桥梁在持久状况下的内力状态，是评价桥梁承载能力的重要指标。索力是否处在合理的范围内直接影响着索结构的整体受力状态和线形平顺程度，所以对拉吊索的索力进行监测是斜拉桥、钢管混凝土拱桥、悬索桥等索结构桥梁建设和日常运营维护的重要内容。索力监测常用的设备是索力动测仪，如图 3-36 所示。

图 3-36 索力动测仪

## 6. 振动监测感知设备

振动监测是指通过监测结构在外界激励下的振动，掌握结构的内在动态特性，从而对结构进行损伤分析及安全评估。桥梁结构受损和安全性降低主要是桥梁主要构件和结构疲劳损伤的结果，而疲劳损伤主要是由于动荷载作用下的交变应力。对桥梁的振动监测可以考察结构的疲劳响应，进而考察结构的安全可靠性。主梁的动态响应往往与引起结构振动的强震源有关，因此对结构进行振动监测不仅可以识别结构的动态特性参数，还可以对主梁结构承受波动荷载的历程进行记录。振动监测一般采用速度传感器，例如磁电式速度传感器等。

# 【任务实施】

## 1. 安装表面型/埋入式智能弦式应变计

（1）表面型智能弦式应变计的安装。

注意事项：产品未安装时禁止转动产品端头或使用超过 7kg 的力拉产品，否则产品内置的钢弦可能会被拧断或拉断，造成产品永久性损坏。禁止带产品点焊安装座，否则可能造成产品性能下降、防水性变差或永久损坏。

① 取出综合采集模块，在合适的位置固定。
② 将综合采集模块的信号线连接至 DTU 模块。
③ 将综合采集模块的电源线连接至电源（12V 电压）。
④ 将应变计装入对应的触发工装件中。

⑤将触发工装件按示意图安装在工位上,如图 3-37 所示。

图 3-37　将触发工装件安装在工位上(表面型智能弦式应变计)

⑥将应变计连接至综合采集模块,如图 3-38 所示。

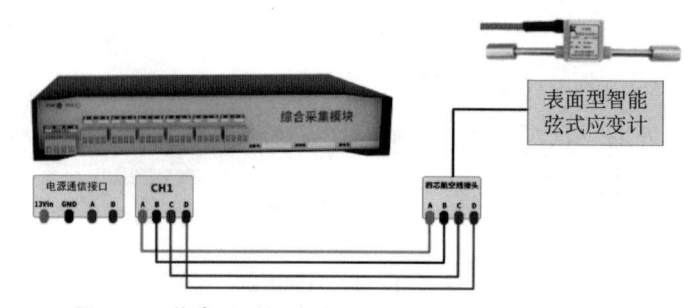

图 3-38　将表面型智能弦式应变计连接至综合采集模块

(2)埋入式智能弦式应变计的安装。
①将应变计装入对应的触发工装件中。
②将触发工装件按示意图安装在工位上,如图 3-39 所示。

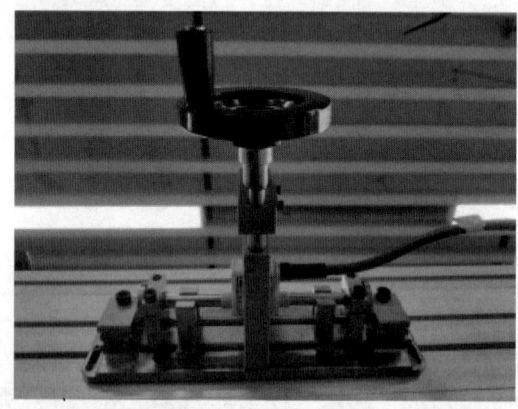

图 3-39　将触发工装件安装在工位上(埋入式智能弦式应变计)

③将应变计连接至综合采集模块,如图 3-40 所示。

## 2. 安装倾角式静力水准仪

(1)取出总线采集模块,在合适的位置固定。
(2)将总线采集模块的信号线连接至 DTU 模块。

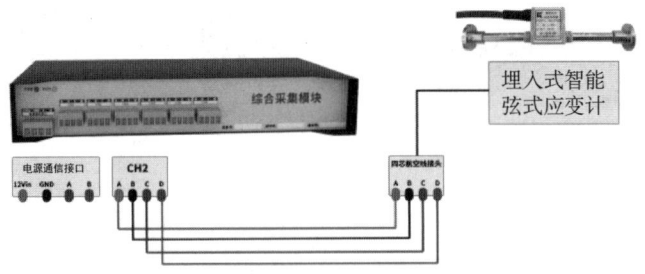

图 3-40　将埋入式智能弦式应变计连接至综合采集模块

（3）将总线采集模块连接至电源（12V 电压），如图 3-41 所示。

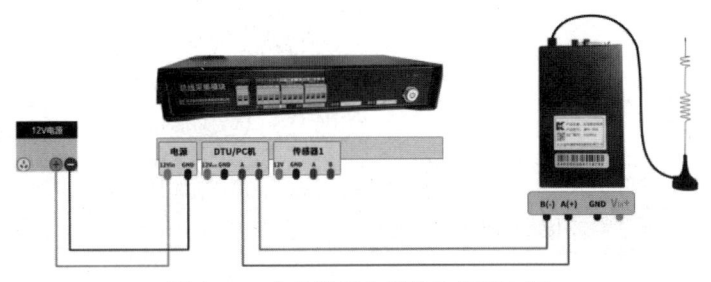

图 3-41　将总线采集模块连接至电源

（4）先取出倾角式静力水准仪（两个）并平躺放置，将两个静力水准仪相对的水管相连。

（5）将其中一个静力水准仪的另一端水管与水箱相连，将另一个静力水准仪的另一端水管堵住。

（6）将其中一个静力水准仪通过支架固定在工位上，将另一个静力水准仪固定在触发工装件上，通过触发工装件来模拟沉降效果，如图 3-42 所示。

图 3-42　触发工装件

（7）将倾角式静力水准仪连接至总线采集模块。连线过程中要使用航空插头，并将凹凸处对齐相接，然后旋紧接线，如图 3-43 所示。

## 3. 在伸缩缝两侧安装表面型智能测缝仪

（1）将表面型智能测缝仪装入对应的触发工装件中。

（2）将触发工装件按示意图安装在工位上，如图 3-44 所示。

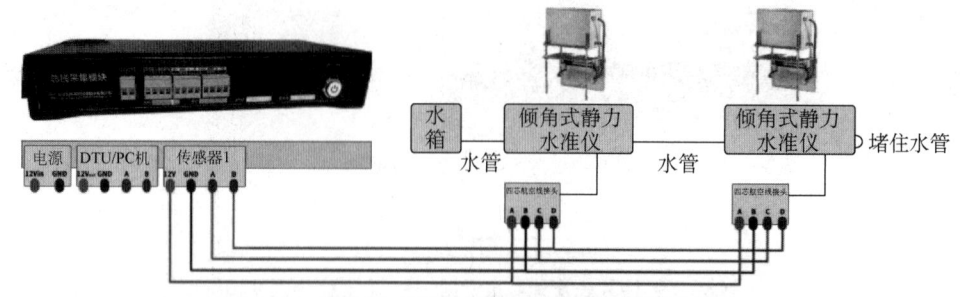

图 3-43　将倾角式静力水准仪连接至总线采集模块

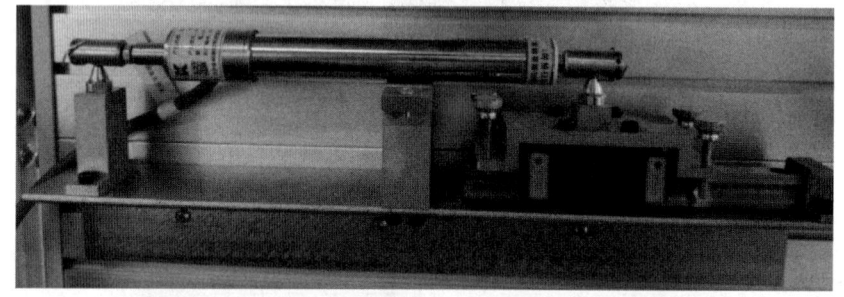

图 3-44　表面型智能测缝仪与触发工装件的组合示意图

（3）将表面型智能测缝仪拉伸至一半长度（保证能测量拉伸或压缩方向的变形量程）。
（4）将表面型智能测缝仪连接至综合采集模块，如图 3-45 所示。

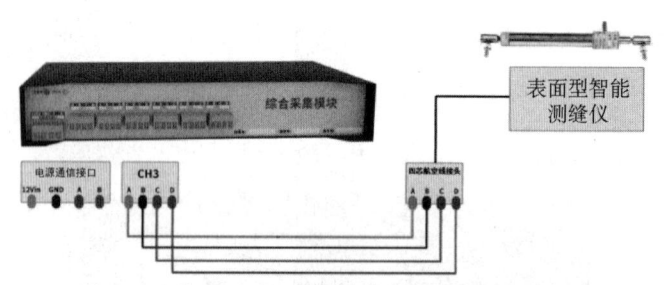

图 3-45　将表面型智能测缝仪连接至综合采集模块

### 4. 在索缆上安装智能弦式锚索计

### 5. 在桥墩承台及索塔上安装磁电式速度传感器

（1）取出磁电式速度传感器，并将其固定在合适的位置。
（2）取出动态信号采集模块和动态信号调理模块，将两模块通过 SIGNAL 和 POWER 接口连接起来。
（3）通过 RS232 串口线将动态信号采集模块连接至 DTU 模块（磁电式速度传感器传输的数据量大，需要单独接一个 DTU 模块）。
（4）将动态信号采集模块连接至电源（12V 电压），连线图如图 3-46 所示。
（5）因传输距离限制，可增加动态信号拓展模块延长传输距离。在实训中，动态信号采集模块和动态信号调理模块已做接口预留，在工位上安装动态信号拓展模块即可。
（6）将磁电式速度传感器连接至动态信号拓展模块。连线过程中使用航空插头，将航空线插槽凹凸处对齐相接，然后旋紧接线（红线表示 SIGNAL，黄线表示 GND）。

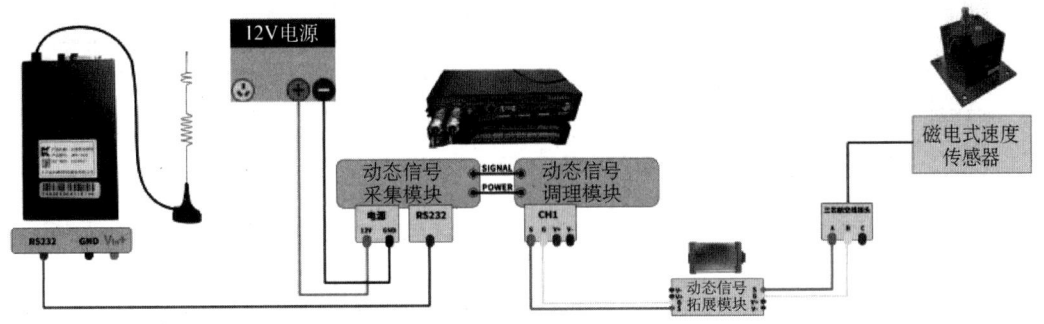

图 3-46　磁电式速度传感器连线图

## 6. 采集和集成结构监测感知数据并上云

### 【任务工单】

| 项目3：感知技术在桥梁监测系统中的应用 | 任务2：结构监测 |
|---|---|

（一）关键知识引导
1. 掌握结构监测中的倾角式静力水准仪
2. 掌握结构监测中的表面型智能测缝仪
3. 掌握结构监测中的智能弦式锚索计
4. 掌握结构监测中的磁电式速度传感器

（二）任务实施情况

| 实施步骤 | 具体操作 | 完成情况 |
|---|---|---|
| 步骤1：安装表面型/埋入式智能弦式应变计 | | |
| 步骤2：安装倾角式静力水准仪 | | |
| 步骤3：在伸缩缝两侧安装表面型智能测缝仪 | | |
| 步骤4：在索缆上安装智能弦式锚索计 | | |
| 步骤5：在桥墩承台及索塔上安装磁电式速度传感器 | | |
| 步骤6：采集和集成结构监测感知数据并上云 | | |

（三）任务检查与评价

| 项目名称 | 感知技术在桥梁监测系统中的应用 ||
|---|---|---|
| 任务名称 | 结构监测 ||
| 评价方式 | 可采用自评、互评、教师评价等方式 ||
| 说　明 |  ||

| 序号 | 评价内容 | 分值 | 得分 |
|---|---|---|---|
| 1 | 知识运用（20%） | 20分 | |
| 2 | 专业技能（40%） | 40分 | |
| 3 | 核心素养（20%） | 20分 | |
| 4 | 课堂纪律（20%） | 20分 | |
| | 总得分 | | |

续表

| 过程中的问题 | 解决方式 |
|---|---|
|  |  |
|  |  |
|  |  |
|  |  |

（四）任务总结

## 【任务小结】

桥梁结构监测在保障桥梁的安全和性能方面具有至关重要的作用。通过实时监测桥梁的结构，可以及时发现并处理潜在结构损伤，防止损伤扩大从而导致桥梁失效。此外，结构监测还可以为桥梁的维护和修复提供依据，降低维修成本，延长桥梁的使用寿命。

桥梁结构监测广泛应用于各种各样的桥梁中，例如大型桥梁、高速公路桥梁、城市立交桥以及铁路桥梁等。通过在桥梁的关键部位安装传感器，对结构的变形、振动、应力等参数进行实时监测，可以评估桥梁的健康状况和安全性能。这样的监测技术提供了宝贵的数据支持，可以及时发现安全隐患，并采取有效的维护和修复措施，以确保桥梁可以安全、可靠地长期使用。

桥梁挠度监测在桥梁结构监测中占重要地位，是桥梁性能的一项重要评价指标。桥梁的挠度与桥梁的承载能力有密切关系，桥梁受到承载车辆、行人及索拉的共同作用，受力复杂，故有必要对桥梁挠度进行监测。

确保桥梁的安全和性能的关键步骤是监测伸缩缝的变化。为了实现准确监测，专用的感知设备是不可缺少的。

通过监测结构在外部激励下的振动，能获取结构的内在动态特性，进而用于进行结构损伤分析和安全评估，如图 3-47 所示。桥梁结构的损伤和安全性降低主要源于桥梁的主要构件和结构的疲劳损伤积累，而这种疲劳损伤大部分是由于动荷载引起的交变应力。

图 3-47 结构监测图

## 【任务拓展】

在传统的桥梁养护管理中，基于人工监测的结构状态评估扮演了重要角色。然而，人工监测的工作量大、主观性强，难以实现对结构性能的实时定量跟踪。近年来，结构健康监测（Structural Health Monitoring，SHM）技术在大跨度桥梁的养护管理中得到了广泛应用。SHM 包括局部性监测和全局性监测，局部性的 SHM 使用无损测试技术定量识别局部损伤，但需要事先知道损伤位置。全局性的 SHM 通过在结构上安装传感器来实时获取桥梁环境和结构响应的信息,并基于这些信息对桥梁的技术状态作出自动评估。

大数据已在许多领域得到了广泛应用,解决了计算能力不足、数据分析方法低效等问题,在 SHM 的数据处理上也展现出应用的可能性。

桥梁结构监测过程中需要采集大量数据,包括结构变形、应力、温度、风速等,我们可以应用大数据技术对产生的数据进行实时采集和处理,提高数据的质量和处理效率。并且数据的存储和分析是监测工作的核心,大数据技术可以提供高效、可靠的数据存储方案,同时通过数据挖掘和分析技术,对监测数据进行深入挖掘,提取有价值的信息,为结构安全评估和预测提供支持。我们还可以通过大数据技术,对桥梁结构进行全面的健康监测和预警。通过对结构变形、应力、温度等数据的实时监测和分析,可以及时发现结构的异常变化和潜在问题,为桥梁的维护和修复提供依据。而基于大数据技术的结构安全评估和预测,可以通过对历史监测数据的分析,预测结构的未来状态和安全性能,有助于制订科学、合理的桥梁维护和修复计划,提高桥梁的安全性和使用寿命。最后,大数据技术还可以提供数据可视化和报表生成功能,将复杂的监测数据以直观、易懂的形式呈现给用户,方便用户进行数据分析和决策。

总之,大数据技术在桥梁结构监测方面的拓展应用,可以提高监测的准确性和效率,降低桥梁维护和修复的成本,实现桥梁安全的长期保障。

# 任务 3　环境监测

## 【职业能力目标】

掌握环境监测的基本原理和方法。
了解桥梁的基本结构和特性。
掌握传感器技术的基本原理和应用。
掌握数据分析和处理的基本方法。

## 【任务描述】

任务内容:首先我们需要选择合适的传感器来采集桥梁环境的相关数据,传感器的选择需要考虑桥梁的具体情况和监测需求,如结构类型、尺寸、材料等;然后需要采集桥梁环境的相关数据,对采集和记录的数据进行处理和分析,包括数据滤波、噪声去除、数据对齐等,以得到更准确的环境信息;同时,还可以进行数据的比较和趋势分析,以评估结构和环境的变化和发展趋势;还可以通过设置预警机制,及时发现结构和环境的异常情况,并提供预警信息,以便及时采取相应的措施,保障桥梁环境的安全;最后以可视化的方式展示出来,以便用户直观地了解桥梁环境的监测结果,同时生成监测报告,并提供决策支持和技术参考。

任务要求:首先要了解不同传感器的工作原理,并了解不同传感器在桥梁环境监测中的应用场景,例如温湿度传感器、风速风向传感器等;并且要掌握数据处理和分析的方法和工具,能对传感器采集的大量数据进行处理和分析;同时,能运用统计学和机器学习等方法,建立模型并进行预测和诊断；还要具备系统的维护和故障排除能力，能定期检查和维护传感器设备，确保其正常运行；掌握常见的故障排除技术和工具，如故障诊断、设备校准等；能与工程师、技术人员和管理人员等进行有效的沟通和协调，共同制订监测方案和解决问题；具备良好的口头和书面表达能力，能清晰地表达自己的观点和建议；能向非技术人员解释环境传感器的监测结果，提供专业的建议和意见；最后要能提出创新的想法和改进建议，提高桥梁结构监测的效率和准确性。

## 【设备选型】

### （一）温湿度传感器

**1. 介绍**

桥梁所处的气候环境对桥梁工作状况有很大的影响，因此需要对桥梁工作环境进行监测，包括监测温度的变化，并记录在不同温度下桥梁的变形、应力变化等，完善和验证桥梁设计理论。另外，还需要对桥梁工作环境中的空气湿度进行监测，因为湿度是影响混凝土结构碳化和钢筋腐蚀的重要因素，是对桥梁进行耐久性评价不可缺少的数据资料。环境温湿度监测采用温湿度传感器，如图 3-48 所示。

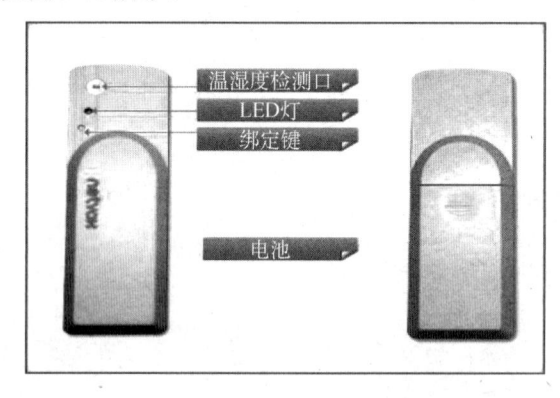

图 3-48 温湿度传感器

**2. 工作原理**

温湿度传感器多以温湿度一体式的摄像机作为测温元件，将温度和湿度信号采集出来，经过稳压滤波、运算放大、非线性校正、V/I 转换、恒流及反向保护后，转换成与温度和湿度呈线性关系的电流信号或电压信号。

**3. 工业实施**

（1）将室外温湿度传感器的传感器及底座取出，如图 3-49 所示。具体步骤为按压住底座两边的按键，然后轻轻将底座取出。注意：请勿将设备安装在金属屏蔽箱或周围有其他电器设备的环境中，以免影响设备的无线传输信号。

（2）将电池装入传感器中，再将传感器及底座装回外壳里，如图 3-50 所示。注意：底座凸出部位要对准外壳凹陷部位。

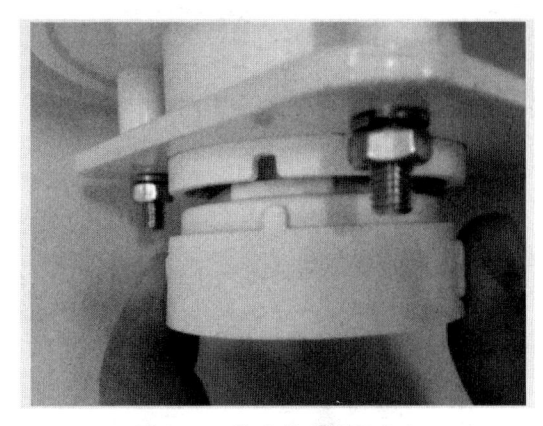

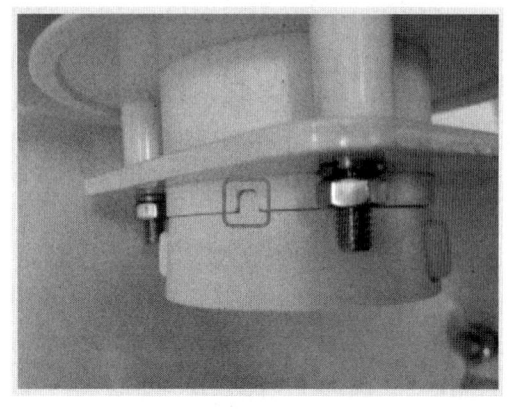

图 3-49 取出传感器及底座　　图 3-50 装入电池后再将传感器及底座装回外壳里

（3）当温湿度传感器检测到的温度（或湿度）与上次上报的温度（或湿度）相比，超出设定值（温度默认为 1℃，湿度默认为 1%）时，发送当前检测到的数值。

### （二）风速风向传感器

风速风向传感器介绍见项目 1。

### （三）雨量传感器

雨量传感器介绍见项目 1。

## 【知识储备】

### 1. 环境监测系统的组成

环境监测系统主要由传感器、数据采集器、数据传输网络、数据存储和分析中心以及报警系统等组成。传感器是环境监测系统的核心组成部分，用于监测桥梁周围的各种环境因素。这些传感器包括温湿度传感器、风速风向传感器、雨量传感器等，用于监测不同方面的环境参数。数据采集器用来收集和整合各个传感器的数据，将监测数据转换成可处理的格式，并进行必要的预处理。数据传输网络用于将监测数据传输给数据存储和分析中心，以便进行进一步的处理和分析。数据存储和分析中心用于存储和分析收集到的监测数据。通过对数据的分析，可以了解环境因素对桥梁结构的影响，并及时采取预防和维护措施。报警系统用于在数据出现异常时发出警报，提醒相关人员采取应对措施。

总之，环境监测系统通过整合各种传感器、数据采集器、数据传输网络、数据存储和分析中心、报警系统等，对桥梁周围环境进行实时监测和数据分析，为保障桥梁安全、预防和维护、环境保护以及科学研究提供数据支持，如图 3-51 所示。

### 2. 环境监测的应用场景

首先要监测的是温度变化，需要测量外部环境和桥梁自身的温度，以提供桥梁设计的依据。记录在不同温度下的桥梁变形、应力变化等工作状态，并进行比较和定量分析，可以完善和验证桥梁设计理论。此外，桥梁工作环境中的空气湿度也需要进行监测。在风荷载作用

图 3-51 环境监测系统

下,桥梁的主要构梁会产生振动,引起疲劳损伤累积,导致桥梁抗力衰减。通过环境监测,可以提前预测和防止自然灾害对桥梁的损害。例如,强风、暴雨、地震等自然灾害都可能对桥梁造成破坏。通过环境监测,可以在灾害发生前采取预防措施,避免或减少灾害对桥梁的影响,如图 3-52 所示。

图 3-52 桥梁环境监测图

## 【任务实施】

### 1. 在路侧安装风速风向传感器

(1)取下风速风向传感器及其支架。将风速风向传感器的电源线穿过支架内部,然后使用小内六角工具将传感器固定在支架上。

(2)用螺丝将支架固定在工位上(一定要先从中间穿过线)。

(3)拧下风速风向采集模块的塑料盖上的螺丝,打开盖子,将风速传感器和风向传感器的输出线从防水接头处连接到盒体内的接线柱上（确保线的颜色与接线柱的标识对应）。

（4）盖上采集模块的盖子。

（5）将风速风向采集模块的 RS485 线连接至 DTU 模块。

（6）拧紧接线螺丝，根据现场情况将采集模块固定在合适的位置。

（7）将风速风向采集模块的电源线连接至电源（12V 电压）。

### 2. 在路侧安装雨量传感器

（1）取出雨量传感器。

（2）调整底盘上的三个调平螺丝，使雨量桶尽量保持水平。如果要使用水准泡，则请确保水准泡的气泡停留在圆圈中心，然后缓慢地将三个支架固定好。

（3）将雨量传感器连接至 DTU 模块的 RS485 接口。

（4）将雨量传感器的电源线连接至电源（12V 电压）。

### 3. 上传环境感知数据

## 【任务工单】

| 项目3：感知技术在桥梁监测系统中的应用 | 任务3：环境监测 |
|---|---|

（一）关键知识引导
1. 掌握桥梁环境监测过程中风速风向传感器的安装与使用方法
2. 掌握桥梁环境监测过程中雨量传感器的安装与使用方法
3. 掌握桥梁环境监测过程中温度传感器的安装与使用方法

（二）任务实施情况

| 实施步骤 | 具体操作 | 完成情况 |
|---|---|---|
| 步骤1：在路侧安装风速风向传感器 | | |
| 步骤2：在路侧安装雨量传感器 | | |
| 步骤3：上传环境感知数据 | | |

（三）任务检查与评价

| 项目名称 | 感知技术在桥梁监测系统中的应用 |||
|---|---|---|---|
| 任务名称 | 环境监测 |||
| 评价方式 | 可采用自评、互评、教师评价等方式 |||
| 说　明 | |||
| 序号 | 评价内容 | 分值 | 得分 |
| 1 | 知识运用（20%） | 20分 | |
| 2 | 专业技能（40%） | 40分 | |
| 3 | 核心素养（20%） | 20分 | |
| 4 | 课堂纪律（20%） | 20分 | |
| 总得分 || | |

续表

（四）任务总结

| 过程中的问题 | 解决方式 |
| --- | --- |
|  |  |
|  |  |
|  |  |
|  |  |

## 【任务小结】

1. 桥梁环境监测是指对桥梁周围的环境因素进行监测，以及对桥梁的结构参数进行监测，来了解桥梁周围的环境状况和结构状况。其目的是及时发现和解决安全隐患，为桥梁的维护和管理提供科学依据。

2. 桥梁的环境监测，首先需要监测温度和湿度变化。其次，通过监测风速、风向，以及统计最大风速值，可以得出风与结构之间的响应关系，了解桥梁承受风荷载的情况。

3. 桥梁环境监测用到的感知设备主要有温湿度传感器、风速风向传感器、雨量传感器等，可以用它们来监测影响桥梁性能的环境因素，评估桥梁在不同气候条件下的性能表现。

桥梁环境监测的意义在于可以提高桥梁的安全性、延长使用寿命、降低维护成本等。通过实时监测和数据分析，可以及时发现潜在问题，预测灾害风险，采取相应的措施，保障桥梁的安全运行和可持续发展，如图 3-53 所示。

图 3-53　桥梁环境监测

## 【任务拓展】

桥梁环境监测可以拓展到智能化和物联网技术应用方面。随着智能化设备和物联网技术的发展，桥梁环境监测技术可以更便捷和智能。例如，可以利用无人机、智能传感器等设备进行自动化监测，提高监测效率和准确性；可以利用物联网技术实现监测数据的实时传输和处理，提高监测的智能化水平；可以利用人工智能技术进行数据分析和管理，提高监测的效率和精度。我们可以利用物联网技术，将各种传感器部署在桥梁的各个关键部位，实时监测桥梁的结构状态和环境参数。这些传感器可以通过无线通信技术将数据发送到云端进行处理和分析。然后利用大数据技术，对收集到的海量监测数据进行实时处理和分析。通过机器学习、深度学习等人工智能技术，可以对数据进行深度挖掘，发现隐藏在数据中的规律和异常，实现桥梁健康状态的自动识别和预警。并且通过建立桥梁健康评估模型，利用实时监测数据和历史数据，可以对桥梁的安全性、耐久性和使用性能进行全面评估。评估结果可以通过可视化界面进行展示，帮助管理人员直观地了解桥梁的健康状态，如图 3-54 所示。

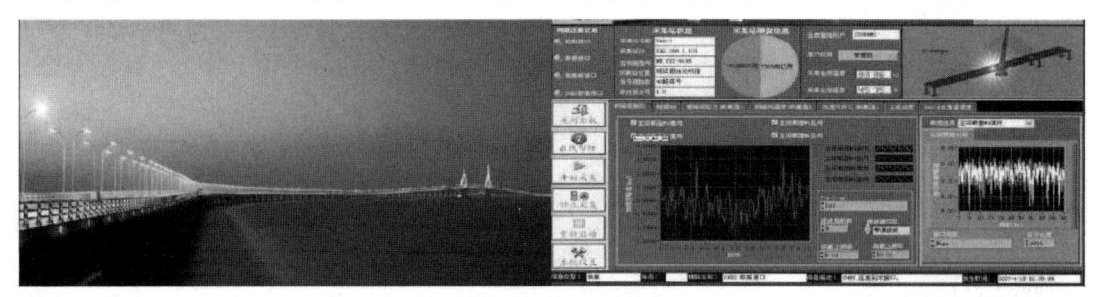

图 3-54 监测结果可视化

　　之后我们可以基于桥梁健康评估结果和预测模型，利用优化算法和决策支持系统，制订科学、合理的维修计划和方案。同时，可以利用物联网技术对维修过程进行实时监控和管理，确保维修工作的质量和进度，并通过建立桥梁安全管理系统，将监测数据、评估结果、维修计划等信息进行集成管理。还可以利用物联网技术对桥梁进行远程监测和控制，确保桥梁的安全运行；建立桥梁监测数据共享平台，促进不同地区之间的数据互通和协同工作。为了促进桥梁环境监测数据的共享和利用，需要制订相关的数据标准和规范。通过建立统一的数据格式、接口标准和质量评价体系等，可以推动桥梁监测技术的标准化和规范化发展。

　　将桥梁环境监测拓展到智能化和物联网技术应用方面，可以提高监测的准确性和实时性，降低管理成本，提升桥梁的安全性和使用寿命。

# 项目 4  感知技术在隧道监测系统中的应用

## 项目目标

**知识目标：**
了解不同类型传感器的工作原理，并能识别其应用场景。
理解感知技术在隧道监测中的应用，包括对结构、环境等的监测。
掌握数据采集系统的原理和作用，以及如何整合、存储、处理和分析数据。
了解感知技术如何用于评估隧道结构的安全性和稳定性。

**能力目标：**
能分析传感器产生的数据，识别异常情况并提出相应的处理建议。
能设计、搭建和维护隧道监测系统，包括传感器安装、数据采集系统配置等。
具备对突发情况作出及时响应的能力，能在紧急情况下运用监测数据作出决策。

**素养目标：**
具备使用传感器和监测设备的技术素养，能独立操作和维护监测系统。
具备隧道安全意识，能理解和评估隧道结构的安全状况，及时作出反应和处理。
具备对监测数据进行分析、解释和利用的能力，能从数据中提取有用的信息。

## 引导案例

隧道作为高速公路的重要组成部分，是当前智慧高速建设的主要场景，也是困扰众多高速公路管理者的安全管理难题之一。受限于隧道环境的特殊性，虽然隧道内设有较完善的视频监测设备且配有照明补光设备，但很难发挥出正常环境下应有的作用。监测数据会被上传至指挥中心进行人工辨识，数据质量差会直接影响人工辨识效率，增加发现道路交通事件的难度。

此外，随着智能汽车快速发展，道路交通信息的质量逐渐提升，高速公路建设者也必须考虑车路协同、自动驾驶等的发展需求。而当前隧道视频监测设备采集的交通参数单一，参数采集度不高，数据挖掘程度偏低，无法为隧道管理和科学决策提供全面的信息和依据，也无法满足未来车路协同、自动驾驶对交通道路信息的需求。

数据单一、数据精度低、人工辨识效率低等问题直接导致高速运营管理方在隧道管理方面产生了监测管理的"盲区"。

因此，建设有效的监测系统，保证监测数据维度全、精度高，从而点亮"盲区"，提升管理水平，成为隧道管理建设的第一步。

2021年，浙江省甬金高速公路（金华段）隧道交通感知项目的建设受到广泛关注。甬金高速公路连接宁波、绍兴、金华，是浙江省东部地区联系中部地区的交通动脉和经济纽带。

该项目创新性地应用了基于毫米波雷达的"隧道交通监测雷达系统"，实现了对隧道内车辆停车、抛洒物、车辆逆行等突发事件的实时监测。

苏州雷森电子科技有限公司（以下简称"雷森"）作为毫米波雷达领域的资深"玩家"，在项目牵头单位浙江省广电科技股份有限公司和战略合作伙伴上海闪马智能科技有限公司（以下简称"闪马"）的支持下，参与了该项目的建设。

甬金高速公路岩坑尖隧道群和大多数隧道一样，存在人工监测效率低、工作量大、人力资源紧张等难点。

项目建设的难点还在于隧道处于浙江省金华市的主要交通干道，交通流量大。尤其是在面对开放路段等复杂场景时，如何保障交通监测雷达系统的调试效果最优化，成为项目建设的一大挑战。

在项目建设的过程中，高速运营管理方要求通过视频 AI 分析技术对道路普通摄像机进行充分利用，并利用大数据技术、深度学习算法以及云计算技术等，实现高速道路交通事件感知、交通参数采集功能，从而使交通状态处于异常情况时能自动报警，并提供交通事件的发生地点、事件抓拍图、事件视频，保障交通系统安全、高效地运转。

# 任务 1　沉降和收敛监测

## 【职业能力目标】

深入理解隧道沉降和收敛监测的原理、方法、工具和设备，能解释其在隧道工程中的作用；能选择、应用适当的监测原理和方法，解读监测数据，为隧道工程提供稳定性评估与改进建议。

熟悉隧道沉降和收敛监测仪器、设备的操作方法。

能独立操作监测仪器，确保监测数据的可靠采集，能进行常规维护及小型故障排除。

能以监测数据为核心，对每个监测点进行系统化管理；以隧道工程监测的日常工作、性质、辅助管理决策为中心组织数据，实现相应的数字化管理模式。

## 【任务描述】

任务内容：设计并实施一套高效准确的沉降监测系统，旨在实时监测隧道工程及周边区域地表的沉降情况。系统应包括沉降传感器的选择、布置方案、数据采集与传输机制的建立，以及沉降数据的分析、报告及预警机制的设计。通过该系统，监测人员能及时发现沉降异常，为工程安全提供及时的预警与干预。评估沉降监测系统在不同地质条件、工程阶段的适用性。基于评估结果，优化监测方法，提出针对性的监测方案。考虑隧道施工过程中的动态变化，研究实时、高精度的收敛监测技术，以确保隧道结构安全稳定。收集并整理隧道工程地表沉降的多维度数据，包括时间、空间、工程活动等信息。基于这些数据建立沉降模型,分析沉降规律、趋势,识别影响沉降的主要因素。借助模型预测未来可能的沉降情况,制订相应的管理和应对策略。研究地质条件对沉降的影响机制,包括土壤类型、地下水位、地质构造等因素。分析这些因素与沉降之间的关系,制订相应的监测方案,作出针对不同地质条件的沉降干预与预警策略,以确保工程安全进行。

任务要求:了解隧道施工的基本流程和隧道沉降、收敛现象的基本原理,理解进行隧道沉降和收敛监测的原因;掌握常用的隧道沉降和收敛监测设备及其安装、使用和保养方法;了解各种监测设备的原理、特点和使用范围,学习如何合理地选择和安装监测设备,保证监测数据的准确性和可靠性;学习和掌握隧道沉降与收敛监测的实践技能和应用能力;通过实践练习,了解隧道施工过程中的实际情况,并掌握监测设备的操作和维护方法,提高监测水平和能力;掌握隧道沉降和收敛监测的工程应用和案例分析;了解隧道施工中的风险因素和控制方法,并通过对实际案例的分析,掌握隧道沉降和收敛监测的工程应用和实践技能。

## 【设备选型】

(1)DTU 模块 JMTX-2020:采用工业级 4G 模块,数据传输高效、稳定;接口灵活,软件集成方式多样化;具有信号传输稳定、高效能耗比和广覆盖范围等特点,能确保数据传输的稳定性和高效性。

(2)综合采集模块 JMZX-6SH:综合采集模块具有多通道、高精度、稳定性强等特点,能满足多种传感器数据采集和综合分析的需求。该模块可接入多种传感器接口,具有高精度和可靠性。

(3)倾角式静力水准仪 JMQJ-6205AD:主要用于测量两点之间的高度差。它具有倾角传感器和数据采集处理系统,能实现高精度和高效率的测量,适用于隧道、桥梁、大坝等基础设施的施工和监测。

(4)激光测距仪 JMCD-9010AD:具有高精度、远距离测量的特点。它采用激光脉冲测距技术,可以在各种环境下进行快速、准确的测量,适用于隧道、桥梁等基础设施的施工和监测。

## 【知识储备】

### 1. 隧道智能监测系统的组成

隧道智能监测系统中的沉降和收敛监测系统主要由传感器、数据采集模块、监测单元、数据传输装置和通信设施组成。传感器包括倾角式静力水准仪、激光测距仪,用于测量结构或地表的倾斜角度、位移和沉降变化。数据采集模块负责收集传感器生成的原始数据,并通过数据传输装置将这些数据传输给中央处理系统。监测单元可实现现场或远程监测,通常包括数据存储设备、数据处理单元、实时监测系统和报警系统。通信设施用于实现数据的及时传输,隧道智能监测系统检查如图 4-1 所示。

图 4-1　隧道智能监测系统检查

隧道沉降是指隧道所在地区的地面下沉现象。沉降通常是因为开挖卸载时周围土体向隧道内涌入从而造成地面下沉；支护结构空隙闭合导致地面下沉；管片衬砌结构变形导致地面下沉；隧道结构整体地面下沉。

隧道沉降问题源于复杂的施工环境，可能由软弱围岩、水土问题、地下水开采等多重因素引起。这种沉降不仅会威胁隧道结构的稳定性，导致道路损伤、交通受阻，还会导致周边建筑物的地基下陷，使地下管道和设施发生挤压和变形，引发设施破损。此外，隧道沉降还可能改变地下水位，影响地下水资源分布，导致地表排水方向变化，进而引发排水问题和潜在的涝灾。这不仅会对地下水生态环境构成潜在威胁，还会加大地下设施的维护成本和难度。全面的监测和有效的管理是确保隧道工程可持续性和周边环境稳定性的重要环节。隧道沉降导致积水如图 4-2 所示。

图 4-2　隧道沉降导致积水

隧道收敛是指隧道结构在使用过程中因各种因素导致隧道的截面尺寸发生变化，即隧道壁面逐渐靠拢。现阶段隧道断面的收敛变形模式主要有均匀收敛模式（见图 4-3(a)）、单间隙收敛模式（见图 4-3(b)）、双间隙收敛模式（见图 4-3(c)）及不均匀收敛模式（见图 4-3(d)）。由于隧道断面的收敛变形受到多种因素的共同影响，目前普遍认可的收敛变形模式为不均匀收敛模式。

(a) 均匀收敛模式　　(b) 单间隙收敛模式

(c) 双间隙收敛模式　　(d) 不均匀收敛模式

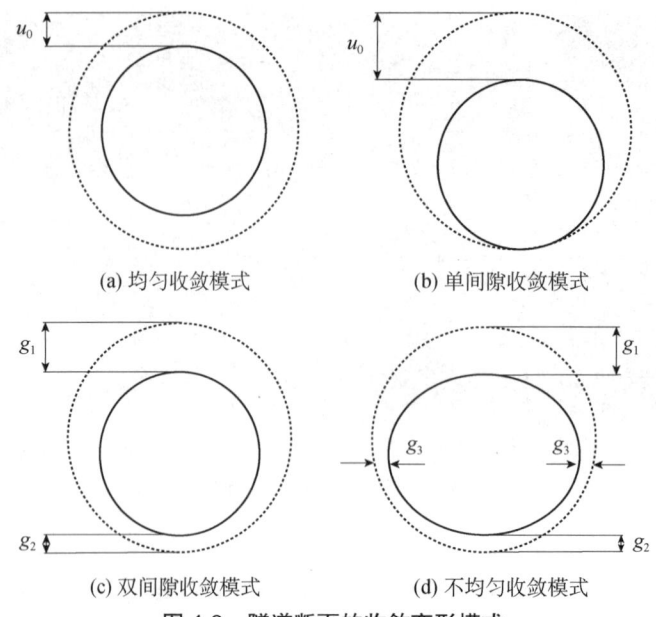

图 4-3　隧道断面的收敛变形模式

隧道收敛可能导致隧道结构的安全受到威胁。过快的收敛速度会危及隧道结构的安全性，可能引发裂缝、变形甚至塌方等结构问题。此外，隧道收敛对设备运行和维护也有负面影响。隧道内通行空间变窄会增加车辆通行的难度，可能影响交通安全。隧道收敛有可能导致地表沉降，进而影响周边建筑物的稳定性，影响地下水位和地下水流的分布，对周边环境产生影响。整体而言，隧道收敛的影响层面涵盖结构稳定性、设备运行、通行空间和周边环境的变化。隧道收敛导致积土如图 4-4 所示。

图 4-4　隧道收敛导致积土

因此，为了避免隧道沉降和收敛带来的负面影响，需要通过沉降和收敛监测系统实时监测和评估隧道的沉降和收敛情况，充分考虑隧道结构和周边环境的潜在影响，及时采取必要的维护和加固措施，确保隧道的安全运行。

## 2. 沉降和收敛监测的应用场景

沉降和收敛监测的应用场景很多，例如隧道在施工和运营期间可能受到地质条件、地下水位变化等因素的影响，沉降和收敛监测可以帮助工程师及时发现潜在问题，确保隧道的结构安全和通行安全。在地铁和其他地下交通隧道的建设和运营过程中也需要进行沉降和收敛监测。由于这些隧道通常位于城市中心，周围有大量基础设施和建筑物，沉降和收敛监测可以保护周边建筑物免受影响。在桥梁和隧道的交叉口处，地下结构可能会受到复杂的力学作用，沉降和收敛监测可以帮助工程师了解结构变形情况，确保交叉口的稳定性。在城市建设中，地铁线路可能会经过现有建筑物的底部。在这种情况下，沉降和收敛监测可以确保施工对周围建筑物的影响在可接受的范围内，并采取必要的保护措施。水利工程中的隧道和地下管道也需要进行沉降和收敛监测，这有助于确保水利结构的安全运行，避免对地下结构产生不利影响。在地下矿井工程中，地下空间的变化可能会对隧道和通道的稳定性产生影响。隧道收敛变形监测设备如图 4-5 所示。

图 4-5　隧道收敛变形监测设备

沉降和收敛监测系统调试如图 4-6 所示。

图 4-6　沉降和收敛监测系统调试

### 3. 沉降和收敛监测感知设备

（1）倾角式静力水准仪。

倾角式静力水准仪具备实时精准测量地表垂直位移的能力，为监测地下隧道对地表的影响提供了可靠手段。使用多个倾角式静力水准仪可以同时监测隧道周围的多个点，以获取更全面的沉降数据，实现大范围沉降监测。通过持续不断地监测地表沉降状况，可以及时察觉可能存在的地下不稳定情况，采取必要的纠正措施，从而维护周边地区的稳定性。在隧道工程中，倾角式静力水准仪可以用于追踪地表沉降的动态过程以及建筑物倾斜的变化情况。其灵活性使其可以被安装在关键监测位置，以便实时测量并记录倾斜角度的变化，为工程团队提供详尽、准确的数据，有助于制订科学、合理的工程管理和维护策略。

倾角式静力水准仪内含倾角敏感元件，通常是倾角传感器和加速度倾角芯片等。倾角传感器使用不同的技术和原理来测量物体的倾斜角度。同时，加速度倾角芯片用于测量物体在各个方向上的加速度分量。在使用仪器之前，通常需要进行校准。倾角式静力水准仪内设有一个基准水平面，该基准水平面被用作参考，以确定仪器的倾斜角度。仪器内部配备数据处理单元，用于接收传感器信号并计算仪器相对于基准水平面的倾斜角度。这些数据可通过数字显示屏或连接至计算机系统进行显示和记录。当仪器置于水平面上时，传感器感知到重力指向地面，数据处理单元会将其识别为基准状态，此时倾斜角度为0°。仪器发生倾斜时，传感器会检测到不同的引力方向，数据处理单元会计算出仪器相对于基准水平面的倾斜角度。倾角式静力水准仪的精度取决于内置传感器的灵敏度和仪器设计质量。它广泛应用于多个领域，包括隧道工程、建筑、地质勘探等，用于测量地面和结构物的倾斜情况，为工程的稳定性和安全性提供关键数据支持。倾角式静力水准仪的实际应用如图4-7所示。

图4-7 倾角式静力水准仪的实际应用

（2）激光测距仪。

激光测距仪通过发射激光脉冲并测量其从发射到返回的时间，精准地计算目标距离。沉降和收敛监测系统通过激光测距仪来监测隧道的收敛情况。同时,激光测距仪可以测量隧道壁面之间的距离,帮助工程师判断隧道结构。

激光测距仪的工作原理是:激光测距仪内部搭载精密激光发射器,释放出一束高度聚焦的激光,通常呈红色或绿色。这束激光在空间中沿直线传播,瞄准目标物体,如隧道壁面。一旦激光束照射到目标物体上,就会发生反射,其中部分激光会被目标物体反射回来。激光测距仪内置高效接收器,用于接收从目标物体上反射回来的激光。仪器会精确记录激光从发射到返回的时间间隔,即激光往返时间。通过光速,激光测距仪能精准计算出与目标物体之间的距离,计算公式为

$$距离 = \frac{光速 \times 时间间隔}{2}$$

激光测距仪配备数字显示屏,能实时显示测量结果。此外,数据可存储或传输至计算机,以供后续分析和记录。在隧道工程中,激光测距仪可以灵活放置于隧道壁面的不同位置,用于监测隧道的收敛情况。当隧道发生收敛时,隧道壁面相对于中心轴线发生移动,激光测距仪能精准测量壁面之间的距离变化,从而评估隧道结构的稳定性和变形情况。总体而言,激光测距仪通过测量激光传播的时间间隔来计算距离,为实时监测隧道的收敛情况提供了有效手段,为隧道工程的安全性提供了重要的数据支持。

若在隧道施工后的几个月内,激光测距仪测得隧道壁面之间的距离减小,则表明隧道发生了收敛现象。这种收敛可能是多种因素引起的,包括地质条件的变化、土壤沉降以及隧道结构材料的变形等。通过对收敛幅度和速度进行分析,工程师可评估隧道结构的稳定性,并判断是否需要采取相应的措施来保障隧道的安全。激光测距仪的使用实例如图 4-8 所示。

图 4-8 激光测距仪的使用实例

# 【任务实施】

## 1. 安装准备

确定安装激光测距仪和倾角式静力水准仪的具体位置,确保该位置对于测距范围是合适的,并且能保证传感器不易受到干扰,同时确保所选材料能适应隧道内的环境条件。

## 2. 选择电源及综合采集主机

选择电源时要确保隧道沉降和收敛监测系统能获得稳定的电源供应。综合采集主机是数据采集、测量设备，能自动识别传感器。综合采集主机如图 4-9 所示。

图 4-9 综合采集主机

## 3. 准备安装工具

准备必要的工具和设备，如纯净水、防冻液、水管、沉降管、气泵、电源模块、水平仪、螺丝刀、扳手、测距工具、万用表、标尺或测量工具、支架、调焦工具、导线、数据接口等，以便安装传感器和设备。

## 4. 在隧道拱腰及拱顶安装激光测距仪

（1）测点确定和激光测距仪固定。

根据隧道沉降和收敛监测方案，在拱腰和拱顶确定安装激光测距仪的位置。确定监测点时要考虑隧道结构特点、变形趋势和监测覆盖范围。确定监测点后，安装激光测距仪的支架或固定装置，确保其稳定且与监测点对齐。

（2）激光测距仪安装和校准

确定好固定方式后，选择基准点和参照点。确定激光测距仪的水平或垂直安装方向，以安装板上的孔距为基准，在确定的位置打孔（2 个直径为 8mm 的孔），并将 M6 膨胀螺栓敲入。接下来，调整激光测距仪的角度，确保激光能照射至监测点。

安装完成后进行激光测距仪校准，将激光发射点对准已知距离的目标物体，进行测量并记录结果，调整校准参数以提高准确性，可进行多点校准以提高精度，最后验证测量结果与实际距离的一致性，以确保激光测距仪在监测过程中能提供准确可靠的数据。激光测距仪的校准如图 4-10 所示。

图 4-10 激光测距仪的校准

(3)电源和数据连接。

连接激光测距仪和电源模块,确保电源供应稳定;连接数据采集单元,确保数据传输通畅;进行系统测试,验证激光测距仪是否能正常工作;确认数据采集和传输正常。

### 5. 在隧道沉降缝安装倾角式静力水准仪

(1)确定安装位置并安装支架。

根据隧道沉降和收敛监测方案在拱腰和拱顶确定安装倾角式静力水准仪的位置,使用测距工具和水平仪,测量选定位置到参考点的水平距离,确保安装位置水平。将倾角式静力水准仪的支架安装在确定位置上,确保支架牢固。

(2)安装倾角式静力水准仪。

将传感器放置好,并确定连接各个传感器的水管长度和导线长度。连接水管和导线后,将基准点传感器连接到水箱,然后依次连接其他传感器。完成连接后,开始向系统内注水,可以逐段打开传感器上的盖子,逐步加水。在注水过程中,每个传感器的液面上都要覆盖一层硅油,然后盖上盖子并拧紧。检查并确保所有气泡已排出,同时检查水管和传感器是否有漏水点。确认气泡已经排除且无漏水后,即可完成注水过程。安装基准点的传感器时,将其作为沉降监测系统的基准点。采用膨胀螺栓或焊接的方式固定支撑板,并确保基准点与其他传感器基本在同一水平面上。安装完成后,连接传感器至采集模块,并根据设计方案布置DTU模块和线路。最后,对系统设备、水管、导线等进行防护和标识,确保整个监测系统的安全和稳定运行。隧道中的倾角式静力水准仪如图4-11所示。

图4-11 隧道中的倾角式静力水准仪

(3)仪器校准。

对倾角式静力水准仪进行校准,确保数据能被正确采集。

### 6. 采集与集成感知数据并上云

通过综合采集主机连接倾角式静力水准仪和激光测距仪。采集到的原始数据通过DTU模块被上传至云端,以确保数据的安全性和可靠性。使用云端的软件对接收到的数据进行分析,完成对沉降和收敛的计算,生成监测报告和趋势分析。利用接收到的数据,创建可视化的监测报告和图表,能直观地了解隧道结构的变形情况。隧道收敛监测系统的结构如图4-12所示,其中1是膨胀螺栓,2是固定支架,3是磁性锚头,4是激光测距仪,5是通信光纤,

6 是数据采集平台，7 是数据信息处理平台，8 是拱顶反射片，9 是矩形钢板，10 是拱腰反射片。

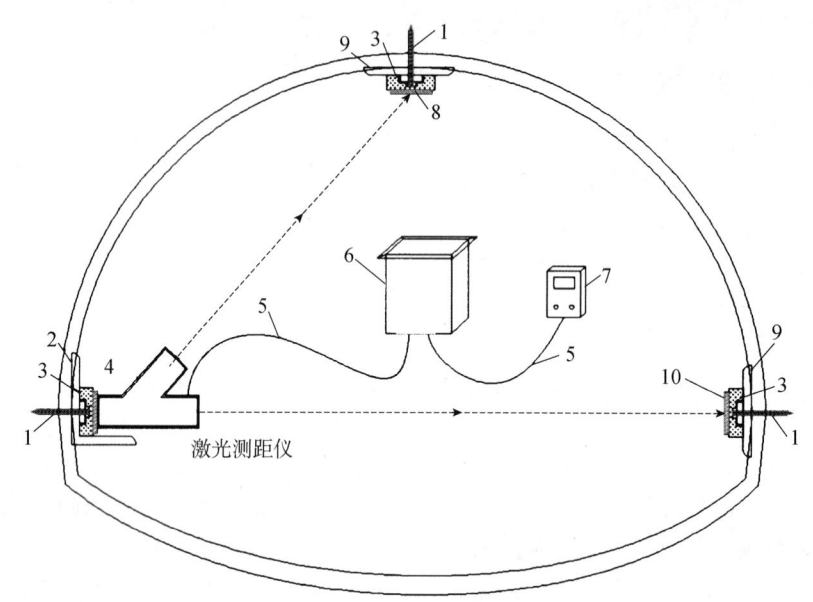

图 4-12　隧道收敛监测系统的结构

## 【任务工单】

| 项目 4：感知技术在隧道监测系统中的应用 | 任务 1：沉降和收敛监测 |
|---|---|

（一）关键知识引导
1. 掌握隧道沉降和收敛监测系统的工作原理
2. 掌握倾角式静力水准仪的安装与使用方法
3. 掌握激光测距仪的安装与使用方法

（二）任务实施情况

| 实施步骤 | 具体操作 | 完成情况 |
|---|---|---|
| 步骤 1：安装准备 | | |
| 步骤 2：选择电源及综合采集主机 | | |
| 步骤 3：准备安装工具 | | |
| 步骤 4：在隧道拱腰及拱顶安装激光测距仪 | | |
| 步骤 5：在隧道沉降缝安装倾角式静力水准仪 | | |
| 步骤 6：采集与集成感知数据并上云 | | |

（三）任务检查与评价

| 项目名称 | 感知技术在隧道监测系统中的应用 |
|---|---|
| 任务名称 | 沉降和收敛监测 |
| 评价方式 | 可采用自评、互评、教师评价等方式 |
| 说　　明 | |

续表

| 序号 | 评价内容 | 分值 | 得分 |
|---|---|---|---|
| 1 | 知识运用（20%） | 20 分 | |
| 2 | 专业技能（40%） | 40 分 | |
| 3 | 核心素养（20%） | 20 分 | |
| 4 | 课堂纪律（20%） | 20 分 | |
| 总得分 ||||

（四）任务总结

| 过程中的问题 | 解决方式 |
|---|---|
| | |
| | |
| | |
| | |

## 【任务小结】

隧道沉降和收敛监测任务旨在通过融合理论学习和实际操作，使学生深入了解隧道工程中沉降和收敛监测的基本原理和操作技能。通过这一过程，学生能培养实际工作所需的操作技能和数据处理能力，学会团队协作。

该任务首先要求学生理解监测原理，包括沉降和收敛监测设备的工作原理以及监测数据的采集和分析方法。在此基础上，要求学生通过实际操作，学会独立设置监测设备，进行数据采集和处理，培养实践能力、安全意识和规范操作能力。

在任务中，学生还接触到了异常数据的识别与处理方法，提高了问题解决能力和创新思维。

## 【任务拓展】

深入学习及模拟实验：学生可以深入了解倾角式静力水准仪和激光测距仪的工作原理，通过模拟实验加深对原理的理解；设计一些模拟实验，模拟不同的隧道收敛情况，让学生实际操作仪器，观察数据变化，加强实践操作能力。

数据处理与分析：强调数据的处理和分析技能，学生可以学习如何处理数据，以及如何利用这些数据判断隧道稳定性和变形情况；设计实验案例，让学生分析实验数据，预测可能出现的问题，并提出相应的解决方案。

实地应用及实际工程案例分析：学生可以参与实地考察或实际工程案例分析，了解倾角式静力水准仪和激光测距仪在实际隧道工程中的应用情况；通过实地应用和实际工程案例分析，学生能更好地理解这些仪器的实际价值，也能学习工程实践中的注意事项和解决问题的方法。

创新设计与改进：鼓励学生在理解基本原理的基础上，提出创新的设计或改进方案，设计更高效、更精准的监测系统；激发学生的创造力和创新思维，培养他们解决实际工程问题的能力。

# 任务2 锚杆轴力监测

## 【职业能力目标】

深刻理解隧道锚杆轴力监测的基本原理、仪器类型和数据分析方法。

参与实际的隧道工程,熟悉各类监测仪器的使用方法,学会正确设置、校准和维护监测设备;能准确分析、解读监测数据,发现异常情况并提出合理的解释与建议。

学习异常情况的应对措施,包括调整锚杆预应力、改进支护结构等。

## 【任务描述】

任务内容:学习监测锚杆轴力的具体方法和技术,以及监测数据的采集频率和方式,同时对监测到的数据进行分析、处理和解释的方法,以便评估锚杆轴力的情况并采取必要的措施;阐明在监测过程中需要采取的安全措施,确保工作人员和设备的安全;描述监测结果,与相关方沟通监测结果。

任务要求:确保工程结构的稳定性和安全性,及时发现并解决锚杆系统可能出现的异常情况,以提高工程施工和运营阶段的安全性;监测工程项目中特定位置的锚杆系统,包括锚杆的类型、数量、位置、材料规格等;使用应变计、传感器等现代监测技术,实时监测锚杆系统的轴力变化,数据采集频率为每小时1次,至少持续6个月;分析监测到的数据,制作轴力变化曲线,评估锚杆系统的稳定性,及时发现轴力异常变化,并提出相应的建议和处理措施;确保监测设备的安装、维护、数据采集等符合工程安全标准;每月生成监测报告,报告内容包括监测数据、分析结果、异常情况报告以及针对异常情况的处理建议;定期与工程负责人、设计师和监理单位进行沟通和讨论。

## 【设备选型】

(1)DTU模块JMTX-2020:采用工业级4G模块,具有信号传输稳定、覆盖范围广等特点。

(2)综合采集模块JMZX-6SH:采用弦式传感器,具有多通道、高精度、稳定性强等特点。

(3)表面型智能弦式应变计JMZX-212HAT:是测量结构表面应变的传感器,能敏感地捕捉结构表面的微小变形,实现高精度测量应变,实时监测结构的应变状态。

## 【知识储备】

### 1. 锚杆轴力监测的应用场景

锚杆轴力是锚杆(通常为钢筋或钢管)在受力作用下产生的拉力或压力。锚杆通常用于土体或岩体工程中,以提供对土体或岩体的支护、加固或稳定作用。当锚杆受到外部荷载或地层的变形作用时,锚杆会发生相应的拉伸或压缩,导致轴力的产生。这个过程符合胡克定律，即拉力或压力与杆的变形程度呈线性关系。隧道中锚杆的布设安装如图4-13所示。

图4-13 隧道中锚杆的布设安装

锚杆轴力监测广泛应用于需要稳定地下结构或土体的场景，以确保其安全性和稳定性。在隧道工程建设中，锚杆通常被用于加固和稳定隧道壁面，以防止坍塌。通过监测锚杆轴力，工程师可以实时了解隧道系统的稳固状态，及时发现潜在的变形或位移，确保隧道结构的稳定性。在岩土工程中，锚杆常用于固定边坡、防止滑坡或挡土墙倾覆。通过监测锚杆轴力，可以及时探测工程结构的变形情况，从而采取必要的措施来维护工程结构的稳定性。在建筑物或桥梁等基础工程中，锚杆广泛用于支护基础。轴力监测可用于监测土体的变形和压力分布情况，帮助评估支护基础的稳定性和安全性。在深基坑和挖掘工程中，锚杆常用于支护周围土体，以防止坑壁塌方。通过监测锚杆轴力，可以实时了解深基坑周围土体的变形情况，确保施工过程的安全性。在矿山中，锚杆被用于巷道支护和岩石控制。轴力监测可以帮助矿业公司了解巷道结构的稳定性，预测潜在的岩体变形，采取适当的措施来减少地质灾害。在地铁和其他地下结构中，锚杆轴力监测有助于监测隧道壁面的稳定性，防止地下结构的变形和塌方。

评估锚杆轴力是否在设计范围内至关重要，这直接关系到隧道结构的整体稳定性。锚杆在面对外部载荷、地层变化等多种因素时，可能承受不同的力，若不能在设计范围内保持受力平衡，会对隧道的安全构成威胁。通过实时监测锚杆轴力，工程师能及时察觉任何不正常的受力情况，采取迅速而有针对性的措施，有效预防潜在事故。值得强调的是，锚杆的质量和安装方式直接关系到其受力性能，因此在保障监测准确性的同时，对锚杆的品质和安装方式进行仔细选择是确保工程结构稳定的必要步骤。检测锚杆是否正常工作如图4-14所示。

在隧道内部或锚杆周围部署锚杆轴力传感器，能直接测量锚杆所受的轴力，并将实时数据传输至数据采集单元。数据采集单元负责接收并处理传感器的信号，有效整合锚杆轴力数据。数据可以通过有线或无线方式传送至监测系统，监测系统通过对采集到的锚杆轴力数据进行深入分析，生成直观的图表、趋势图等，供工程师全面了解锚杆受力情况。当监测系统检测到锚杆轴力超出设计范围时，会触发预警和报警机制，同时通过数据传输单元传输至云平台，为工程团队提供实时、精准的异常状态通知。通过实时监测和警报系统，工程师能立即采取必要的措施，迅速应对风险，确保隧道工程的可靠性和安全性。

图 4-14　检测锚杆是否正常工作

### 2. 锚杆轴力监测感知设备

锚杆轴力监测感知设备是专门用于感知和监测锚杆轴力的设备，通常包括以下关键组件：锚杆轴力传感器（表面型智能弦式应变计 JMZX-212HAT），这是监测系统的核心部件，直接安装在锚杆上以感知轴力；综合采集模块，用于接收和整理传感器发来的信号；DTU 模块将数据传输到监测系统进行进一步的分析。同时，为了实现数据的远程传输，锚杆轴力监测感知设备通常配备通信模块。

表面型智能弦式应变计是测量结构表面应变的传感器。当结构内部的应力发生变化时，应变计能感知结构表面的变形，将变形信号传递给振弦，振弦将其转化为振弦应力的变化，导致振弦的振动频率发生变化。表面型智能弦式应变计对结构表面的微小应变非常敏感，能捕捉到结构的细微变形，提供全面的结构状况评估；内置先进的数据处理单元，具备智能化的算法和分析功能；能即时处理应变数据，为用户提供实时、精准的结构变形信息；不仅在感知微小应变方面表现出色，而且能通过综合采集模块集成到结构监测系统中。

## 【任务实施】

### 1. 安装准备

确定表面型智能弦式应变计的安装位置（通常选择需要进行测量的区域中的固定位置），同时确保所选材料能适应隧道内的环境。

### 2. 选择电源及数据采集系统

选择合适的电源，确保隧道锚杆轴力监测系统能获得稳定的电源供应。

### 3. 准备安装工具

准备必要的工具和设备，如螺丝刀、膨胀螺栓等，以便安装传感器。

### 4. 在隧道断面安装表面型智能弦式应变计

(1) 确定监测点及清洁、打磨。

确定需要监测的位置,并进行仔细的清洁工作,确保表面没有尘土、污垢、涂层等。在对钢结构表面进行处理时,使用粗砂布进行打磨。

(2) 检查安装设备并固定。

检查设备的连接线、传感器和通信模块等部件。一般采用焊接的方式固定表面型智能弦式应变计。将安装模管插入安装座,确保安装模管的两端与安装座的侧面齐平。随后,将安装模管固定在安装座上,通过焊接方式将安装座固定在钢结构上,将应变计放入安装座内,固定安装座。以焊接方式安装表面型智能弦式应变计如图 4-15 所示。

图 4-15 以焊接方式安装表面型智能弦式应变计

(3) 调零。

用焊接方式安装保护罩,将应变计调零。应变计完全稳定后,根据说明书进行调零操作,登记每个测试点安装的应变计编号,并保存记录资料。

### 5. 采集与集成感知数据并上云

采集的原始数据通过 DTU 模块上传至云端。使用云端数据处理软件对接收到的数据进行分析,捕捉结构表面的微小变形,生成监测报告和趋势分析。

## 【任务工单】

| 项目 4:感知技术在隧道监测系统中的应用 | 任务 2:锚杆轴力监测 |
|---|---|
| (一)关键知识引导<br>掌握表面型智能弦式应变计的安装与使用方法 ||

续表

### （二）任务实施情况

| 实施步骤 | 具体操作 | 完成情况 |
|---|---|---|
| 步骤1：安装准备 | | |
| 步骤2：选择电源及数据采集系统 | | |
| 步骤3：准备安装工具 | | |
| 步骤4：在隧道断面安装表面型智能弦式应变计 | | |
| 步骤5：采集与集成感知数据并上云 | | |

### （三）任务检查与评价

| 项目名称 | 感知技术在隧道监测系统中的应用 |||
|---|---|---|---|
| 任务名称 | 锚杆轴力监测 |||
| 评价方式 | 可采用自评、互评、教师评价等方式 |||
| 说　　明 | |||
| 序号 | 评价内容 | 分值 | 得分 |
| 1 | 知识运用（20%） | 20分 | |
| 2 | 专业技能（40%） | 40分 | |
| 3 | 核心素养（20%） | 20分 | |
| 4 | 课堂纪律（20%） | 20分 | |
| 总得分 ||||

### （四）任务总结

| 过程中的问题 | 解决方式 |
|---|---|
| | |
| | |
| | |

## 【任务小结】

本任务旨在进行隧道锚杆轴力监测，确保隧道结构的稳定性和安全性。关键知识点包括隧道锚杆的作用和结构、锚杆轴力传感器的选用、监测目的、提供的信息以及监测过程。

通过这次任务，学生不仅了解了隧道锚杆轴力监测的重要性，还掌握了具体的传感器选择和监测流程，为隧道工程的稳定性和安全性提供了关键信息。

## 【任务拓展】

隧道锚杆轴力监测系统的网络化搭建可以覆盖更大范围的地域。研究跨地域隧道锚杆轴力监测系统的设计、数据传输、信息整合与分析，对不同地域的隧道锚杆轴力情况进行综合监测和管理。研究新型材料对锚杆轴力监测的影响，探索在不同材料条件下锚杆轴力监测的新技术、新方法。结合人工智能和物联网技术，研究智能化锚杆轴力监测系统，通过学习算法实现对锚杆轴力的自动判断、实时预警以及远程控制，提升监测效率和安全性。研究如何将锚杆轴力监测系统与隧道维护系统结合，形成一体化的监测与维护系统。通过实时监测锚杆轴力变化，自动触发维护系统，实现迅速响应和维护，提高隧道结构的安全性和可靠性。

## 任务 3　压力/应变监测

### 【职业能力目标】

理解不同类型传感器的工作原理和适用场景，选择适当的传感器应用于特定的隧道工程情境，独立完成传感器的安装、配置、校准和调试，确保传感器能准确采集数据。

能采集实时数据并对其进行分析，理解数据反映的结构状态，识别异常情况并提出解决方案。根据监测数据评估隧道结构的稳定性，识别潜在的问题或结构受力异常，并提出相应的结构优化或维护建议。迅速响应监测数据异常，提出问题解决方案，采取必要的紧急措施，确保隧道结构的安全和稳定。

在小组内有效合作，分工协作，共同完成传感器安装、数据采集和分析任务，并能清晰有效地向他人传达监测结果和分析结论。

严格遵守实验室安全规定，正确使用实验设备，具备实践操作的技能和安全意识。

### 【任务描述】

任务内容：通过实时监测隧道结构的压力/应变情况，培养学生在隧道工程中应用传感器进行结构监测的实践能力，提高问题解决能力和工程实践经验；学习不同类型传感器的工作原理，并理解应用场景；选择适用于隧道工程的传感器，学会如何正确将传感器安装在隧道结构上，确保传感器能准确采集数据；实时采集传感器所得数据，通过数据分析了解结构的压力/应变情况；基于监测数据评估隧道结构的稳定性，并诊断可能存在的问题，包括识别应力集中点、结构受力异常或潜在风险；响应监测数据异常，提出问题解决方案，采取必要的紧急措施，确保隧道结构的安全和稳定；撰写实验报告，展示实践过程、监测数据及分析结果，并总结所学到的经验与教训。

任务要求：能理解不同类型传感器的工作原理，了解其应用场景和优势；具备选择适用于隧道工程的传感器的能力；实践传感器的安装、配置、校准和调试过程，确保传感器能准确采集数据；具备将传感器安装在隧道结构上的技能，确保传感器与结构良好适配；具备实时采集传感器所得数据的能力，并能准确分析数据；能通过数据分析了解结构的压力/应变情况，识别异常或潜在问题；能基于监测数据评估隧道结构的稳定性，判断结构是否受到合适的支撑和防护；具备问题诊断能力，能识别应力集中点、结构受力异常或潜在风险；具备响应监测数据异常的能力，提出问题解决方案并采取必要的紧急措施，保障隧道结构的安全和稳定；能快速作出反应，采取适当措施解决监测数据显示的问题，确保隧道结构的安全；能撰写实验报告，清晰地展示实践过程、监测数据及分析结果，反映实验的完整性和逻辑性；具备总结经验与教训的能力，分析实践过程中的问题并提出改进意见。

## 【设备选型】

（1）DTU 模块 JMTX-2020：采用工业级 4G 模块。

（2）综合采集模块 JMZX-6SH：集成多种传感器接口，采集多种数据。

（3）表面型智能弦式应变计 JMZX-212HAT：测量结构表面应变的传感器。它采用弦式测量原理，能敏锐地捕捉结构表面的微小变形。该传感器可实现高精度测量，实时监测结构的应变状态。

（4）智能弦式双膜土压力盒 JMZX-5001AT：适用于测量土壤压力，特别适用于基础建设如隧道、地下设施等。它采用弦式测量原理，可以准确监测土壤压力变化，并将数据智能化处理和输出。

（5）智能弦式渗压计：这是一款高精度、高稳定性的仪器，专门用于测量各种地质环境中的深层渗水压力，如边坡、大坝等。

## 【知识储备】

### 1. 压力/应变监测的应用场景

压力/应变监测在隧道工程中具有重要作用。在隧道工程中，通过监测隧道壁、拱顶和地基的压力和应变，可以实时了解隧道结构的变化情况，有助于及时发现潜在的结构问题，提高隧道的安全性。在地铁隧道建设和运营中，监测隧道结构的压力和应变可以帮助维持隧道的结构稳定性，提前发现和解决潜在的问题，确保地铁线路的安全运营。在隧道施工过程中，监测地层的压力和应变有助于掌握施工现场的地质情况，提前发现地质灾害的可能性，以便采取适当的施工措施。通过实时监测隧道周围地层的压力和应变，可以提前发现地质灾害的迹象，例如地裂缝、岩层位移等，从而及时采取措施避免灾害发生。在隧道运营过程中，定期监测隧道结构的压力和应变有助于评估隧道的健康状况，及时发现结构老化或损伤，确保隧道的安全。

在隧道工程中，隧道压力的异常变化常常是潜在安全风险的先兆，可能源自地质变化、水压增加或结构破损等。通过持续监测，我们能及时识别这些变化，提供预警，从而降低潜在灾害发生的可能性，保障隧道的安全。隧道结构在长时间运行和不同环境条件下可能经历变化，借助压力监测，我们可以全面评估隧道结构的稳定性和健康状况，确保其能持久可靠地运行。监测数据不仅能在发生异常时提供及时响应，还可以为隧道工程设计的改进和优化提供宝贵信息。通过深入分析监测数据，我们能在设计阶段就识别潜在的压力问题，为新建或改建的隧道进行科学、合理的设计，这种具有前瞻性的设计方法有助于确保隧道在投入运行后在各种环境条件下稳定运行，提高整体工程的可靠性和持久性。因此，隧道压力/应变监测不仅是灾害防范的关键手段，也是提升隧道工程质量和持续性的重要工具，如图 4-16 所示。

图4-16 隧道压力/应变监测

### 2. 接触面压力监测感知设备

隧道支护结构的稳定性与土体的压力分布密切相关。为了监测土体对隧道的压力情况，通常会引入智能弦式双膜土压力盒。这种传感器能实时监测土体对支护结构的压力变化，有助于工程师深入了解支护结构的稳定性。通过实时数据，系统能准确识别土体压力的变化趋势，提前预警可能的问题，并采取相应的维护措施，以确保隧道的结构安全。

智能弦式双膜土压力盒如图4-17所示，其基于土体对膜片的压力作用，通过测量膜片的变形程度来精确计算土体的压力。通常，这种传感器由两个膜片组成，分布在不同的位置。当土体对传感器施加压力时，膜片发生变形，而变形的程度与土体的压力成正比。

图4-17 智能弦式双膜土压力盒

智能弦式双膜土压力盒在隧道工程中发挥着重要的作用，可实现高精度测量，实时监测土体对支护结构的压力变化。在安装智能弦式双膜土压力盒时，需要精确选择位置，以确保获得真实的土体压力数据。为了确保传感器具备良好的环境适应性和稳定性，需要定期对传感器进行校准，并进行必要的维护。总体而言，智能弦式双膜土压力盒通过其高精度测量和实时监测的特性，为隧道工程的支护结构提供了可靠的压力监测手段，但在使用过程中要谨慎操作，保持设备的可靠性和数据的准确性。智能弦式双膜土压力盒的使用实例如图4-18所示。

### 3. 钢筋内力监测感知设备

表面型智能弦式应变计对结构表面的微小应变非常敏感，内置先进的数据处理单元，具备智能化的算法和分析功能。

图 4-18　智能弦式双膜土压力盒的使用实例

埋入式智能弦式应变计同样是为测量结构的应变而设计的，但与表面型智能弦式应变计的安装位置不同，它安装在结构内部，通常埋设在混凝土或结构材料内，能直接测量结构内部的应变。这样的设计使它对结构的影响较小，适用于需要长期监测结构变形的场景。在隧道工程中，埋入式智能弦式应变计应用更广泛，这是因为在隧道结构中，我们通常更关心深层次的变形情况，埋入式智能弦式应变计能提供更直接、全面的结构内部变形数据，有助于对隧道结构的稳定性和安全性进行长期监测。

表面型和埋入式智能弦式应变计都是用于测量结构应变的传感器，其共同的优点是高灵敏度和高精度，能检测微小的变形，提供准确的应变数据；安装过程中都需要采用校准技术，确保测量的可靠性和一致性，保障应变计的灵敏度，确保测量的可靠性。

### 4. 渗水压力监测感知设备

智能弦式渗压计能实时测量隧道内部的孔隙水压力，有助于工程师全面了解水流情况并及时应对风险，提前预警可能出现的渗水问题，确保隧道结构的牢固稳定和运行的安全可靠。

智能弦式渗压计是一种专门用于测量土壤和岩石中孔隙水压力的先进传感器，如图 4-19 所示。弦式传感器通过测量土壤孔隙中水含量引起的膨胀和收缩变化，精准捕捉土壤水分动态。同时，渗透压传感器专注于测量土壤中的水压力，这两者的协同作用实现了对土壤孔隙水压力的实时监测。

图 4-19　智能弦式渗压计

智能弦式渗压计的安装过程简单，可安装在不同的位置，实现对隧道结构不同区域的监测，提供更全面的信息。智能弦式渗压计在隧道工程中的应用对工程师具有重要意义，能全方位地揭示水压变化情况，提供实时、准确的渗水数据，有助于及时发现隧道内的渗水问题，保障隧道结构的稳定性和整体安全性。智能弦式渗压计的放置如图 4-20 所示。

图 4-20　智能弦式渗压计的放置

## 【任务实施】

### 1. 安装准备

确定传感器的安装位置，同时确保所选材料能适应隧道内的环境条件。

### 2. 选择电源及数据采集系统

选择合适的电源，确保监测系统能获得稳定的电源供应。

### 3. 准备安装工具

准备必要的工具和设备，如水泥、钢丝软管、裁纸刀、尼龙绳、水平尺、综合测试仪、细扎丝或尼龙扣等，以便安装传感器和设备。

### 4. 在围岩和接触面之间安装智能弦式双膜土压力盒

（1）确定位置并布点。

确定智能弦式双膜土压力盒的安装位置。

（2）检查仪器并安装。

确保智能弦式双膜土压力盒的传感器连接正常，以及电缆或无线通信连接处完好无损。安装时要确保土压力盒的受力膜朝上，如图 4-21 所示。

（3）仪器校准并集成。

安装完成后，进行测试和校准，确保智能弦式双膜土压力盒的测量结果准确可靠。记录智能弦式双膜土压力盒的具体安装位置、方向及其他相关信息，这有助于日后的维护和数据分析。

### 5. 在锚杆的不同区段安装表面型和埋入式智能弦式应变计

（1）监测点确定及清洁。

确定传感器的安装位置，清洁表面，确保表面没有尘土、污垢或涂层等杂质。

图 4-21 智能弦式双膜土压力盒的安装

（2）检查、安装设备并固定。

安装表面型智能弦式应变计，确保设备完整。检查设备的连接线、传感器和通信模块等部件。一般采用焊接的方式固定表面型智能弦式应变计，如图 4-22 所示。

图 4-22 固定表面型智能弦式应变计

安装埋入式智能弦式应变计，将应变计沿平行于应力的方向安装。将应变计捆绑在结构钢筋上，捆绑位置应在应变计两端的内侧 5mm 处。应变计应为两端紧贴钢筋、中间悬空的状态。将测试导线沿结构钢筋引出，并间隔 1～2m 绑扎，绑扎不宜过紧。常见的导线引出方法为在模板打孔处引出，或内置木盒，将线盘绕其中，拆模板后再引出。

（3）校准封孔。

进行测试和校准，以确保应变计可以精确采集数据。安装完成后，将孔洞进行封堵，以防止外界环境对应变计的影响。记录应变计的具体位置、深度、安装日期等信息，以便进行日后的维护。

## 6. 在围岩中安装智能弦式渗压计

（1）确定监测位置并预钻孔。

在围岩中选择合适的监测位置，同时使用适当的设备在围岩中预先钻孔，以便后续安装智能弦式渗压计。

（2）仪器安装并校准。

连接相应的仪表，校准渗压计的零点。将智能弦式渗压计插入预先钻好的孔洞中，确保传感器的位置与设计一致，并保持传感器在合适的深度。将导线沿结构体引出，最好采用护套管保护引出。使用适当的灌浆材料或其他固定手段将智能弦式渗压计牢固地安装在围岩中，确保传感器的位置稳固并与围岩充分接触，如图4-23所示。

图 4-23　智能弦式渗压计的安装

（3）校准封孔。

进行测试和校准，确保智能弦式渗压计能正确采集数据。安装完成后，将孔洞进行封堵，以避免外界环境对渗压计的影响。记录渗压计的具体位置、深度、安装日期，方便以后的维护。

### 7. 采集和集成感知数据并上云

通过智能弦式双膜土压力盒和智能弦式渗压计等传感器采集生成的原始数据，通过综合采集模块将其存储在本地设备中，同时上传至云端。接收并存储数据，确保数据的安全性和可靠性。

## 【任务工单】

| 项目4：感知技术在隧道监测系统中的应用 | | 任务3：压力/应变监测 | |
|---|---|---|---|
| （一）关键知识引导<br>1．智能弦式双膜土压力盒的安装与使用方法<br>2．表面型智能弦式应变计的安装与使用方法<br>3．智能弦式渗压计的安装与使用方法<br>（二）任务实施情况 ||||
| 实施步骤 | 具体操作 | | 完成情况 |
| 步骤1：安装准备 | | | |
| 步骤2：选择电源及数据采集系统 | | | |
| 步骤3：准备安装工具 | | | |
| 步骤4：在围岩和接触面之间安装智能弦式双膜土压力盒 | | | |
| 步骤5：在锚杆的不同区段安装表面型和埋入式智能弦式应变计 | | | |
| 步骤6：在围岩中安装智能弦式渗压计 | | | |
| 步骤7：采集和集成感知数据并上云 | | | |

续表

(三)任务检查与评价

| 项目名称 | 感知技术在隧道监测系统中的应用 | | |
|---|---|---|---|
| 任务名称 | 压力/应变监测 | | |
| 评价方式 | 可采用自评、互评、教师评价等方式 | | |
| 说　　明 | | | |
| 序号 | 评价内容 | 分值 | 得分 |
| 1 | 知识运用（20%） | 20分 | |
| 2 | 专业技能（40%） | 40分 | |
| 3 | 核心素养（20%） | 20分 | |
| 4 | 课堂纪律（20%） | 20分 | |
| | 总得分 | | |

(四)任务总结

| 过程中的问题 | 解决方式 |
|---|---|
|  |  |
|  |  |
|  |  |
|  |  |

## 【任务小结】

通过本任务，学生对压力/应变监测技术有了更深刻的了解，尤其是它在隧道工程中的应用。

首先，学生学习了压力/应变监测的基本原理和意义，这奠定了理论基础，让学生明白了这项技术在工程领域中的重要性。其次，学生深入学习了表面型智能弦式应变计、智能弦式双膜土压力盒和智能弦式渗压计。通过了解它们的工作原理和应用场景，学生理解了这些传感器是如何实现实时监测并帮助工程师评估隧道结构稳定性的。在实践和案例研究阶段，学生分组模拟了传感器在隧道工程中的应用情景。通过分析传感器收集到的数据，学生学会了如何评估结构的稳定性，并及时预警可能的问题，提出维护措施，这让学生感受到了解决实际问题的挑战和乐趣。最后，通过小组展示和讨论，学生展示了研究成果，也提高了团队合作能力和表达能力。

## 【任务拓展】

设计一个现场模拟实验，让学生亲自操作表面型智能弦式应变计和智能弦式双膜土压力盒；模拟隧道工程中的实际场景，通过搭建模型测量应变和土体压力，进一步加深对传感器工作原理的理解。提供传感器数据，要求学生分析这些数据，探讨各种传感器的特点、适用场景及优缺点，以及在隧道工程中的应用价值。提供真实的隧道工程案例，要求学生对该案例进行深入研究。鼓励学生结合所学知识，提出创新的压力/应变监测技术或设备设计。学生可以形成小组，通过头脑风暴和合作，设计满足隧道工程需求的监测方案。组织专家讲座，邀请压力/应变监测领域的专家分享他们的经验和最新研究成果。通过这些拓展任务，学生有机会进一步深入学习压力/应变监测技术，探索创新应用，并培养解决实际工程问题的能力。这有助于将理论知识与实践结合，提升学生对隧道工程中压力/应变监测的认识和实践能力。

## 任务4　位移监测

### 【职业能力目标】

能实时监测隧道结构的位移，及时捕捉位移趋势。
具备分析位移数据的能力，能识别持续的位移趋势及可能的影响因素。
具备评估隧道结构稳定性的能力，能判断位移变化是否对结构稳定性造成潜在影响。
能根据位移数据提前预警可能的问题，采取应急响应措施，确保隧道的安全。
能分析位移数据并识别影响位移的因素。
具备制订维护和保养计划的能力，能根据位移数据辅助工程师作出维护决策。
能安装、使用和维护智能传感器。
具备解读传感器产生的位移数据并转化为实际应用的能力。
能基于位移监测数据作出科学、合理的工程决策，保障隧道结构的安全和稳定性。

### 【任务描述】

**任务内容**：本任务旨在针对隧道工程中的结构位移进行研究和监测。隧道结构位移受多种因素影响，如地质条件、地下水位、周围建筑物变化等。为了准确了解隧道内壁伸缩缝的位移变化，我们采用表面型智能测缝计和动态通用位移计等传感器。这些传感器能监测裂缝的变化情况，并及时发现可能的位移趋势。通过实时监测，工程师可以判断隧道结构是否发生变形，并据此决定是否需要修复或加固，以确保隧道的结构安全。

**任务要求**：理解隧道工程中应用的表面型智能测缝计和动态通用位移计，以及其他传感器，如智能支模位移计、钢丝位移计、智能单点位移计，了解这些传感器如何实时监测壁面裂缝、土体的位移，并采集相应的位移数据；通过连续监测位移数据，分析位移变化趋势的重要性；理解位移变化对隧道结构稳定性的影响；理解位移监测在分析位移影响因素方面的作用，特别是地质条件、地下水位等相关的分析；了解如何采取相应的措施调控地下水位等；了解当位移超出安全范围时的预警和应急响应机制，保障隧道的安全；理解如何根据监测数据及时作出决策并采取适当措施；了解如何根据位移监测数据提出隧道结构改进和维护建议。

## 【设备选型】

(1) DTU 模块 JMTX-2020：采用工业级 4G 模块。
(2) 综合采集模块 JMZX-6SH。
(3) 智能支模位移计 JMDL-4910AT：这款位移计是为监测模板支撑系统的位移而设计的。它可以实时监测模板的移动情况，为施工提供准确的数据支持，保证施工质量和安全。
(4) 智能单点位移计 JMDL-3205AT：这款位移计适用于各种单点位移的测量。它具有高精度和高稳定性的特点，并具备智能化的数据采集和输出系统，适用于对桥梁、隧道、建筑等结构的位移进行长期监测。
(5) 表面型智能测缝计 JMDL-2205AT：这款测缝计适用于监测混凝土或金属结构中的裂缝或接缝，广泛应用于桥梁、隧道、大坝等基础设施的裂缝监测。
(6) 动态通用位移计 JMDL-5105Y：这款位移计适用于各种环境下的位移测量，具有高精度和高稳定性的特点。

## 【知识储备】

### 1. 位移监测的应用场景

隧道中的位移监测是一种用于监测隧道结构变形和位移的技术。隧道的结构可能受到地下水、岩土变形、地质灾害等因素的影响，导致发生位移。定期监测隧道结构的位移，有助于发现结构的异常变形和地质灾害风险，提前预警存在的安全隐患，确保工程的安全进行。位移监测可以用于评估隧道的稳定性，帮助制订合理的运营管理计划，确保隧道的安全运营。同时，隧道中的设备、管线等结构可能随着时间的推移而发生位移。通过监测这些结构的位移，可以及时了解设备的状态，有助于预防潜在故障。总的来说，隧道中位移监测的应用场景非常广泛，涵盖了从隧道建设到运营管理的各个阶段，有助于保障隧道的安全性和持续性。隧道位移监测施工如图 4-24 所示。

图 4-24 隧道位移监测施工

隧道位移的根本原因是多方面的，地质层的不均匀性、地下水的影响以及构造线路等因素都可能导致隧道内土体的位移。隧道施工基坑间距过小或挖掘深度过大，可能导致土体力学不稳定，引起隧道结构的位移。地下水位的变化和水的渗透及地震也可能对隧道结构产生影响。若隧道附近存在其他地下建筑或管线，可能对隧道产生挤压、位移等影响。在隧道的运营中，在长时间的自然作用下，如地层沉降、岩石变形等，也可能发生位移。在隧道的设计、施工和运营阶段，需要综合考虑这些因素，并采取相应的工程措施，以确保隧道的结构稳定性和安全性。

在隧道工程中，结构的位移变化可能对运行安全产生潜在影响。为了准确追踪隧道内壁伸缩缝的位移变化，通常会在结构中安装位移传感器或位移计等装置。这些传感器能监测壁面裂缝的变化情况，及时发现可能出现的位移趋势。通过实时监测，工程师能及时了解隧道结构是否发生变形，从而判断是否需要进行修复或加固，以保障隧道的结构安全性。先进的监测技术为工程团队提供了及时的信息，使其能在需要时迅速作出决策，最大程度地降低隧道结构发生不稳定变化的风险。

### 2. 模板支护结构位移监测感知设备

模板支护结构和土体位移监测在隧道工程中是至关重要的任务，通常采用智能支模位移计和智能单点位移计采集支护结构和隧道土体的位移情况。通过持续监测位移数据，可以全面评估支护结构和土体的稳定性，判断结构是否受到外力的影响。

智能支模位移计如图 4-25 所示。

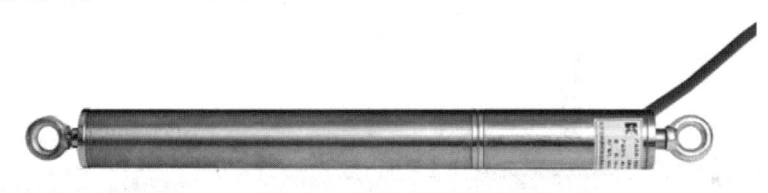

**图 4-25 智能支模位移计**

智能支模位移计是一种用于监测支撑模板位移的传感器，其应用如图 4-26 所示。

### 3. 岩体结构位移监测感知设备

智能单点位移计是一种用于监测单点位移的传感器，如图 4-27 所示，用于测量结构或土体在使用过程中的单点位移。将智能单点位移计安装在关键位置，实时监测结构位移，可以评估结构的健康状况，发现潜在的问题和异常，这对于在复杂地质条件下评估隧道内部的变形情况以及结构的稳定性至关重要。

智能单点位移计采集到的数据可以通过综合采集模块传输到数据处理中心进行远程监测。数据处理中心能对传感器采集到的数据进行分析，生成位移曲线、趋势图等。根据设定的阈值，智能单点位

**图 4-26 智能支模位移计的应用**

移计可以触发报警系统,及时通知工程人员存在的潜在问题,便于工程人员了解结构的变形情况。

图 4-27 智能单点位移计

智能单点位移计具有高精度的特点,能准确测量结构的微小位移。同时提供实时的位移数据,使工程团队能及时响应任何异常情况,采取必要的措施,确保结构的安全性。智能单点位移计采用的是单点监测,适用于需要关注特定位置的结构或地点,具有较强的灵活性。其安装相对简便,适用于各种环境和工程场景,包括隧道结构、建筑物、桥梁等。

### 4. 隧道内壁伸缩缝位移监测感知设备

表面型智能测缝计如图 4-28 所示,用于监测隧道结构表面的裂缝,包括裂缝的长度、宽度和形态等,有助于工程人员了解结构变形情况,评估结构的稳定性及变形情况,及时发现并处理潜在的裂缝问题。通过对长期数据的趋势分析,可以更好地理解结构的行为,为维护和修复提供科学的依据,确保施工过程中结构的稳定性。在地质条件不稳定的区域,表面型智能测缝计可用于监测地下结构的变形情况,为地质灾害风险评估提供数据支持。综合来看,表面型智能测缝计在隧道工程中的应用有助于及时发现结构变形、裂缝等问题,提供重要的监测数据,为工程安全管理和维护提供科学依据。

图 4-28 表面型智能测缝计

表面型智能测缝计通常被粘贴或安装在结构表面的裂缝处,通过传感器间的伸缩变化来捕捉裂缝的变化情况,如图 4-29 所示。裂缝发生变化时,会使位移计左、右安装支座产生相对位移,引起振弦受到的应力发生变化,从而改变振弦的振动频率,电磁线圈激发振弦并测量其振动频率,频率信号经电缆传至读数装置或数据采集系统,经换算即可得到裂缝相对位移(相对于初始值)。表面型智能测缝计具有高精度,能实时监测结构表面的变形,测量微小的位移和变形,提供准确的结构变形信息。表面型智能测缝计安装简便,能适应不同表面形状和结构,维护和更换相对容易。总之,表面型智能测缝计凭借高精度、实时监测、易安装等优点,在结构监测和工程管理中发挥着重要的作用。

动态通用位移计是一种用于测量结构位移的高度灵敏传感器,如图 4-30 所示,可以安装在结构的多个关键位置,通过测量传感器与基准点之间的距离变化,能准确捕捉结构的位移情况。这种先进的传感器技术使其能在不同方向上进行精确测量,为工程团队提供更全面、准确的结构位移数据。通过在结构的多个位置安装动态通用位移计,可以监测多个方向

图 4-29　表面型智能测缝计的应用

上的变化。这样的全方位位移测量有助于全面了解结构在不同条件下的变化，为结构的性能评估提供丰富的数据支持。它不仅可以在运营期间进行实时监测，还可以在施工过程中提供宝贵的反馈意见。通过测量结构位移，动态通用位移计为工程团队提供了一种有效的手段，帮助确保结构的稳定性、安全性和耐久性。

图 4-30　动态通用位移计

## 【任务实施】

### 1. 安装准备

确定传感器的安装位置，选择需要测量的区域，确保所选传感器能适应隧道内的环境条件。

### 2. 选择电源及数据采集系统

选择合适的电源，确保隧道位移监测系统能获得稳定的电源供应。

### 3. 准备安装工具

准备必要的工具和设备，如扳手、水泥浆、灌浆工具、裁纸刀、尼龙绳、水平尺、综合测试仪、膨胀螺栓等，以便安装传感器和设备。

### 4. 在地面安装智能支模位移计

（1）检查和安装支模。

确保所有设备、工具齐全，安装支模。支模的稳定性和准确性对位移的测量至关重要。

(2) 设置基准点并安装。

在支模或结构上选择基准点，作为测量的参考点。将智能支模位移计的一端固定在隧道结构处，另一端固定在动点处，将智能支模位移计拉伸至合适的位置，确保弹簧拉力可使钢丝保持伸直状态。

(3) 校准记录。

对智能支模位移计进行校准。启动监测系统，确保数据采集正常运行。可以在开始监测之前进行一些基准测试，以验证系统的性能。记录智能支模位移计的安装过程、校准参数、基准点位置等重要信息，这有助于日后的维护和分析工作。

### 5. 在地面安装智能单点位移计

(1) 安装检查及布点。

确保所有需要使用的设备、工具齐全，确定监测点。进行钻孔预埋安装，孔应直径大于35mm，孔口应平整。

(2) 安装固定。

将锚头与注浆管一起插入孔中，注浆。测杆由不锈钢圆杆和包裹在外的PVC管组成。智能单点位移计的安装如图4-31所示。

(3) 记录存档。

安装好智能单点位移计后，将导线从地基中引出。记录智能单点位移计埋设的具体位置、埋设深度、校准参数，以便于日后的维护和分析工作。

图4-31 单点位移计的安装

### 6. 采集和集成感知数据并上云

通过智能支模位移计、智能单点位移计、表面型智能测缝计采集原始数据，通过综合采集模块将其存储在本地设备中，并上传至云端。云端接收并存储数据，确保数据的安全性和可靠性，对收到的数据进行分析，生成报告。利用采集的数据，实时监测位移系统，直观地了解隧道结构的变形情况。

## 【任务工单】

| 项目4：感知技术在隧道监测系统中的应用 | 任务4：位移监测 |
| --- | --- |
| （一）关键知识引导<br>1. 智能支模位移计的安装与使用方法<br>2. 智能单点位移计的安装与使用方法<br>3. 表面型智能测缝计的安装与使用方法 ||

续表

## （二）任务实施情况

| 实施步骤 | 具体操作 | 完成情况 |
| --- | --- | --- |
| 步骤1：安装准备 | | |
| 步骤2：选择电源及数据采集系统 | | |
| 步骤3：准备安装工具 | | |
| 步骤4：在地面安装智能支模位移计 | | |
| 步骤5：在地面安装智能单点位移计 | | |
| 步骤6：采集和集成感知数据并上云 | | |

## （三）任务检查与评价

| | 项目名称 | 感知技术在隧道监测系统中的应用 | |
| --- | --- | --- | --- |
| | 任务名称 | 位移监测 | |
| | 评价方式 | 可采用自评、互评、教师评价等方式 | |
| | 说　明 | | |
| 序号 | 评价内容 | 分值 | 得分 |
| 1 | 知识运用（20%） | 20分 | |
| 2 | 专业技能（40%） | 40分 | |
| 3 | 核心素养（20%） | 20分 | |
| 4 | 课堂纪律（20%） | 20分 | |
| | 总得分 | | |

## （四）任务总结

| 过程中的问题 | 解决方式 |
| --- | --- |
| | |
| | |
| | |

## 【任务小结】

通过本任务，学生能掌握表面型智能测缝计和动态通用位移计的原理和应用；研究不同因素对隧道结构位移的影响，如地质条件、地下水位、交通荷载等；学习如何通过连续监测隧道结构位移数据分析位移变化趋势，并制定预警机制；探讨通过位移监测数据指导隧道结构维护和安全决策的方法。

## 【任务拓展】

利用本书中的理论知识和实践案例,开展隧道工程实地考察与模拟设计,提升学生的实践能力、应用技能和团队合作能力。回顾隧道工程的基本理论和实践案例,理解不同隧道工程类型、设计原则以及遇到的挑战,分组前往附近的隧道工程现场进行实地考察,记录现场数据、隧道结构特点和施工情况,并采访相关工程师,了解实践经验。将考察所得数据及实践经验作为依据,进行模拟设计。

# 项目 5　感知技术在边坡监测系统中的应用

## 项目目标

**知识目标：**

理解地质灾害与边坡稳定性：理解不同类型边坡的特征、失稳因素，以及地质灾害对公路安全的影响。

掌握监测与感知技术原理：掌握边坡感知系统涉及的传感器技术、数据采集原理、通信技术等知识。

熟悉信息化与标准化要求：熟悉边坡监测数据的信息化处理方法，以及数据接口的标准化要求，能进行相应的数据处理和接口开发。

**能力目标：**

运用监测设备进行实时监测：能操作和维护边坡感知系统的监测设备，实现实时、动态、无间断的地质信息监测。

分析边坡稳定性并提出预防措施：能根据感知到的地质信息分析边坡稳定性，提出预警和预防措施，确保公路安全。

协同工作与数据共享：具备团队协作能力，能与相关部门共享数据，实现对边坡信息的共同管理和分析。

**素养目标：**

责任心与安全意识：具备高度的责任心，始终将公路安全放在首位，能及时采取措施保障公路安全。

创新意识与学习能力：具备创新精神，能不断学习新技术、新知识，提升自身的监测能力和水平。

沟通与协调能力：具备良好的沟通能力和协调能力，能与团队成员和其他相关部门有效合作，共同完成任务。

## 引导案例

广西北投集团联合中国移动广西公司和上海诺基亚贝尔股份有限公司共同研发了基于窄带物联网（NB-IoT）技术的山体滑坡监测和预警系统，被评选为 2019 年度"平安交通"创新案例，成为全国 30 个"重点推荐"案例中唯一来自广西的案例。

该监测和预警系统设立在 G75 兰海高速下行线 K2039+050 边坡处，位于南宁市良庆区南晓镇南东方向约 1km，距南间收费站出口约 1.6km。

据了解，边坡监测和预警系统主要由地质环境采集监测子系统和 4G"千里眼"两部分组成。通过布设高精度角度位移传感器、物联网智能网关和监控设备进行数据采集，通过无线传输将数据传送至云平台进行统一存储、大数据分析和实时监测。该系统采用了蜂窝窄带物联网与高精度角度传感器相结合的方式，同时配备 4G "千里眼"视频辅助监测，以确保监测的全面性和高效性。当埋在地下约 1m 的传感器捕捉到细微的泥土松动时，会在短短几秒内将监测数据（包括震动、冲击力以及角度变化等）通过窄带物联网网关设备上传到云端监测平台。系统经过数据测算和分析后，通过短信和电话实时将预警信息送达高速公路养护负责人。

该系统具有全面感知、实时监测、高效传输、智能分析等优势，能根据现场的位移和震动变化情况准确捕捉公路边坡灾害发生前的特征信息，识别存在的安全隐患，并评估灾害发生的可能性。此外，该系统不受气候影响，网络覆盖范围广，终端电池续航时间长，可以实现无人值守，多点触发的算法使系统能实现自动化监测，高效且省力。山体滑坡监测和预警系统如图 5-1 所示。

图 5-1 山体滑坡监测和预警系统

2019 年 3 月 9 日晚 11 时 38 分 05 秒，该系统成功监测到数据异常变化并提前预警，云平台向高速公路养护负责人发送了预警短信和电话语音提示。技术人员立即前往现场勘查，发现了山体松动和小部分滑坡现象，立即对滑坡点路段的高速公路路肩进行交通管制和清理作业，避免了地质灾害对道路行车安全的威胁。

这个系统的运用为过往司乘人员提供了更安全的行车环境，也形成了可推广、可复制的经验模式，为广西"智慧高速"的建设增添了一道出行保障。

# 任务 1　边坡环境监测

## 【职业能力目标】

能熟练操作、维护和应用环境监测中的感知设备，包括但不限于边坡环境监测所需的传感器、数据采集设备，能理解其工作原理，进行故障排除和维修。

具备应用雨量监测中的感知设备的能力，能选择、部署和使用合适的感知设备来监测降雨情况，能理解不同感知设备的优缺点，并能解读和分析所得数据。

## 【任务描述】

本任务旨在培养学生对边坡环境的监测能力，通过感知设备进行环境监测，以确保公路安全运行。

任务要求：学生需要了解并熟悉环境监测中的感知设备，特别是与边坡稳定性相关的传感器和数据采集设备。

学生需要选择适当的感知设备，并合理部署在边坡环境中，以实时监测边坡稳定性。

学生要能解读感知设备传回的数据，分析边坡的稳定情况，预测潜在的灾害风险，为安全预警提供依据。

在模拟或真实场景下，学生需要进行感知设备的实际操作、数据采集，以及相应数据的处理和分析，提出合理的应对措施。

学生要能使用专业工具进行数据处理和可视化，清晰地呈现边坡监测数据，为决策提供支持。

## 【设备选型】

（1）DTU 模块 JMTX-2020：为了确保数据传输的稳定性和高效性，选用具有稳定信号传输速率、高效能耗比和广覆盖范围的 NB-IoT 通信模块。

（2）综合采集模块 JMZX-6SH：为了满足多种传感器的数据采集和综合分析需求，综合采集模块必须具备多通道、高精度和强稳定性的特点。这款模块集成了各类传感器接口，能并行采集各种数据，既准确又可靠。

（3）雨量传感器 JMYL-1Y：为了实时监测降雨情况，需要选择可靠的雨量传感器并与综合采集模块兼容。建议选用 JMYL-1Y 雨量传感器，以准确获取降雨数据。

（4）温度传感器 JMT-36B：JMT-36B 是一款常用的温度传感器，其特点是精度较高、响应迅速，适用于多种环境下的温度监测。该传感器可以通过模拟或数字的方式输出温度数据，具有良好的稳定性和可靠性。建议根据具体监测需求选择合适的安装方式和输出方式。

## 【知识储备】

### 1. 不同层次的公路边坡感知需求

边坡地质灾害是指在山坡、河岸或道路等边坡区域发生的自然或人为因素引发的灾害，这些灾害可能包括滑坡、崩塌、泥石流、岩体坍塌等，造成的破坏范围广泛，会对周围环境、人类生命财产安全造成严重威胁。因此需要建立边坡感知系统，实时监测地表和地下的变化，识别裂缝、变形等异常现象，以便更早地察觉潜在危险，采取预警措施，保障人们的生命和财产安全。图 5-2 为采用角度传感器与物联网技术的高速公路滑坡监测系统。长期以来，我国公路边坡的安全监测技术一直是公路修筑的薄弱环节，由于缺乏对安全监测技术的系统研究，没有成熟的经验供设计部门应用，只能用低等级公路的防护技术或借鉴其他部门的经验来实施局部防护，缺乏综合考虑，造成了巨大的经济损失和不良的社会影响，有的甚至会导致中断交通。

图 5-2　采用角度传感器与物联网技术的高速公路滑坡监测系统

## 2. 不同类型的路基边坡感知参数

在对边坡的稳定性进行评估时，可以通过感知不同类型的参数来进行判断。为了对其进行有效监测，可以分析影响边坡稳定性的因素以及监测失稳过程中的变形情况。通过对这些关键指标进行监测和分析，可以建立边坡安全状态感知指标体系。指标体系的确定过程如图 5-3 所示。

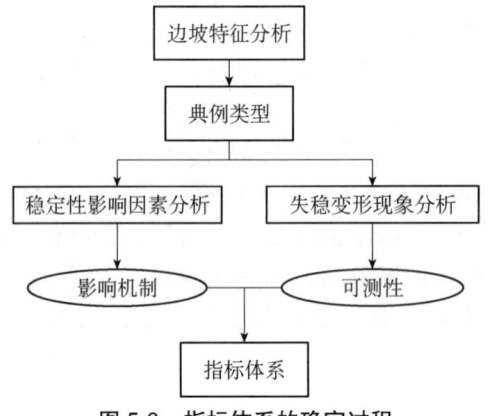

图 5-3　指标体系的确定过程

通过对已有变形边坡的变形特征和介质特征进行系统总结，以及对边坡特征的分析，结合工程实例的破坏模式和变形机理的总结分析，可总结出公路边坡的结构类型，如图 5-4 所示。

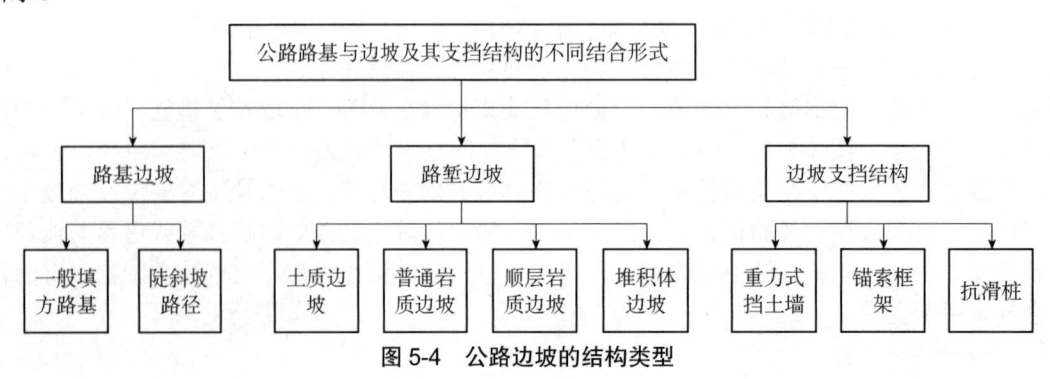

图 5-4　公路边坡的结构类型

### 3. 公路边坡的环境类型

总的来说，公路边坡的结构类型可以分为三类：路基边坡、路堑边坡和边坡支挡结构。

路基边坡是指公路路面一侧或两侧的坡地部分，如图 5-5 所示，这是由于公路建设形成的地形变化。这些边坡可能是自然地形的一部分，也可能是因为道路的修建、拓宽或改造形成的。路基边坡的稳定性对道路的安全运行至关重要，因此需要进行边坡工程的设计和施工，采取相应的支护措施，如植被覆盖、护坡结构、排水设施等，以减少土壤侵蚀、滑坡等地质灾害。

图 5-5 路基边坡

路堑边坡是指公路路堑的侧面坡地部分，如图 5-6 所示，路堑是在山体或土地中挖掘出的凹地，常用于公路穿越山区、丘陵地带或地下隧道等地。路堑边坡的稳定性也是关键问题，特别是在山区等地，可能受到雨水、重力等因素的影响，导致滑坡或坍塌。在路堑边坡工程中，通常会采取土方开挖、支护结构、排水措施等来确保边坡的稳定性。

图 5-6 路堑边坡

边坡支挡结构是用于支撑和保护边坡的工程结构，如图 5-7 所示，旨在防止边坡滑动、坍塌等。这些结构包括挡土墙、护坡墙、岩锚等，取决于边坡的地质条件和工程需求。边坡支挡结构通常会结合钢筋混凝土、钢材等，以提供足够的支撑和稳定性。

图 5-7 边坡支挡结构

土质边坡和顺层岩质边坡是对公路具有潜在破坏威胁的边坡基本类型。土质边坡属于路堑边坡的一种，整个边坡由土体构成，按照土体的种类分为黏性土边坡、黄土边坡、膨胀土边坡等。图 5-8 为黄土边坡。顺层岩质边坡也属于路堑边坡的一种，整个边坡均由顺层岩构成，如图 5-9 所示。

图 5-8 黄土边坡

图 5-9 顺层岩质边坡

### 4. 公路边坡的受力分析

边坡的受力分析要考虑多种因素对边坡的影响，例如，土体的自重会产生向下的重力，可能导致土体向下滑动或崩塌；土体与地基、岩石或其他结构的相互作用支撑着土体；降雨、地震等可能引起土体位移或破坏。

土体力学特性主要包括土体物理性质和土体力学参数。土体物理性质包括土壤类型、密度、含水量等，这些特性会影响土体的强度和稳定性。内摩擦角、剪切强度等参数属于土体力学参数，这些参数是边坡稳定性分析的重要因素。顺层岩质边坡的参数如图 5-10 所示。

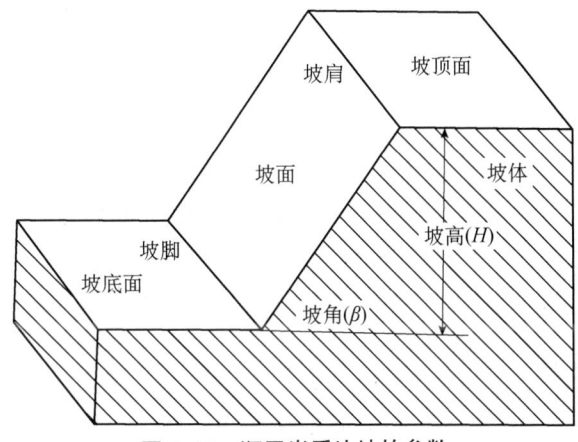

图 5-10 顺层岩质边坡的参数

边坡的稳定性是指边坡岩、土体在一定坡高和坡角下的稳定程度。边坡稳定性分析是边坡设计、边坡稳定状态判别、边坡加固与治理的重要依据。

边坡稳定性安全系数是一个边坡稳定性的定量评价概念，从数值上讲是沿假定滑裂面的抗滑力与滑动力的比值。当该比值大于 1 时，坡体稳定；等于 1 时，坡体处于极限平衡状态；小于 1 时，边坡会发生破坏。设边坡的高为 $H$，展宽为 $B$，边坡稳定性安全系数=$B/H$。

在《建筑边坡工程技术规范》（GB 50330-2013）中，边坡稳定性安全系数的规范标准如表 5-1 所示。

表 5-1 边坡稳定性安全系数的规范标准

| 安全等级 | 一级边坡 | 二级边坡 | 三级边坡 |
| --- | --- | --- | --- |
| 一般工况安全系数 | 1.35 | 1.30 | 1.25 |
| 地震工况安全系数 | 1.15 | 1.10 | 1.05 |
| 临时工况安全系数 | 1.25 | 1.20 | 1.15 |

### 5. 环境监测中的感知设备

边坡环境监测感知设备主要是温度传感器。温度的变化会对地质体的稳定性产生重要影响，例如，温度升高可能导致地下水位下降，进而影响土壤的稳定性。另外，温度波动也可能引起土壤膨胀和收缩，增加滑坡的风险。因此，温度传感器的安装和监测对于边坡的稳定性分析和预警也非常关键。

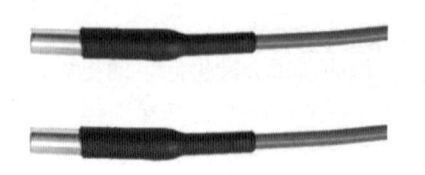

图 5-11 温度传感器 JMT-36B

温度传感器 JMT-36B（如图 5-11 所示）以半导体的导电特性为工作原理，基于半导体材料中 PN 结的电导率随温度变化呈规律性变化的特性设计而成。温度传感器 JMT-36B 的结构稳定，可以通过综合测试仪或综合自动化测试系统进行测试，具有良好的测试兼容性。

### 6. 雨量监测中的感知设备

在边坡监测中，雨量传感器的作用非常重要，因为大雨或持续降雨可能导致边坡土壤的含水量饱和，增加地质灾害风险。通过及时监测雨量，可以预警滑坡、泥石流等灾害，采取必要的措施来保护路面和周边地区的安全。

边坡雨量监测的核心部件是雨量传感器 JMYL-1Y，如图 5-12 所示，雨量传感器采用不锈钢材料制成，计量翻斗采用纳米材料涂层，可以防水垢。产品结构采用机械式设计，具有响应速度快和长期稳定性好等优点；内置智能芯片，能直接显示数据。雨量传感器将感知到的数据转化为电信号后，会传送给监测仪的数据采集单元，这些电信号包含降雨的强度和时间等信息。数据采集单元将接收到的电信号进行处理和记录，将降雨强度和时间等数据保存在内部存储器中，通过 DTU 模块发送到云平台或监测站，以便进一步分析和处理。数据中心或监测站会对接收到的降雨数据进行分析，比较实时数据与历史数据，判断是否有异常情况。当降雨强度达到或超过预设的阈值时，会触发报警机制，通知相关人员。基于历史降雨数据和模型分析，监测人员可以预测未来的降雨趋势和可能的影响，有助于制订合理的预防和应对措施，减轻自然灾害风险。

图 5-12 雨量传感器 JMYL-1Y

数据终端单元（DTU）在物联网（IoT）方面具有重要作用，它是物联网中连接传感器、设备和云平台之间的关键环节，如图 5-13 所示。DTU 可以从传感器和设备中采集数据，并将数据传输到云平台或数据中心。这是物联网的核心功能，使用户能实时监测设备状态、环境参数等数据。

DTU 通信模块使用了多种技术，包括无线通信技术，如 GSM（4G）、CDMA、LTE、NB-IoT、LoRa（低功耗广域网）等。这些技术使 DTU 能通过移动网络、物联网或专用无线网络与服务器或监控中心进行通信。该模块配备了串口（如 RS-232、RS-485 等），可以与各种设备和传感器进行通信。DTU 通信模块通常需要确保数据的安全传输，因此采用了数据加密技术，如 SSL（安全套接层协议）或 TLS（安全传输层协议），以保护数据在传输过程中的机密性。为了实现远程配置和管理，DTU 通信模块可以使

图 5-13 DTU

用远程管理协议，如 SNMP（简单网络管理协议），使设备可以通过网络进行远程配置、监控和管理。

使用物联网技术，可以将多个智能传感器部署在边坡的不同位置，监测位移、压力等参数。这些传感器通过 DTU 连接到云平台，实现数据的实时传输和分析，监测人员可以远程实时访问边坡数据。无论身在何处，只要连接到云平台，就能获取边坡稳定性的最新信息，从而迅速作出决策。边坡在线监测示意图如图 5-14 所示。

图 5-14 边坡在线监测示意图

将 DTU 采集到的数据传输到云平台后，物联网的数据分析技术可以应用于这些数据。通过机器学习和大数据分析，可以预测边坡的变化趋势，提前发现潜在的问题。物联网技术可以自动设置阈值，一旦边坡的位移或变形超过设定的范围，DTU 会自动发送警报，在第一时间提醒相关人员采取行动。监测人员可以通过云平台监控设备的状态，进行远程配置、升级和维护。通过物联网的数据可视化技术，监测数据可以以图表的形式展示，使监测人员更容易理解数据的意义。

# 【任务实施】

## 1. 安装准备

首先，对边坡进行全面的勘测和分析，考虑边坡的地形、地质特征和可能存在的风险。基于这些信息，确定适合安装温度传感器和雨量传感器的位置。选择具有代表性的位置，覆盖不同的地貌特征或潜在问题，确保全面监测。对监测位置的环境条件进行全面评估，包括温度、湿度、降水等因素。检查当地的气候特征和季节变化，确保所选择的传感器材料和设备能适应这些条件。

## 2. 选择电源及数据采集系统

根据传感器的需求和采集数据的方法，选择能稳定供应电力的电源和数据采集系统。

### 3. 准备安装工具

准备螺丝刀、电缆等工具，方便安装传感器和设备。

### 4. 安装温度传感器

（1）安装点固定。

针对选择的安装点，需要进行清理和准备工作，以确保表面平整、干净，且能容纳传感器设备。清理工作必须彻底，确保安装点周围没有任何可能影响传感器运行的障碍物。

（2）温度传感器的安装和校准。

将温度传感器准确地安装在边坡上，确保传感器在能准确反映环境温度的位置，避免遮挡或外界因素干扰。确保传感器安装牢固，不受外力干扰。对传感器进行校准，校正其读数，确保其能准确测量环境温度。图 5-15 为工作人员在户外安装温度传感器。

图 5-15　工作人员在户外安装温度传感器

（3）温度传感器的连接和测试。

将温度传感器连接到监测系统上，进行测试以确认其正常工作；检查连接是否牢固，确保数据能被准确采集和传输。

（4）监测系统集成。

对监测系统进行设置，确保能实时接收和记录来自温度传感器的数据。设置警报系统，以便在温度异常变化时及时发出警报。

### 5. 安装雨量传感器

（1）安装点固定。

对边坡周围的空旷区域进行勘测，选择一个能全面监测降雨情况的地点。综合考虑降雨可能的落点和水流路径，确保所选位置可以准确记录降雨强度和时间。清理和准备所选的安装点，确保其表面平坦、整洁，确保周围没有任何可能影响雨量传感器运行的障碍物。

（2）雨量传感器的安装和校准。

在确定的安装位置，将雨量传感器精准地安装在边坡上，如图 5-16 所示。确保传感器暴露在能准确记录降雨情况的位置，避免遮挡或被外界因素干扰。确保传感器安装牢固，不受外力干扰。对传感器进行校准，校正其读数，确保其能准确测量降雨强度和时间。

图 5-16  安装雨量传感器

（3）雨量传感器的连接与测试。

将雨量检测器连接到监测系统，并进行测试以确认其能正常工作。检查连接是否牢固，确保数据能被准确采集和传输。

（4）监测系统集成。

对监测系统进行配置，确保能实时接收和记录来自雨量传感器的数据。设置警报系统，以便在降雨情况异常时及时发出警报。

## 6. 采集与集成感知数据并上传至云平台

（1）数据采集与存储传输。

将温度传感器和雨量传感器采集的数据整合到数据采集设备中。根据传感器类型和通信协议配置数据采集设备，确保能正确捕获传感器发出的数据。部署 DTU 模块，确保其能与温度传感器和雨量传感器通信。

（2）云端数据接收和处理。

配置 DTU 模块，将其连接至云平台。这可能需要设置网络参数、认证密钥等信息，确保数据可以安全可靠地传输到云端。确保传感器采集的数据能通过 DTU 模块成功上传到云平台，并验证数据的准确性和完整性。

（3）实时监测和数据处理。

云平台上有数据分析工具或仪表盘，可以实时显示温度和雨量数据，也可以进行进一步的数据处理和模型分析。

（4）报警设置和数据备份。

在云端系统中配置报警系统，设定合适的阈值，以便及时发现并通知相关人员处理潜在问题。定期进行数据备份和存档，以保证数据完整性，并确保历史数据的可追溯性。

## 【任务工单】

| 项目 5：感知技术在边坡监测系统中的应用 | | 任务 1：边坡环境监测 |
|---|---|---|
| （一）关键知识引导<br>1．温度传感器的原理<br>2．雨量传感器的原理<br>（二）任务实施情况 ||||

| 实施步骤 | 具体操作 | 完成情况 |
|---|---|---|
| 步骤 1：安装准备 | | |
| 步骤 2：选择电源及数据采集系统 | | |
| 步骤 3：准备安装工具 | | |
| 步骤 4：安装温度传感器 | | |
| 步骤 5：安装雨量传感器 | | |
| 步骤 6：采集与集成感知数据并上传至云平台 | | |

（三）任务检查与评价

| 项目名称 | 感知技术在边坡监测系统中的应用 ||
|---|---|---|
| 任务名称 | 边坡环境监测 ||
| 评价方式 | 可采用自评、互评、教师评价等方式 ||
| 说　　明 |  ||
| 序号 | 评价内容 | 分值 | 得分 |
| 1 | 知识运用（20%） | 20 分 | |
| 2 | 专业技能（40%） | 40 分 | |
| 3 | 核心素养（20%） | 20 分 | |
| 4 | 课堂纪律（20%） | 20 分 | |
| | 总得分 | | |

（四）任务总结

| 过程中的问题 | 解决方式 |
|---|---|
| | |
| | |
| | |
| | |

## 【任务小结】

首先,通过实际安装温度传感器和雨量传感器,学生不仅可以加深对物联网技术应用的理解,还能提高对传感器工作原理的掌握程度。

其次,通过了解和实际操作雨量传感器,学生能认识到环境监测对于边坡安全的重要性。雨量传感器能实时记录降雨情况,为地质灾害预防提供重要数据。这种实时数据采集的重要性能让学生认识到科技应用在环境安全方面的积极作用。

最后,这次任务让学生亲自动手参与到实际项目中,锻炼了他们的动手能力、解决实际问题的能力以及团队协作能力,这对于培养学生的实践操作技能、增强综合素质有积极的影响。

## 【任务拓展】

数据分析与报告撰写:深入分析从传感器中获得的环境监测数据,让学生学习如何解读这些数据,并撰写报告,提供洞察和建议。

比较不同传感器的性能和适用场景:让学生研究不同类型的传感器,要求学生分析其工作原理、精度、适用环境等,并比较其优缺点,以便在实际场景中选择合适的传感器。

设计改进方案:鼓励学生提出改进边坡监测系统的创意和建议,考虑如何提高监测系统的稳定性、准确性、实时性或节能性。学生可以结合课上所学知识和自己的创意,形成创新监测方案。

与相关领域的专业人士交流:安排学生参与线上或线下的研讨会,与相关领域的专业人士交流。这样的交流可以让学生了解行业前沿信息,同时也能对他们未来的职业发展有所帮助。

实地考察和调研:组织学生进行实地调研,前往地质灾害多发地区或具有代表性的边坡地区进行考察。通过实地考察,可以让学生更深入地了解实际问题、解决方案和环境特点。

# 任务2 边坡变形监测

## 【职业能力目标】

熟练操作各类感知设备。

具备解读感知设备采集的数据并进行分析的能力,能识别数据中的模式、异常和变化趋势,为边坡稳定性评估提供依据。

可以选择合适的感知设备、制定监测频率、确定监测点,能独立或协作实施监测任务。

能根据监测数据评估边坡的稳定性,识别潜在的风险,并提供预防措施和修复建议。

了解安全标准和法规,严格遵守监测过程中的安全规范,保障自身及团队成员的安全。

能清晰、有效地向他人传达监测结果、分析和建议,撰写专业的监测报告。

## 【任务描述】

任务内容：本任务旨在通过现代监测技术对边坡的变形进行实时、准确的监测。这样做的目的是及时发现、评估和预警边坡可能发生的变形，以确保公路、铁路或其他基础设施的安全运行，减少地质灾害。

任务要求如下。

能安装和操作监测设备：能正确安装、配置和运行监测设备，保证其正常工作并准确采集数据。

数据分析与处理：具备对采集到的监测数据进行分析、处理和解释的能力，能识别可能的异常情况并及时报告。

预警与响应能力：能根据监测数据分析结果，预测边坡变形趋势，发出及时、准确的预警信息，协助相关部门采取适当的预防措施。

协同工作：能与团队或相关部门紧密合作，共同制订监测方案、分析数据、制订预警预防措施，以确保监测的高效性和有效性。

安全意识：具备边坡变形监测过程中的安全意识，能采取必要的安全措施以确保自身和团队的安全。

## 【设备选型】

（1）GNSS 北斗位移监测系统（JMBD-1050）：该系统通过 GNSS（全球导航卫星系统）和北斗卫星定位技术实时监测边坡的表面位移情况，提供高精度的位移数据，用于监测边坡的水平和垂直位移，是边坡变形监测的关键设备之一。

（2）智能支模位移计/钢丝位移计（JMDL-4910AT）：该设备能监测支模或钢丝的位移情况，实时反映边坡的支撑结构变形情况，为评估边坡稳定性提供重要数据。

（3）倾斜全向位移计（JMQJ-7915ATS）：该位移计可全方位监测倾斜情况，帮助人们全面了解边坡的倾斜情况，对于边坡稳定性的评估和预警具有重要意义。

## 【知识储备】

### 1. 边坡感知评估技术

（1）土质边坡。

边坡水平位移云图如图 5-17 所示。

建立有不同几何参数的 20 个计算模型，逐一分析各计算结果中坡面倾向位移、竖向位移、浅层旋转角与安全系数之间的关系，总结变形曲线特性。综合分析坡面各监测点的位移变化规律，总结变形失稳过程中的空间位移演化规律。在初期阶段，滑面仅在局部形成，空间位移曲线呈三角形（或 r 形）。若前部位移大，则滑移模式为牵引式；若后部位移大，则为推动式，且滑体内浅层倾斜角变化剧烈。临近失稳时，滑面贯通，空间位移曲线呈梯形（或 U 形）。若前部位移大，则滑移模式为牵引式；若后部位移大，则为推动式，且滑体内浅层倾斜角基本一致。

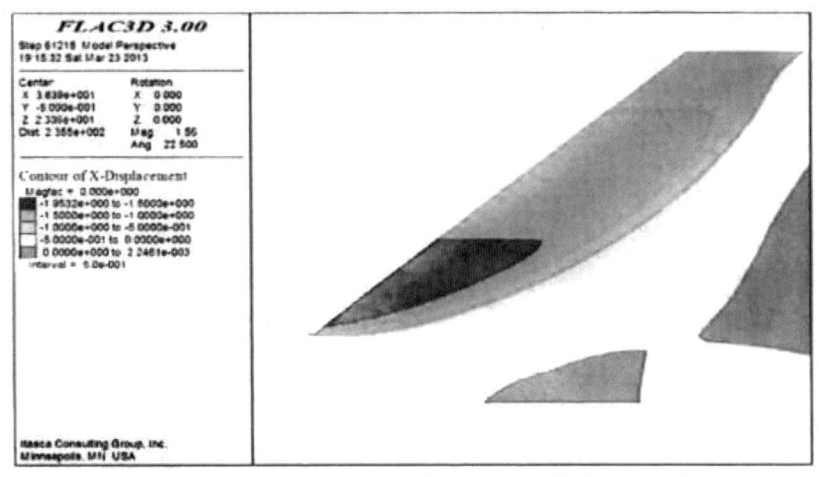

图 5-17　边坡水平位移云图（$H$=40cm，坡比为 1∶1）

（2）顺层岩质边坡。

边坡失稳时的位移矢量图如图 5-18 所示，建立有不同几何参数的 132 种计算模型，总结特征监测点的变形曲线特性，分析顺层岩质边坡从稳定发展至失稳全过程中坡面各监测点空间位移的变化特征，并分析边坡破坏模式。典型的滑移拉裂破坏模式为：破坏之前，坡面位移有差异，空间位移曲线呈 r 形或 W 形；破坏时，滑体整体失稳，滑体上的位移基本一致，空间位移曲线呈 U 形。典型的顺层滑移破坏模式为：破坏前，空间位移曲线呈较宽缓的 U 形，滑面处位移突变不明显，滑体内位移差约为 12%；破坏时，空间位移曲线呈明显的 U 形，滑体内各位移监测点的位移差约为 4%。典型的压溃破坏模式为：破坏前，空间位移曲线呈波浪形，各监测点间位移差明显；破坏时，空间位移曲线呈 r 形，各监测点位移基本一致。

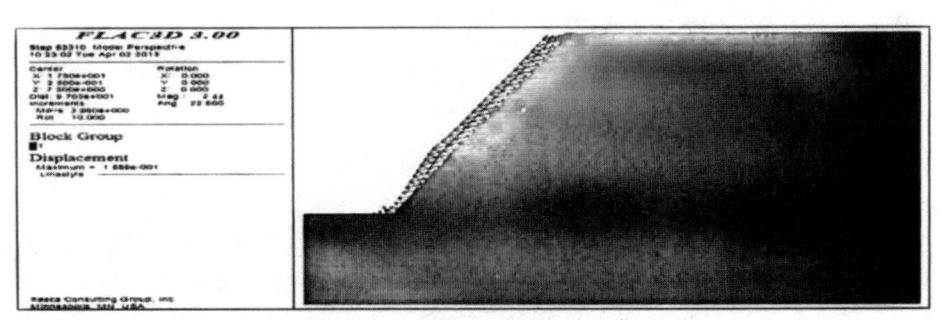

图 5-18　边坡失稳时的位移矢量图

## 2. 边坡安全状况评价指标及评价方法

为准确评价边坡的动态安全系数，下面采用 3 种方法进行分析，其中位移特征分析法用于宏观初判，作图法是基于刚体极限平衡的理论计算，点安全系数法则是基于弹塑性理论的准确数值分析。

（1）位移特征分析法。

边坡失稳的宏观表现就是坡体位移变化，边坡失稳一定有坡体位移发展，坡体位移发展的原因就是坡体出现了失稳。位移特征分析法采用数值模拟方法，逐步降低坡体抗剪强度参数，获得对应的边坡稳定系数以及坡体变形值，对二者的相关性进行研究。

（2）解析计算——作图法。

首先根据坡面位移矢量和浅层倾斜角，假定边坡发生圆弧形滑动，找到滑面的圆心位置，画出潜在滑面。然后在潜在滑体内划分已变形区和未变形区，根据已变形区处于极限平衡状态的事实，计算整个潜在滑体的稳定度。

（3）反演分析——点安全系数法。

在基于反演分析的边坡稳定性分析法中，考虑对边坡稳定性有重要影响的两个参数：重度和内聚力。重度的最小值为天然重度，最大值为饱和重度；内聚力的取值范围对应坡体变形过程，开始时出现塑性破坏，然后完全失稳下滑。在取值范围内拟定若干参数，组合形成一组计算参数，在该参数组合下计算坡面变形曲线和安全系数。当监测曲线与计算曲线相同时，即可得到相应的参数组合及安全系数分布，据此评价边坡的稳定性。

由于公路边坡具有规模小的特点，在安全状况监测中，需要同时考虑数据准确、安装方便快捷、成本低廉等因素。通过对各监测参数的重要性进行分析，将边坡安全状况的监测参数体系分为3个层次。必测参数：坡面位移、浅层倾斜角、雨量；应测参数：深部位移；可测参数：土压力、锚索拉力、钢筋应力。

一般边坡的范围较大，不可能在全坡面进行位移监测，必须针对关键部位进行监测。边坡的关键监测部位需要根据坡体结构、岩性特征、边坡断面特征、边坡与公路工程的相对位置等综合确定。

## 3. 基于变形监测的边坡稳定性安全状况动态评估方法

通过数值模拟和理论解析，可以确定对边坡安全状况评估有重要意义的监测参数（即位移和浅层倾斜角），并建立监测参数与边坡安全状况之间的联系，即通过监测参数对边坡安全状况进行动态评估。该方法分为以下三阶段。

（1）作图法和关键点安全性初判。

首先建立边坡的数值仿真分析模型，采用强度折减法模拟其失稳全过程，监测关键点的位移发展过程，并用1stOpt软件拟合关键点的"位移-安全系数"函数关系。采用作图法确定潜在滑面，并判断稳定性。

（2）基于安全系数的动态安全性评估。

建立所监测边坡的数值仿真分析模型，以坡体重度和内聚力作为未知参数，将两者划分为不同的参数组合，分别计算组合参数下的坡面变形值，并与实际监测值对比，计算相关系数，求得与实际材料参数最接近的参数组合。

综合分析实际边坡工程的各监测点位移及浅层倾斜角，依据空间位移曲线的形状判断边坡变形阶段。若空间位移曲线为三角形或r形，则边坡处于滑面形成过程，并可根据曲线形状确定边坡的破坏模式。若曲线形状为梯形或U形，则边坡滑面已经完全形成，滑体处于整体失稳阶段。同时，若滑体内部浅层倾斜角无变化，则是顺层滑移；若滑体内部浅层倾斜角同步变化，则是圆弧形滑移。

边坡危险性的影响因素包括三方面：边坡动态安全系数、潜在滑体体积、工程重要性。在边坡对公路工程的危害性分析中，不仅需要考虑边坡本身，也要考虑潜在失稳体块稳定性和体积的预警指标：

$$\xi = \frac{1}{\gamma_0} \frac{F_s}{\left(\lg \frac{V}{V_0}\right)^{0.05}}$$

其中，$V$ 表示失稳体块的体积，$V_0$ 表示初始时刻失稳体块的体积，$\gamma_0$ 表示失稳体块的滑动半径，$F_s$ 表示边坡稳定性的安全系数。

据此，边坡安全等级（按四级划分）分别为：安全（$F_s-F_{sd}>0$）、基本安全（$-0.1<F_s-F_{sd}\leq 0$）、欠安全（$-0.2<F_s-F_{sd}\leq -0.1$）和不安全（$F_s-F_{sd}\leq -0.2$），$F_{sd}$ 为边坡设计安全系数。将边坡的预警等级设为：绿色（$\xi>1.3$）、黄色（$1.2<\xi\leq 1.3$）、橙色（$1.1<\xi\leq 1.2$）和红色（$\xi\leq 1.1$）。

以此为基础开发的边坡变形监测实时显示和预警系统主要由四大功能模块构成，即监测信息显示模块、边坡剖面及监测点位置显示模块、各监测参数数据查询模块、预警信息显示模块。

### 4. GNSS 表面位移监测系统

GNSS 表面位移监测系统是利用全球卫星导航系统技术对边坡变形状态进行实时监测和控制的系统，GNSS 位移监测一体机如图 5-19 所示。该系统能结合边坡岩土特征、坡体变形特征制订监测方案，实时监测边坡的变形状态和位移量，及时提供报警和预警信息，提供风险评估和防灾措施建议，有助于避免边坡移动导致的意外事故。该监测系统能自动、实时、高效地检测边坡状态，为评估边坡变形状态和分析变形发展趋势及灾害预防处置提供参考依据。GNSS 表面位移监测系统广泛应用于各种边坡工程，如公路、大坝、铁路、水库、港口等。

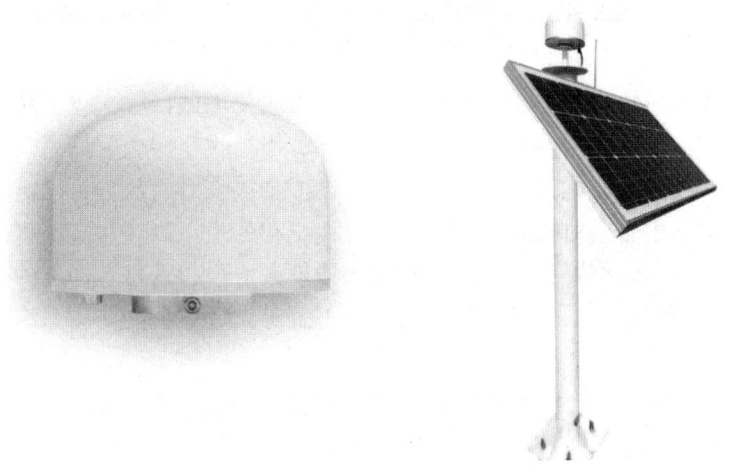

图 5-19 GNSS 位移监测一体机

GNSS 能对地球表面的空间对象进行实时动态监测，获取空间对象的三维坐标、速度等信息，实现空间对象的连续实时导航、定位。如今，GNSS 在大地测量、精密工程测量、地壳变形监测、石油勘探等领域已得到广泛应用。基于北斗 GNSS 的高精度变形位移监测系统如图 5-20 所示。本节使用 GNSS 自动化在线监测系统对边坡的表面位移进行实时自动化监测，获取监测点表面的位移数据，进行数据处理分析与评估，达到监测边坡稳定性的效果。

　　GNSS 表面位移监测系统会接收带有原子钟计时系统的人造地球卫星发出的信号，可进行点位测量。系统接收不少于 4 颗卫星的时序编码，通过解算可获得自身的位置。其在测量自身位置同时彼此联动差分解算，可以得到高精度数据。这种使用模式受限于环境等干扰因素，位置测量的精度不高，但可以实现动态监测。图 5-20 展示了基于北斗 GNSS 的高精度变形位移监测系统。

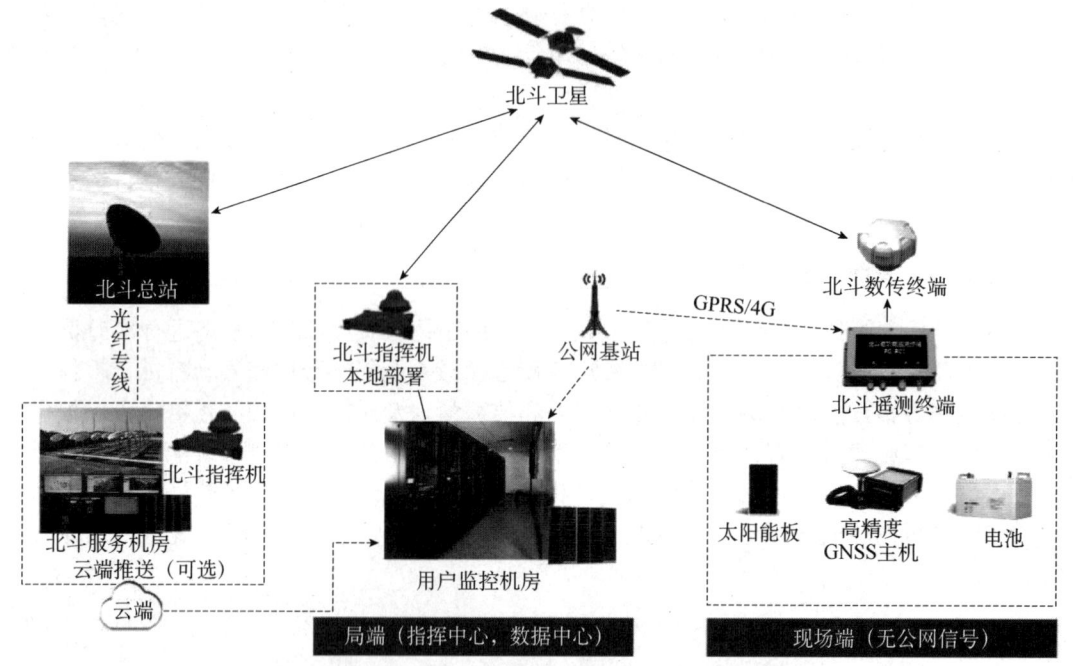

图 5-20　基于北斗 GNSS 的高精度变形位移监测系统

　　在边坡或结构物上安装多个 GNSS 接收器，这些接收器可以接收来自卫星的信号。每个接收器会测量接收到的卫星信号的时间延迟，从而计算出接收器的位置信息。通过同时接收多颗卫星的信号，接收器可以确定自身的位置坐标。多个接收器的数据可以被汇集到一个数据中心进行处理。数据中心会对接收到的信号进行校正和处理，以获得高精度的位置和位移数据。通过比较不同时间的位置坐标，可以计算出边坡在水平和垂直方向上的位移。这些位移信息可以用来判断边坡是否发生了变形、滑动或下沉等。边坡智能监测系统物联网设备安装示意图如图 5-21 所示。

　　GNSS 技术可以实时监测边坡的位移，使工程师能及时了解变形情况并采取相应措施。GNSS 技术具有很高的位置测量精度，可以提供毫米级甚至亚毫米级的位移测量，适用于精密边坡监测。接收器可以分布在广泛的区域内，可实现对大范围边坡的监测，尤其是不易到达的地点。

　　GNSS 表面位移监测系统主要以高速公路边坡为监测对象，该系统主要由集成式数据采集系统、无线式数据通信系统、GNSS 高精度卫星数据解算软件、数据分析预警系统、移动式防灾巡检系统和系统服务管理平台等组成。

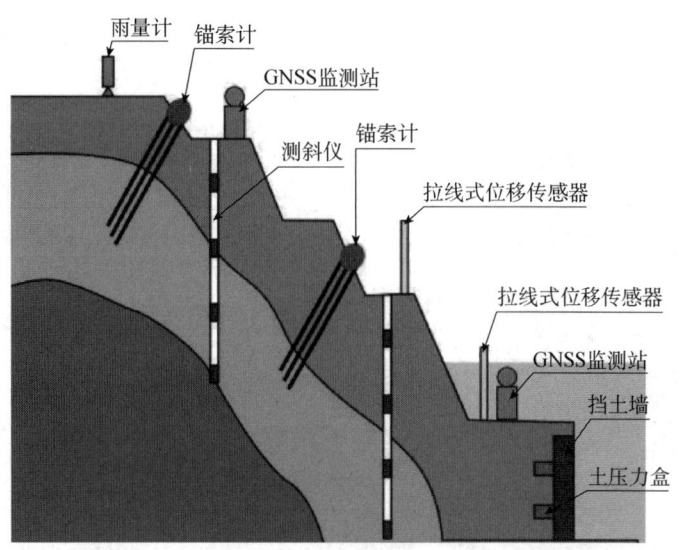

图 5-21　边坡智能监测系统物联网设备安装示意图

GNSS 北斗系统结构图如图 5-22 所示。

GNSS 表面位移监测技术在工程建设、地质灾害预警等领域发挥着重要作用，能帮助工程师实现高精度、实时边坡变形监测，保障工程结构的稳定性。图 5-23 为 GNSS 监测实物图。

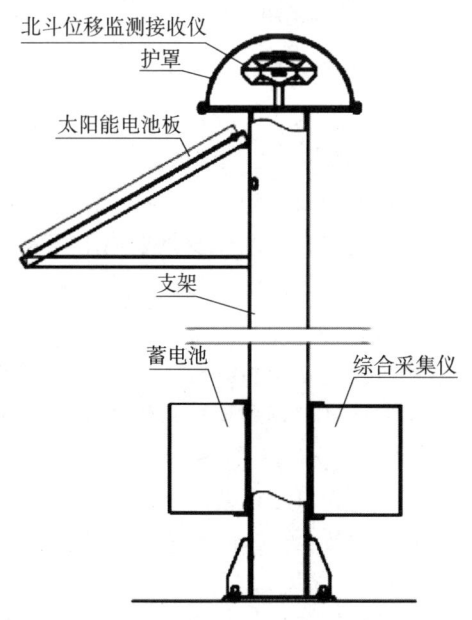

图 5-22　GNSS 北斗系统结构图 　　　　图 5-23　GNSS 监测实物图

### 5. 支模/钢丝位移监测感知设备

智能支模位移计和智能钢丝位移计是用于测量两点间距离变化的设备。它们通常由一个固定端和一个移动端组成，通过记录移动端的位置变化来计算两点之间的位移。在边坡监测中，它们可以被安装在边坡的不同位置，以测量位移。这些位移计在发生变形时会记

录位移值，从而提供及时的监测数据。图 5-24 为广州恒大足球场的无线高支模安全监测设备。

图 5-24　广州恒大足球场的无线高支模安全监测设备

智能支模位移计和智能钢丝位移计通常由固定端和移动端组成。固定端固定在参考点，移动端与需要测量位移的物体相连。两者之间通过一定的机构（如滑轮或滚轮）实现位移的传递。当被测对象发生位移时，移动端也会随之发生相应的位移。

智能支模位移计通常采用电阻应变片或霍尔传感器等测量移动端的位移。传感器是智能支模位移计的重要组成部分，其固定在支模上，通过感应支模的位移变化来输出相应的电信号或光信号。数据采集器则负责将传感器输出的信号进行采集、放大和数字化处理，以便于后续的数据处理和分析。

除了传感器和数据采集器，智能支模位移计还包括数据处理和分析系统。该系统可以对采集到的数据进行处理和分析，包括数据滤波、去噪、计算位移变化量、生成位移曲线等，并将分析结果以图形或数字的形式输出，方便用户进行查看和理解。

智能支模位移计还可以实现自动化和智能化功能，例如自动报警、自动记录位移变化过程、远程监控等。这些功能可以大大提高监测的准确性和效率，同时降低人工监测的成本和误差。

智能钢丝位移计通过测量钢丝的伸缩来获取位移信息，通常采用电感式位移监测系统，通过电磁感应原理将钢丝的伸缩转换成电信号，实现位移的精确测量。这种设备具有高精度、高稳定性、高可靠性等优点，通常由传感器、数据采集器和数据处理系统组成。

在数据采集系统中，可以对位移数据进行实时监测、存储和分析，输出位移监测结果。通过比较初始状态和后续状态的位移数据，工程师可以判断被测对象是否发生了变形或位移。这种设备可以实现对钢丝位移的实时监测，并将监测结果通过数据传输系统传输到计算机或云端进行数据处理和分析。同时，这种设备还具有自动化、智能化、高效率等特点，可以大大提高监测的准确性和效率。

### 6. 土体位移监测感知设备

全向位移计是一种高精度仪器，用于测量物体在多个方向上的倾斜角度和位移变化。它通常由多个传感器组成，可以在水平和垂直方向上同时监测目标物体的倾斜程度。它主要用于隧道收敛、沉降监测、桥梁监测、高层建筑、大坝监测、滑坡监测等领域。

全向位移计由多个倾斜传感器组成，每个传感器都可以感知特定方向上的倾斜角度。通常分为水平方向（$X$轴、$Y$轴）和垂直方向（$Z$轴）上的传感器。传感器会生成相应的电信号，该信号与物体的倾斜角度成正比。

全向位移计通过内置的高精度MEMS加速度传感器测量测斜管轴线与铅垂线之间的夹角变化，从而计算被测结构在不同深度的水平位移。其工作原理是在长期监测过程中，套管从初始位置偏移至新的位置，通过比较初始测量数据与实时测量数据得出位移的速率、发生的深度及大小，从而进行预防，防范事故发生。

此外，全向位移计的传感器之间采用硬连接，符合真实的深部位移变化情况。它还具有防水等级高等优点，可在水下50m处长期工作。内置的加速度传感器可以同时测得传感器的加速度变化参数，获取监测点的振动位移等参数。

全向位移计内部的电子装置会接收来自各个传感器的倾斜角度信号。这些信号经过精确的信号处理和计算，可以确定物体在各个方向上的倾斜程度和位移变化。处理后的倾斜角度和位移数据可以通过数字接口（如RS-232、RS-485、CAN等）输出，也可以通过模拟电压输出。这些数据可以供监测系统、计算机或数据采集设备使用。举例来说，如果一个全向位移计装备了三个传感器，分别在$X$、$Y$和$Z$方向上，它可以测量物体相对于地平线的水平倾斜角度（$X$轴、$Y$轴）以及相对于垂直方向的垂直倾斜角度（$Z$轴）。图5-25为全向位移计的测量原理示意图。

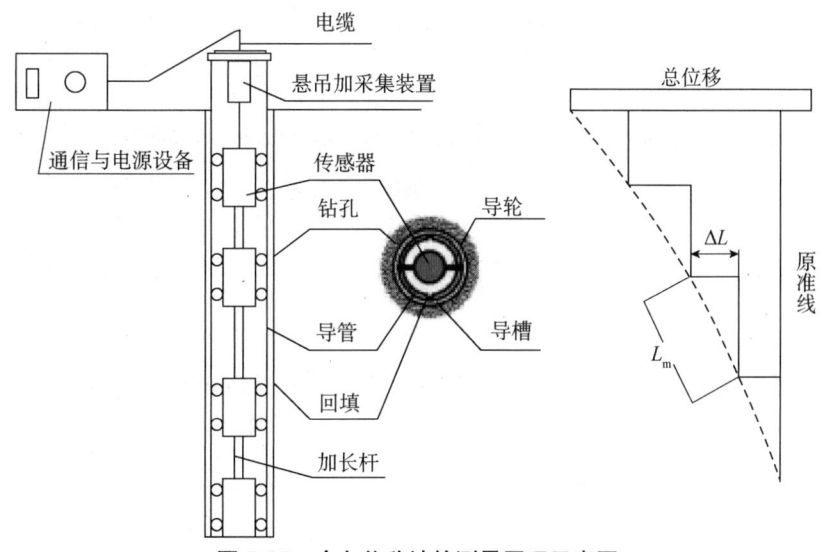

**图5-25 全向位移计的测量原理示意图**

在边坡监测中，全向位移计可以安装在边坡表面，以监测边坡的倾斜程度。如果某个方向上的倾斜角度超过预设的阈值，就意味着边坡发生了变形或滑动。通过同时测量多个方向上的倾斜角度，可以综合分析边坡的整体状况。总之，全向位移计通过多个传感器测量多个方向上的倾斜角度，提供了细致、全面的位移信息，适用于边坡监测、结构变形监测、地下工程和建筑物安全监测等领域，有助于及时发现问题并采取适当措施。图 5-26 为工作人员在使用全向位移计。

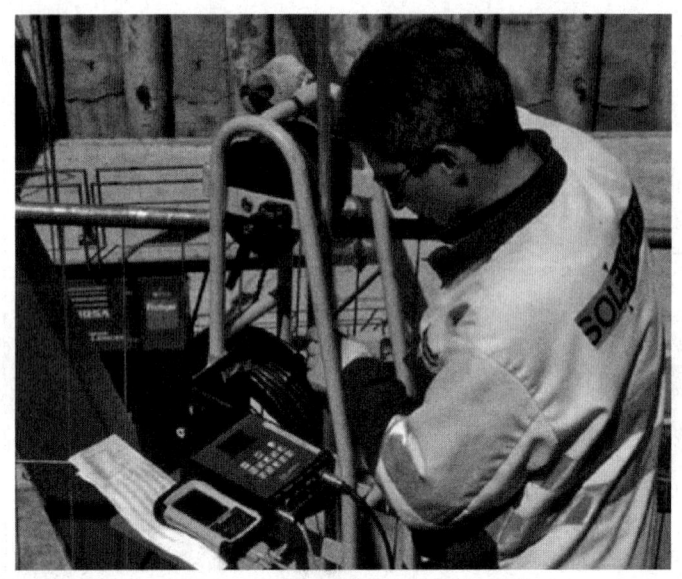

图 5-26　工作人员在使用全向位移计

全向位移计（图 5-27 为全向位移计样式）的具体应用包括监测边坡、尾矿库、堤坝、公路、防渗墙等结构的倾斜、水平位移或沉降变形。通过安装全向位移计，可以自动、连续地监测这些结构的变形情况，及时发现位移变化并发出预警，为工程安全提供保障。全向位移计可以与自动化数据采集设备配合使用，实现连续监测和数据自动采集，提高监测的准确性和效率。

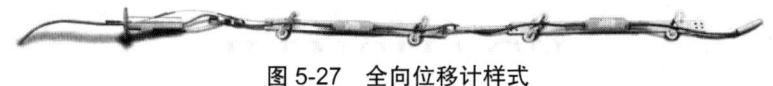

图 5-27　全向位移计样式

## 【任务实施】

### 1. 安装准备

确定需要进行环境监测的具体位置，选择合适的监测点和安装传感器的位置。评估监测位置的环境条件，包括温度、湿度、降水等，确保所选材料能适应这些条件。

### 2. 选择电源及数据采集系统

根据传感器的电源需求和数据采集方式，确保电源和数据采集系统有持续、稳定的电力供应。

## 3. 准备安装工具

为了确保传感器等设备的顺利安装，需要提前准备好螺丝刀、螺栓、电缆等工具和设备。

## 4. 在边坡断面安装 GNSS 表面位移监测系统

先将太阳能电池固定在站杆上，引出电源线并做好标记，将站杆固定在基墩上，将太阳能电池面朝正南方，将太阳能电池及风机电源线经掩埋的管道连接到 GNSS 站杆上，将蓄电池放入，注意太阳能电池及蓄电池的正负极，不要接反或者接错，所使用的导线截面积应不小于 1.5mm²，若太阳能电池与设备之间的距离大于 10m，建议采用 2.5mm² 导线。

将 SIM 卡装入设备中，连接 GPRS 天线，设置输入电压，整理站杆内部的线缆，不要使 GPRS 天线及 GNSS 馈线压在蓄电池下面，以免影响数据接收及传送信号；安装完成后，罩上天线罩。图 5-28 为在边坡断面安装 GNSS 表面位移监测系统。

图 5-28 在边坡断面安装 GNSS 表面位移监测系统

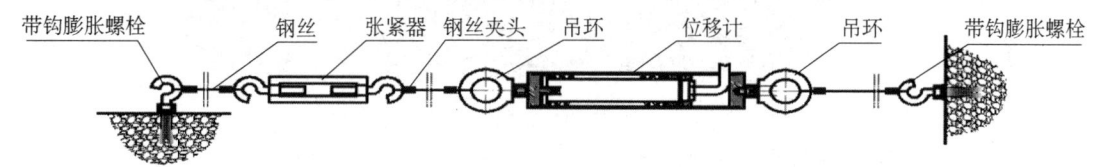

## 5. 在边坡表面安装智能支模/钢丝位移计

智能支模/钢丝位移计的安装示意图如图 5-29 所示。在监测模板沉降时，将其中一端固定在地面或相对固定的点上，另一端则通过钢丝连接到模板下方的横向钢管或移动点上。根据需要，可以拉伸至量程的 90%或使其适当伸展，内置的弹簧有助于保持钢丝的直线状态。操作时要确保移动部分和钢丝都能自由活动，没有受到其他物体的限制。图 5-30 为智能钢丝位移计安装示意图，图 5-31 为智能支模/钢丝位移计现场安装示意图。

图 5-29 智能支模/钢丝位移计的安装示意图

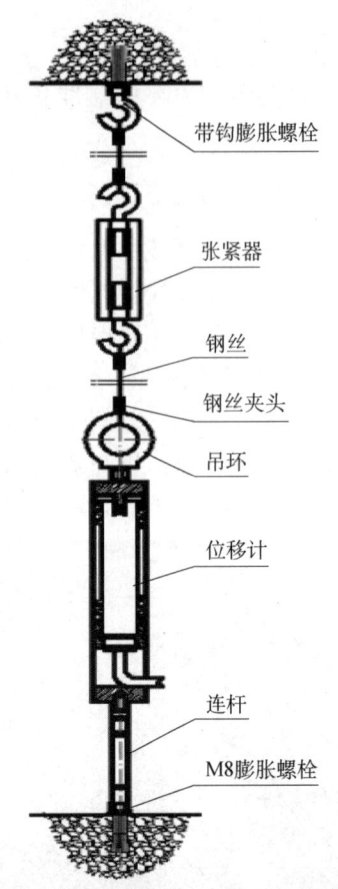

图 5-30 智能钢丝位移计安装示意图

图 5-31 智能支模/钢丝位移计现场安装示意图

## 6. 在边坡内部安装全向位移计

图 5-32 为全向位移计安装位置示意图。全向位移计能测量多个方向上的位移,包括水平和垂直方向。

（1）在待测结构或基础上安装测斜管。视现场具体情况，可以通过铅锤钻孔的方式安装，也可以在填筑阶段预先埋设。将测斜管预埋在被测土体内部时，管内导槽的方向要对准测斜方向，安装传感器时传感器的高轮要靠基坑或边坡外侧，如图 5-33 所示。

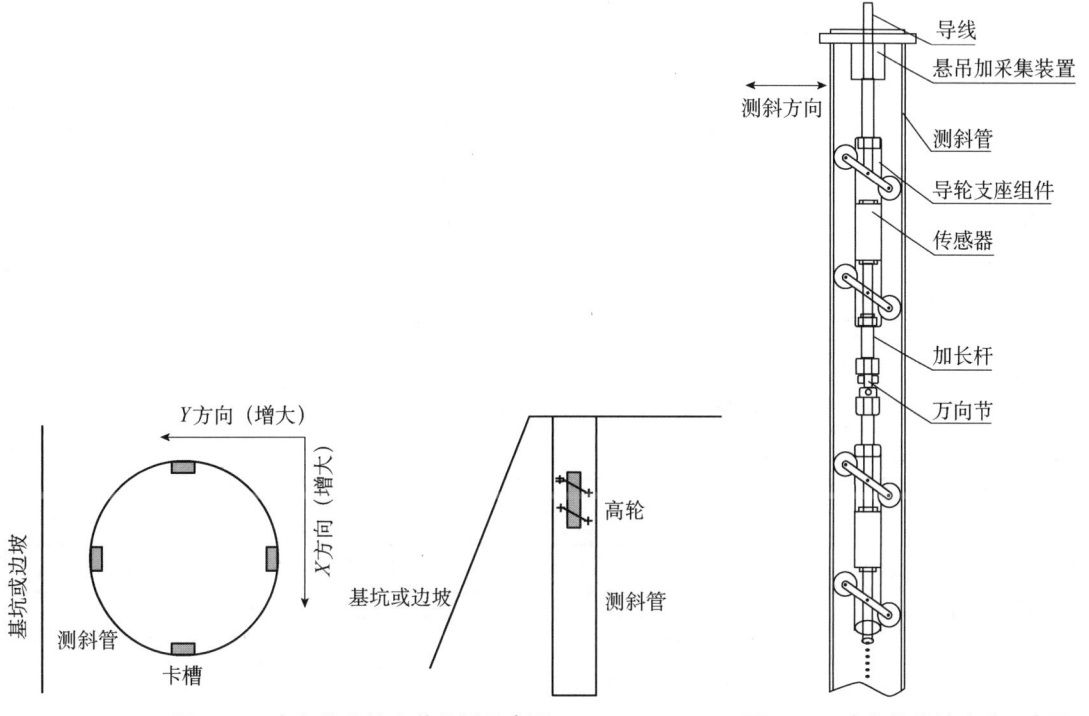

图 5-32　全向位移计安装位置示意图　　图 5-33　全向位移计安装示意图

（2）核对产品并安装附件，避免到现场后无法安装的情况。将孔口采集模块供电后，通过上位机软件测量数据，确保每个传感器都能正常工作。

（3）记录多点串联式深部位移计的编号、排列顺序和对应的测孔号等信息。

（4）先组装一串测斜摄像机，到现场后全部接好加长杆，然后从最后一个传感器开始一节节地缓慢放入测斜管内，放入时将导轮沿测斜方向卡入管内导槽中（注意高轮方向），且所有传感器要在同一个平面内，最后把悬吊装置放置在测斜管管口。

（5）安装完成后，进行系统调试，稳定一段时间后执行调零指令，将每个深部位移传感器的测量数据作为初始值并记录。

注意事项：①底部传感器的下沿不能碰到孔底，要保证处于悬空状态；②确保高轮在基坑或边坡外侧。

## 7. 采集和集成数据并上传云平台

通过数据接口将位置信息传输给数据采集模块。数据采集模块将接收到的位置信息转换为可上传至云平台的数据格式。使用云平台提供的 API 或数据上传功能，将处理后的数据上传至云服务器。

## 【任务工单】

| 项目 5：感知技术在边坡监测系统中的应用 | 任务 2：边坡变形监测 |
|---|---|

（一）关键知识引导
全向位移计的安装与使用方法
（二）任务实施情况

| 实施步骤 | 具体操作 | 完成情况 |
|---|---|---|
| 步骤 1：安装准备 | | |
| 步骤 2：选择电源及数据采集系统 | | |
| 步骤 3：准备安装工具 | | |
| 步骤 4：在边坡断面安装 GNSS 表面位移监测系统 | | |
| 步骤 5：在边坡表面安装智能支模/钢丝位移计 | | |
| 步骤 6：在边坡内部安装全向位移计 | | |
| 步骤 7：采集和集成数据并上传云平台 | | |

（三）任务检查与评价

| | 项目名称 | 感知技术在边坡监测系统中的应用 ||
|---|---|---|---|
| | 任务名称 | 边坡变形监测 ||
| | 评价方式 | 可采用自评、互评、教师评价等方式 ||
| | 说　　明 | ||
| 序号 | 评价内容 | 分值 | 得分 |
| 1 | 知识运用（20%） | 20 分 | |
| 2 | 专业技能（40%） | 40 分 | |
| 3 | 核心素养（20%） | 20 分 | |
| 4 | 课堂纪律（20%） | 20 分 | |
| | 总得分 | | |

（四）任务总结

| 过程中的问题 | 解决方式 |
|---|---|
| | |
| | |
| | |
| | |

## 【任务小结】

　　本任务的目标是建立边坡变形监测系统，通过安装不同类型的监测设备实时监测边坡的变形情况。这不仅是对所学知识的应用,也是培养实践能力和团队协作能力的好机会。

本任务首先要求学生运用所学知识,结合实际情况选择合适的监测设备,理解并应用这些设备。安装各类监测设备时需要具备实地操作的能力,学生需要在实际场景中完成设备的安装工作,理解设备布置对数据采集的影响。学生需要学习如何采集实验数据,并将数据上传至云平台,进行数据整合、分析和处理。在本任务中,需要多名学生协作完成不同的步骤,强调团队合作精神,共同完成任务,从而培养团队协作与沟通技能。

通过这次任务,学生有机会将课堂上学到的知识应用到实践中,锻炼实践操作能力、数据处理能力和团队协作能力,为更好地适应工作环境奠定基础。同时,也让学生更深入地理解边坡变形监测的重要性和实践操作的复杂性。

## 【任务拓展】

研究新型监测技术:让学生研究新兴的边坡监测技术,如人工智能在边坡监测中的应用、无人机搭载传感器等,鼓励学生探索创新、前沿的监测方法。

实地调研与报告撰写:指导学生进行实地调研,选择一些具体的边坡工程现场,进行数据采集、分析和整理,然后撰写报告,从而提升调研能力和报告写作能力。

风险评估与预警系统设计:让学生针对特定的边坡情况,设计相应的风险评估与预警系统,锻炼学生的风险分析能力和系统设计能力。

社区安全宣传:要求学生以边坡安全为主题,在社区进行安全宣传活动,提高社区居民的地质灾害防范意识,锻炼学生的宣传能力和社会责任感。

与专业人士合作:鼓励学生与相关领域的专业人士合作,共同开展项目,提供实践指导,促进学术与实践的结合。

这些任务拓展旨在通过多样化的实践活动,拓宽学生的视野,提高学生的创新能力、应变能力以及实践操作技能;同时鼓励学生积极参与社区服务,关注社会安全,为未来的工作和研究打下坚实的基础。

# 任务3　边坡应变及受力监测

## 【职业能力目标】

学会选择合适的土体压力传感器,并具备在边坡挡土墙等结构上正确安装传感器的技能。

能使用相应的设备和软件,对土体压力数据进行有效的采集、存储和分析,识别潜在的土体压力变化趋势。

具备监测系统的日常维护和故障排除能力,确保监测设备的正常运行,及时修复设备问题。

学会评估土体压力数据对边坡稳定性的影响,并能采取必要的应急措施,减轻潜在的地质灾害风险。能选择和安装合适的载荷传感器,并进行校准,以保证监测数据的可靠性。

## 【任务描述】

任务内容：在边坡挡土墙上进行土体压力监测，以评估土体对挡土墙的压力情况，及时发现异常情况并采取相应的措施确保结构安全；选择合适的位置在边坡挡土墙上安装智能弦式双膜土压力盒，确保准确记录土体的压力情况；设置监测系统以实时监测土体压力变化，保障监测数据的准确性和及时性；定期采集土体压力数据，通过数据采集设备上传至云平台，以备分析和评估。

任务要求如下。

安装智能弦式双膜土压力盒：选择合适的位置，在边坡挡土墙上安装智能弦式双膜土压力盒。

实时监测土体压力变化：设置监测系统，确保能实时监测土体压力的变化；确保监测系统的灵敏度和准确性，以捕捉土体压力的微小变化。

定期采集土体压力数据并上传至云平台：设定合适的时间间隔，定期采集土体压力数据；使用合适的技术手段，将采集的数据上传至云平台存储，并确保数据的完整性和安全性。

安装智能弦式锚索计：选择合适的位置，在边坡内部安装智能弦式锚索计；在安装过程中要注意设备的校准，确保准确地采集数据；设置监测系统，保证能实时监测预应力锚索的拉力以及边坡内部承载的载荷情况；保证监测系统的准确性和稳定性，确保能持续、准确地监测。

定期采集预应力锚索和边坡内部载荷数据并上传至云平台：确定合适的时间间隔，定期采集数据；使用合适的技术手段，将采集到的数据上传至云平台，以便综合分析。

数据分析：对采集到的数据进行分析，比较不同时间的数据，判断土体压力和预应力锚索的变化趋势。

制定应对措施：基于分析结果，制订相应的应对措施，包括调整预应力锚索、加固边坡结构等，以保障边坡的稳定性和安全。

这些详细的任务要求将指导学生在实际操作中完成相应的任务，确保任务的顺利实施和监测数据的准确采集。

## 【设备选型】

（1）土体压力监测设备：智能弦式双膜土压力盒 JMZX-5001AT。智能弦式双膜土压力盒利用半导体传感器和膜片的变形监测土体内部的压力变化。当土体受到外力影响时，压力变化会引起膜片的变形，通过传感器测量这种变形并将其转换为电信号，可得知土体的压力状态。该设备适用于监测边坡土体的压力变化情况，能提供关键数据，帮助分析土体的稳定性（特别是在土体受到不同荷载或地质变化的情况下）。

（2）载荷与预应力监测设备：智能弦式锚索计 JMZX-3102AT。智能弦式锚索计通过检测锚索的受力情况来监测支撑结构的状态。

（3）数据传输模块：DTU 模块 JMTX-2020。DTU 模块用于数据传输，将收集到的监测数据实时传输至监测站。它具备高效且稳定的数据传输能力，能确保将监测数据及时且可靠地上传至监测系统。

## 【知识储备】

### 1. 土体压力监测

土体压力监测是指对混凝土、岩石等与土壤的接触面所承受的压力进行监测。图 5-34 为土体压力监测图。土压力盒的构造和工作原理与钢丝位移计基本相同，但不同的是，土压力盒的一侧有一个与土壤接触的面，该面受力时会引起钢弦振动或应变片变形，由这种变化即可测出土体压力的大小。

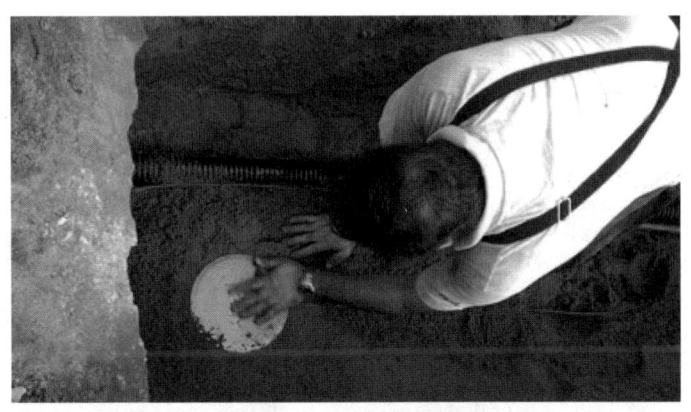

图 5-34 土体压力监测图

土体压力监测在边坡和挡土墙中应用广泛，因为这些地形是发生滑坡、崩塌等地质灾害的重要区域。通过监测土体压力，可以评估边坡和挡土墙的稳定性。挡土墙是土地工程中用于支撑或保护边坡的一种结构。它通常被设计在边坡或陡峭地形的一侧，用以防止土体坍塌、滑坡或崩塌，并提供支撑和稳定。这些挡土墙可以采用不同的材料和设计形式，以应对不同地形和工程的需求。按照挡土墙的结构形式对其进行划分，可以分为重力式挡土墙、薄壁式挡土墙、锚定式挡土墙等，如图 5-35 所示。

图 5-35 挡土墙

重力式挡土墙以挡土墙自身的重力来维持挡土墙在土体压力作用下的稳定，如图 5-36 所示。它是我国目前常用的一种挡土墙。常见的重力式挡土墙高度一般在 5m 以下，大多采用结构简单的梯形截面形式。超高重力式挡土墙（一般指 6m 以上的挡土墙），有半重力

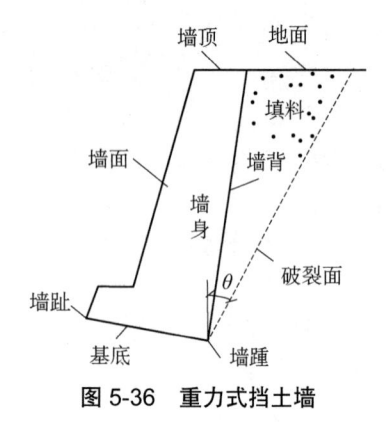

式、衡重力式等多种形式，适用于一般地区、浸水地区和地震地区的路肩、路堤和路堑等支挡工程。

薄壁式挡土墙包括悬臂式挡土墙和扶壁式挡土墙；一般墙高 6m 以下采用悬臂式，6m 以上采用扶壁式。悬臂式挡土墙是由立壁（墙面板）和底板（前趾板和后踵板）组成的，宜在石料缺乏、地基承载力较低的填方路段使用，墙高不宜超过 5m。悬臂式挡土墙如图 5-37 所示。而对于扶壁式挡土墙来说，当挡土墙的墙高 $h>10m$ 时，为了增加悬臂的抗弯刚度，每隔 0.8～1.0m 设置一道扶壁，墙高不宜超过 15m，如图 5-38 所示。

图 5-36 重力式挡土墙

图 5-37 悬臂式挡土墙

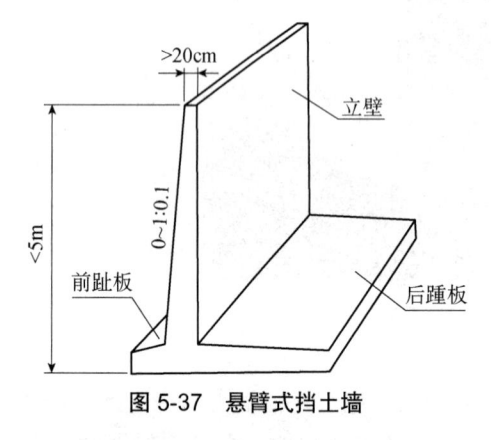

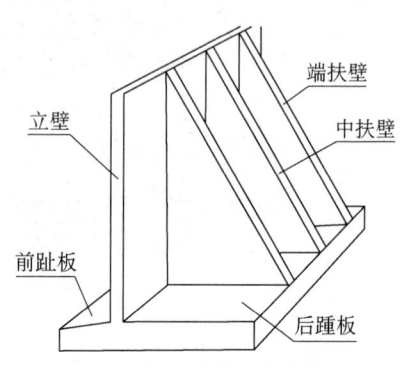

图 5-38 扶臂式挡土墙

锚定式挡土墙包括锚杆式和锚定板式两种。预制的钢筋混凝土立柱和挡土板构成墙面，与水平或倾斜的锚杆联合组成锚杆式挡土墙。锚杆的一端与立柱连接，另一端被锚固在边坡深处的稳定岩层或土层中。锚杆式挡土墙宜用于墙高较大的岩质路堑地段，如图 5-39 所示，可采用单级墙或多级墙，每级墙高不宜大于 8m，多级墙的上、下级墙体之间应设置宽度不小于 2m 的平台。锚定板式挡土墙是由钢筋混凝土墙面、钢拉杆、锚定板以及其间的填土共同形成的一种组合挡土结构，如图 5-40 所示。

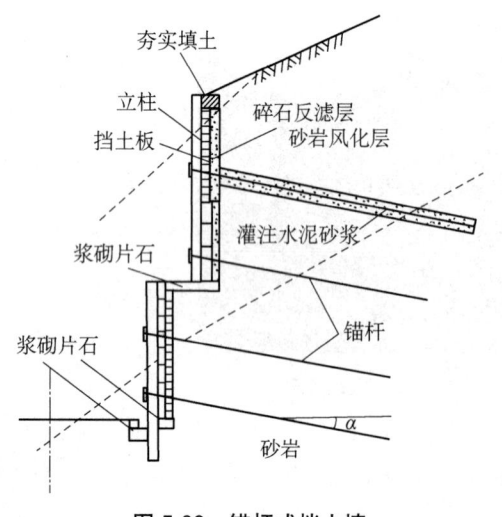

图 5-39 锚杆式挡土墙

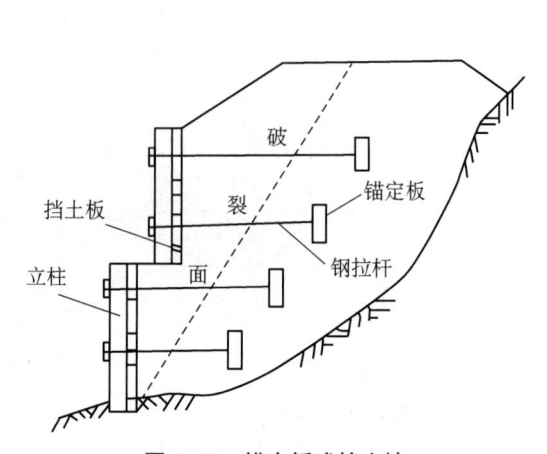

图 5-40 锚定板式挡土墙

土体压力通常可分为水平方向和竖直方向的压力。水平压力是由土体在边坡上的重力和坡度产生的，竖直压力是由土体自身的重量产生的。外部因素如降雨、地震等会改变边坡土体的受力状态，降雨会导致土体湿润并增加土体重量，增加边坡的压力；地震会导致土体震动和变形，增加土体的不稳定性。土体压力不是均匀分布的，它随深度、坡度、土壤类型等因素而变化。边坡的不同位置受力不均匀，会导致压力分布不均匀。土体压力变化可能会导致边坡的滑动、崩塌或变形。监测土体压力变化有助于及时识别潜在的稳定性问题，并采取相应的措施。

### 2. 智能弦式双膜土压力盒

智能弦式双膜土压力盒用于监测土体内部的压力分布，尤其是边坡支护结构中的土体压力。它通常由两个相互垂直的薄膜传感器组成，这些薄膜传感器被埋在土体中。当土体受到外部荷载影响时，薄膜传感器会发生变形，通过变形的程度可以测量土体内的压力分布。通过监测这些变化，可以了解边坡支护结构对土体的影响以及土体压力的分布情况。

土体压力监测作为一种重要的监测手段，在工程、地质和环境领域具有广泛的应用价值。监测土体压力有助于评估工程结构的稳定性和安全性。土体压力的突然变化可能是地质灾害如滑坡、崩塌等的前兆。通过监测压力变化，可以提前预警并采取相应的防范措施，减少灾害风险。通过对土体压力的监测，可以获取土体的力学特性和变化情况，为工程设计提供重要依据。

### 3. 载荷与预应力监测

图 5-41 为工人在边坡上安装预应力锚索。载荷是指施加在结构上的外部拉力或压力，可以是静载荷，如自重等，也可以是动载荷，如交通载荷、震荡力等。超出结构材料的承载力可能导致结构破坏或失稳。预应力是一种结构设计方法，通过在结构材料上施加预先设定的拉力或压力来提高材料在承受外部载荷时的性能。

图 5-41 工人在边坡上安装预应力锚索

载荷监测有助于了解边坡内部结构的承载状态。边坡内的预应力锚索和载荷承载情况直接影响着结构的稳定性。监测载荷和预应力状态有助于及时发现锚索或结构的异常情况，例如预应力锚索松动或载荷增加，从而避免结构发生破坏或倾斜。监测数据能为边坡的维护和修复提供依据，评估结构的健康状况，并提供相应的维护和修复建议。

预应力锚索用于增强土体的承载能力，通过施加预应力来改善土体的抗拉性能，减少土体的变形和裂缝产生倾向。锚索通过施加张力，在边坡内部形成受压状态，减轻土体的受力，从而增强了整体的稳定性。土体的压力状态对边坡稳定性至关重要。合适的预应力锚索能调节土体受力状态，改善土体的抗拉性能，从而提高边坡的整体稳定性。正确选择和安装预应力锚索以及监测土体压力变化对于预防边坡灾害和确保工程安全至关重要。

### 4. 智能弦式锚索计

智能弦式锚索计是一种用于监测边坡或结构的张力、变形和位移等参数的设备。它通常包括由多个传感器组成的绳索，可以固定在边坡表面，这些传感器可以感知绳索的伸缩和变形，从而监测受力状态。智能弦式锚索计通过传感器采集的数据，可以确定边坡的预应力以及受到的荷载。

智能弦式锚索计通常由多个传感器和绳索构成。传感器通常位于绳索的两端，用于感知绳索受力时引起的微小变形。绳索可以固定在边坡、结构物或锚杆上，当外部荷载作用于绳索时，绳索会拉伸或压缩，从而导致传感器产生信号变化。当受到外部作用力时，绳索会伸长或缩短，传感器会感知到绳索的微小变形。这些传感器通常使用应变测量原理，即在绳索上安装应变片或应变计。当绳索受力导致应变片发生变形时，其电阻值会随之改变，从而产生电信号。产生的电信号会被转化为模拟信号或者数字信号，通过电路进行处理和放大后，产生的数据被送入数据采集系统。在数据采集系统中，可以进行数据处理、分析和记录，以便进行后续的监测和评估。通过连续监测，可以了解受力状态的变化趋势，预测可能的问题，从而及时采取维护措施。

## 【任务实施】

### 1. 安装准备

首先，对边坡挡土墙进行全面的勘测和分析，考虑土体密度、湿度、坡度等因素，确定适合安装智能弦式双膜土压力盒的位置。

### 2. 选择电源及数据采集系统

为了确保传感器的持续稳定运行，需要依据其电源需求和数据采集方式确保电源和数据采集系统能稳定地供电。

### 3. 准备安装工具

准备传感器和其他设备安装所用到的工具和设备，如螺丝刀、电缆、接头等。

### 4. 安装智能弦式双膜土压力盒

（1）安装前的检查。

首先，仔细阅读说明书，了解土压力盒的具体参数，熟悉使用方法。再将土压力盒与综合测试仪用测试导线一一对应连接，按综合测试仪的"开/关"键开机，再按 F1 键进行测量，检测土压力盒是否正常工作。

（2）（基底）土压力盒埋设、安装。

一般在原地基上部填筑 30cm 以上的垫层，选择无雨、雪天气进行开挖埋设。根据实验方案，进行测量以确定桩的位置和土压力传感器的埋设位置。

根据布点位置，人工开挖找出主侧桩头，保证桩头平整。在土压力盒的埋设位置挖约 400mm，用以埋设桩间土压力盒，准备安装土压力盒所用的水泥、50mm PVC 钢丝软管、裁纸刀、尼龙绳、水平尺、综合测试仪等。图 5-42 为智能弦式双膜土压力盒安装示意图。

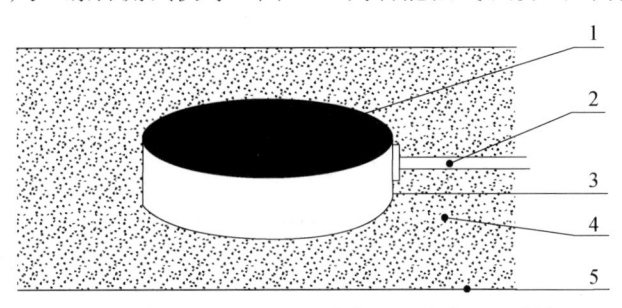

1—承压膜；2—导线；3—压力盒；4—中砂；5—地基

**图 5-42 智能弦式双膜土压力盒安装示意图**

使用综合测试仪进行安装监测时，应确保受力膜（承压膜）朝上安装在桩顶，桩间土压力传感器底部应用水泥浆垫平，填入 10cm 深的中砂并压实垫平。在安装过程中，使用水平尺确保水平安装。安装好土压力盒后，在其周围覆盖 30cm 厚的中砂，并压实。

（3）土压力盒校零、取初值。

连接综合测试仪，按综合测试仪的"开/关"键开机，再按 F1 键进行测量。综合测试仪将显示传感器编号、应变、应力、温度。

按下 F2 键不放，5s 之后，综合测试仪将显示零点应变，并记录零点应变。按"回车"键返回测量状态，综合测试仪将显示应变、应力为 0，按"保存"键保存零点数据，记录土压力盒编号、零点温度。松开蓝、绿线，综合测试仪将直接显示零点振弦频率，请记录零点振弦频率，然后断开土压力盒与综合测试仪之间的连接。

## 5. 安装智能弦式锚索计

（1）选择安装点。

在边坡内部选择合适的位置安装智能弦式锚索计。安装点应具有代表性，能准确反映边坡内部的受力状况。

（2）智能弦式锚索计的安装和校准。

清理安装点附近的杂物，确保表面平整干净。检查设备和配件，确保完好无损。将智能弦式锚索计固定在预定的安装位置上，使用固定支架或其他支撑结构将设备稳固地固定在边坡内部。安装好后，在加载传感器之前连接配套的振弦检测仪。

（3）调零。

连接振弦测试仪，按检测仪的"开/关"键开机，然后按 F1 键进入测量状态，振弦检测仪会显示应变和压力。按下 F2 键不放，5s 后进入下一级菜单，然后按 F2 键并持续 5s，进入零点应变状态，按"回车"键，再按 F4 键至测试状态，此时振弦检测仪显示的应变和压力都应为零，记录零点应变和压力，并按"保存"键保存在仪器内。

（4）对每根钢弦进行应变测试。

每根钢弦的相对变化可代表偏心状态，彼此的差别要控制在5%以下，该值需要人工记录。使用自动化系统测试，在测量后，第$N$个通道会显示压力。

（5）登记每个测试点安装的传感器编号，保存好记录资料。

## 6. 上传至云平台

确定合适的时间间隔，定期采集数据。使用合适的技术手段，将采集到的数据上传至云平台，以便综合分析。对采集到的数据进行分析，比较不同时间点的数据，判断土体压力和预应力锚索的变化趋势。基于分析结果，制订相应的应对措施，包括调整预应力锚索、加固边坡结构等，保障边坡的稳定性和安全。

## 【任务工单】

| 项目5：感知技术在边坡监测系统中的应用 | | 任务3：边坡应变及受力监测 | |
|---|---|---|---|
| （一）关键知识引导<br>1. 智能弦式锚索计的安装与使用方法<br>2. 智能弦式双膜土压力盒的安装与使用方法 | | | |
| （二）任务实施情况 | | | |
| 实施步骤 | | 具体操作 | 完成情况 |
| 步骤1：安装准备 | | | |
| 步骤2：选择电源及数据采集系统 | | | |
| 步骤3：准备安装工具 | | | |
| 步骤4：安装智能弦式双膜土压力盒 | | | |
| 步骤5：安装智能弦式锚索计 | | | |
| 步骤6：上传至云平台 | | | |
| （三）任务检查与评价 | | | |
| | 项目名称 | 感知技术在边坡监测系统中的应用 | |
| | 任务名称 | 边坡应变及受力监测 | |
| | 评价方式 | 可采用自评、互评、教师评价等方式 | |
| | 说　　明 | | |
| 序号 | 评价内容 | 分值 | 得分 |
| 1 | 知识运用（20%） | 20分 | |
| 2 | 专业技能（40%） | 40分 | |
| 3 | 核心素养（20%） | 20分 | |
| 4 | 课堂纪律（20%） | 20分 | |
| | | 总得分 | |

续表

| （四）任务总结 | |
|---|---|
| 过程中的问题 | 解决方式 |
|  |  |
|  |  |
|  |  |

## 【任务小结】

本次任务旨在利用先进的监测设备对边坡进行实时监测，以评估边坡的稳定性并提供预警信息。在实施过程中，首先在边坡挡土墙内安装智能弦式双膜土压力盒，用于监测土体内部的压力分布。其次，安装智能弦式锚索计，用于测量位移等参数。随后，通过数据采集系统实时采集、处理并上传这些数据，以便对边坡的稳定性进行实时监测和评估。

## 【任务拓展】

多因素综合监测：将边坡监测扩展至多因素综合监测，不局限于土压力和锚索的监测，还可考虑加入降雨、地震等因素，全面了解边坡的稳定性受多种因素的影响情况。

预测与预警系统：发展智能预测与预警系统，通过数据分析和建模预测未来可能发生的边坡变形情况，提前预警，为采取及时措施提供依据，降低灾害风险。

结构优化改进：根据监测数据和分析结果优化边坡的设计和结构，采取改进措施，提高边坡的稳定性，减少地质灾害。

监测网络建设：建设更完善的监测网络，涵盖更多边坡，利用物联网技术实现数据实时传输和集中管理，提高监测的覆盖范围和效率。

# 参考文献

[1] 周黎明，何刚，尹紫红，等. 高速公路全要素智能建造关键技术及其工程应用（仁沐新高速卷）[M]. 成都：西南交通大学出版社，2021.

[2] 李旭，周炜，徐启敏，等. 智能车路系统深度感知技术[M]. 北京：人民交通出版社，2022.

[3] 郁有文，常健，程继红. 传感器原理及工程应用[M]. 4版. 西安：西安电子科技大学出版社，2015.

[4] 楚朋志，肖雄子彦，徐季旻，等. 物联网应用案例[M]. 北京：人民邮电出版社，2021.

[5] 于辉，申建. 桥涵维护与加固技术[M]. 郑州：黄河水利出版社，2013.